小学学科与生活融合育人探索

邹 红 著

重庆大学出版社

图书在版编目（CIP）数据

小学学科与生活融合育人探索 / 邹红著. ––重庆：
重庆大学出版社, 2023.9
ISBN 978-7-5689-3578-4

Ⅰ.①小… Ⅱ.①邹… Ⅲ.①小学—教学研究 Ⅳ.
①G622.0

中国版本图书馆CIP数据核字（2022）第198548号

小学学科与生活融合育人探索
XIAOXUE XUEKE YU SHENGHUO RONGHE YUREN TANSUO
邹 红 著

策划编辑：范 琪

责任编辑：文 鹏　　版式设计：范 琪
责任校对：谢 芳　　责任印制：张 策

*

重庆大学出版社出版发行
出版人：陈晓阳
社址：重庆市沙坪坝区大学城西路21号
邮编：401331
电话：（023）88617190　88617185（中小学）
传真：（023）88617186　88617166
网址：http://www.cqup.com.cn
邮箱：fxk@cqup.com.cn（营销中心）
全国新华书店经销
重庆升光电力印务有限公司印刷

*

开本：720mm×1020mm　1/16　印张：15.25　字数：242千
2023年9月第1版　2023年9月第1次印刷
ISBN 978-7-5689-3578-4　定价：88.00元

双向融合：一场有深意的学科育人方式变革

分学科教学是在现代学校中应用最为广泛的教学形式之一，也是课程实施的基本途径，学科教学改革理所当然也成了基础教育课程改革的重头戏。从目标方向和价值追求的变迁来看，我国基础教育课程教学改革先后经历了从"双基"到三维目标再到核心素养三个阶段，体现了从学科知识到学科本质到学科育人价值的转变，学校教育教学不断地回归人、走向人、关注人，进而实现真正的以人为本，人成为教育教学真正的对象和目的。作为基础教育改革的亲历者、见证者和推动者，我以为，这应该是我国教育领域最深刻的变革。

重庆是我国中西部地区唯一的直辖市，也是一片改革的热土，充满激情与活力。进入 21 世纪以来，我们乘着教育改革的春风，不断深化基础教育课程改革，大力实施"卓越课堂"九大行动计划，推动课堂教学深度变革，积极转变教师教学方式和学生学习方式，促进"有效课堂""高效课堂"建设；全面实施"1+5"减负提质计划，以"实践大课堂"为重点，以提升学生科技、阅读、演讲、书法、英语等能力为抓手，推动学生创新学科学习方式，走出传统小课堂，走向实践大课堂。

重庆市江北区玉带山小学以"学科与生活双向融合育人"为主旨的教学改革正是在这样的背景下孕育、诞生、发展和逐渐成熟的。打个形象的比方，如果说"立德树人"是育人的必经之路的话，那么"学科"和"生活"就是驶在这路上的两辆车，它们会互相观望、神往。当坐在"学科"之车上，你希望用学科知识来解释生活，用事物的本质来解释生活现象，这就是"学科生活化"；当坐在"生活"之车上，面对纷繁复杂的生活现象，你希望从生活中发现知识，尽快掌握支撑这些生活现象的事物本质，这就是"生活学科化"。进一步推想，如果我们将"学科"和"生活"两辆车合二为一、组合装配，即学科生活化、生活学科化，那么升级换代的新交通工具将会"凤凰涅槃",达到加力提速的效果。玉带山小学就是这辆"创新之车"的笃定思变者、先行探索者。

他们在**课程**上主张:将学生生活经验有机融入课程内容,促进儿童易学、愿学、乐学,避免课程变为概念堆砌或表面热闹。

他们在**教学**上主张:为儿童创设符合生活经验的情境,促进儿童对学科概念、符号体系、学科原理的理解,避免教学"掐头去尾烧中段",儿童知其然不知其所以然、机械重复,从而导致"高分低能"。

他们在**评价**上主张:创设生活情境,在生活中评价,注重考查儿童运用学科知识发现问题和解决问题的能力,避免"评价就是从书本到书本""评价就是考查记忆"或"为了分数而背试卷"等现象。

于是,我们欣喜地看到,玉带山小学的课堂教学生态在悄然发生变化:

学科边界被打破,教学方式更灵动。科学老师讲授"月相变化",学生根据古诗猜月相、画月相,师生一起玩得不亦乐乎。数学老师指导学生办数学小报,数学、语文、美术、科学、信息技术等多学科素养融合其中。

教学时空被拓展,课堂搬到了操场。语文老师让学生到操场,冬天观察雾中的校园、校园里的雾,写下自己最诗意的一句话;夏天看难得一见的火烧云,对比课文《火烧云》;还有家中的厨房、社区的垃圾桶……课堂教学时空被打破,世界都是儿童成长的教室。

教学主体被翻转,学生成了老师。六年级数学老师在总复习时,让学生竞聘"总复习讲师团"。"小讲师们"精诚合作,自主设计教案,创意设计课件,教学环节紧凑,讲课表达清楚、自信大方,给了老师和同学一个大大的惊喜。

知行界限被贯通,生活场景变课程。校门口,被遮得严严实实的地铁站修了五年,里面究竟在干什么?为了帮助解开谜底,学校开发了校本课程"轨道交通",学生不仅把校门口的地铁站了解足够,还把重庆所有著名轨道交通站、轨道交通线路等轨道交通知识了解透彻。

……

当课程改革的"列车"行驶至2022年,新修订的《义务教育课程方案和课程标准(2022年版)》公布,我们惊奇地发现:玉带山小学的诸多先行之举不正与义务教育新课程新课标要求高度契合吗?新方案在"深化教学改革"部分明确提出:

"强化学科实践。注重'做中学',引导学生参与学科探究活动,经历发现问题、解决问题、建构知识、运用知识的过程,体会学科思想方法。加强知识学习与学生经验、现实生活、社会实践之间的联系,注重真实情境的创设,增强学生认识真实世界、解决真实问题的能力。""学科与生活双向融合育人"正是对"学科实践"这一新理念新要求的大胆探索,对"自主、合作、探究"学习方式的迭代创新,对指向核心素养的义务教育新课程新课标改革的生动演绎。

历经 9 年的校本探索实践,尽管一路走得磕磕绊绊,充满艰辛与曲折,从被少数人笑为"瞎折腾",到逐渐被家长、老师认可,再到今天取得丰硕成果,终于在新课程方案里找到了归宿。**它旗帜鲜明地向我们传达**:新时代义务教育课程改革必须从学科立场走向教育立场,从知识本位论、学科本位论向儿童本位论转型,将核心素养作为课程标准的 DNA,从学科层级精准回答"培养什么人""如何培养人"这个关乎学科使命的根本性问题。**它清晰深刻地向我们昭示**:植根于大地之上、在学校和教室之中发生的"静悄悄的革命",是一个有机的生长过程,凝聚着整体性变革的基础性力量。这个启蒙过程越有深度和创意,未来教育变革之路就越清晰。

而这,正是玉带山小学学科育人方式变革的深意所在。

是为序。

中国教育学会副会长、重庆市教育学会会长　钟　燕

2023 年 8 月

学科与生活双向融合育人实践

2014年7月，刚到玉带山小学担任校长的我听老师说，学校旁边的观农贸（盘溪）市场马上就要搬走了。作为西南地区最大的农贸市场，盘溪农贸市场在建成后的十余年间始终承担着丰富重庆市民菜篮子的重要使命，承载了周围地区居民几代人的生活记忆。陶行知说："教育要通过生活才能发出力量而成为真正的教育。"我当时意识到：如果不抓住这次事件，不引导学生去关注身边所发生的真实的生活变化，盘溪农贸市场转眼间就将成为一个历史，而不会成为儿童成长中所需要的、蕴含在生活中的教育营养。这不仅是一次教育资源的重大浪费，更会对学生的一生造成难以弥补的缺憾。学校有责任引导学生关注真实的生活，关注身边事物的变迁，要让他们知道除了平静的校园，身边的社会时时刻刻都在"发生着什么"。我和老师们达成共识：留住盘溪记忆是我们帮助儿童了解身边真实生活的一种责任，也是我们送给玉带山孩童独特的成长礼物。由此，我们启动了"留住盘溪记忆"大型综合实践活动。

农贸市场将在2014年8月底正式搬迁，留给学校的是不到一个月的策划与准备期。学校教师在自己的职业生涯中都没有类似经历，一片空白下如何设计？如何实施？为了鼓励团队大胆创新，我对老师们提出了"三零"要求，即零标准、零框框和零预设；提出了"两个容许"，即容许走弯路、容许失败。

2014年9月，以三、四年级为活动实施主体，"留住盘溪记忆"活动如期启动，每个学科都在市场中找到了用武之地：语文教师带着学生走进市场，让孩子们作为小记者，向摊贩询问"讲价之道""交流之道""诚信之道"，以此锻炼学生的表达能力、交际能力和社会生存能力；数学教师带着学生测量从校门口走到市场的距离，在实践中训练学生的数学技能；音乐教师让孩子们记录商贩们拉货的号子声、叫卖声，师生一起创作流行的 RAP……

2014 年的玉带山小学，还是一所刚从城乡结合部走向城市拆迁安置区的学校。"留住盘溪记忆"综合实践活动，让当时的玉带山孩童看到了身边丰富多彩的生活世界中蕴含着神奇的学科知识，让当时的我和老师们看到了链接生活之后的教学方式和学习方式所带来的让人惊喜的育人效果。由此，我们开始了 9 年的学科与生活双向融合育人实践探索。

在探索中，我们时刻牢记全面落实立德树人根本任务在于让学生做生活和学习的主人。在马克思主义"教育要与生产劳动相结合"理论基础上，结合学校"天地玉成、四季花开"的育人理念和"培养创造未来中国的学习者"的育人目标，不断探索儿童身心成长规律，坚持学科与生活双向融合育人实践。9 年来，通过"学科走进生活，生活走向学科"双向互通、有机融合，构建多维拓展课程、多阶递进教学、多元协同评价，让学科与生活无缝衔接，努力克服学科教学与儿童生活、社会实践两张皮的现象，为解决学科世界与儿童生活世界内在矛盾提供了一条有效路径，以此推动每一个儿童全面发展。

2014 年，"留住盘溪记忆"综合实践活动试点之后，我们在总结经验的基础上，对盘溪茶叶市场、盘溪老游戏进一步开展试点，这些试点都证明了这样的课程具有"整合利用各类资源""各学科学习紧密联系生活经验""学科间发挥综合育人功能"等育人成效。我们开始了成规模的顶层设计，首先是具有基于 A-STEM 的"第一站"综合实践活动课程"家、校园"主题 10 个课程开发完成并纳入必修课，然后是体现学科与生活双向融合的"第一站"综合实践活动课程"社区、世界"主题 10 个课程开发并实施，接着是综合实践课程逐步反哺其他学科课程教学，越来越多的学科在课程、教学和评价等各个方面逐步开展与生活融合，一个全学科与生活双向融合育人的态势逐步形成。

在课程实施的同时，如何更好育人的反思推动了学校一场关于"试卷分数是否等同于学生素质"的大讨论，由此，我们启动了"小学生学业水平评价模式探索"，课程和评价改革项目逐步启动。学校成立课程与评价中心，成立紫荆学院，实施项目制，开启了系列制度变革，以保障这些改革措施得以落实。

9 年过去，今天的"第一站"焕发出蓬勃生机："做生活和学习的主人"成为学生的成长自觉，学科与生活双向深度融合育人不仅成为教师的教育自觉，还沉淀为学校的办学自觉。

学科与生活双向融合育人教育主张越来越清晰，其核心内容是：全学科融合，实现全员育人、全方位育人、全过程育人；双向融合，实现从生活中来，到生活中去；自主融合，激发内驱力，将知识转化为本领；最大融合，即能融必融，特别是"五个一点"有机融合。

学科与生活双向融合育人实践路径越来越清晰：课程实践体现在学科课堂中、在学科作业中、在学科活动中落实的学科深度融合生活的课程，在儿童与家人、伙伴、自然、社会中实现的生活深度融合学科的课程。育人方式创新通过多阶递进教学方式培养联系生活的思维习惯，通过项目推进学习方式培养学习及生活的综合能力，通过自主参与方式培养生活中的责任担当。评价探索通过创设生活情境考核学生学业水平，形成与生活融合的学科协同学业评价、与生活融合的学科协同作业评价、与真实生活融合的学生综合素质评价，模拟生活情境，考评学生核心素养。

著　者

2023 年 5 月

目 录
CONTENTS

第一章　学科与生活双向融合育人的主张与价值

　　学科知识是生活经验的提炼与抽象表达，从人的品格养成角度看，学生正处在了解生活、认知生活，形成世界观、人生观、价值观的关键时期。如果教育只强调学科知识，会让学生亲近了学科、远离了生活，走向技术理性，甚至造成人格扭曲。从学习成效角度看，学科只有与日常生活紧密联系，才更容易被学生接受和理解。玉带山小学根据马克思主义教育与劳动生产相结合思想、生活教育理论、情境认知理论，结合学校办学理念，提出学科与生活双向融合育人的教育主张，为解决学科世界与学生生活世界内在矛盾提供了一条有效路径，以此推动每一个学生全面发展，全面落实立德树人根本任务，让学生做生活和学习的主人。

第一节　学科与生活双向融合育人的理论基础

　　学科教学的本质在于为学生创设一个从知识理解、价值体认走向思维运用、价值践行的完整的"学科生活"。学生通过完整的"学科生活"，最终学会运用学科知识、思维方法、价值观念"做事"。学科与生活双向融合育人并非无根之木、无源之水，它有深厚的理论基础作为支撑。从立德树人的角度来看，学科与生活双向融合育人与马克思主义"教育要与生产劳动相结合"思想一脉相承，着力实现人的全面发展。从发展历程来看，学科与生活双向融合育人萌发于生活教育思想，并对情境认知理论进行继承和发展。

一、马克思主义教育与劳动生产相结合的思想

　　教育与生产劳动相结合是马克思主义重要理论，也是关于教育的根本原则。马克思主义教劳结合思想的主导价值取向是促进和实现人的全面发展。其核心观

点是通过"教育与生产劳动相结合"来改造不合理的社会制度以及与造就未来社会理想新人相背离的传统观念，全面提高社会生产，消灭造成人的片面发展的旧的分工，以实现脑力劳动和体力劳动相结合。[1]促进人的全面发展是社会主义教育目的的核心指向，坚持教育同生产劳动相结合的育人途径是我国社会主义教育事业的重要指导原则。人的全面发展是马克思、恩格斯对未来理想社会新人的质的规定，也是马克思主义教劳结合思想的主导价值取向。

（一）理论内涵

社会主义教育理论研究必须坚持以马克思主义为指导，教育目的须以马克思主义人的全面发展学说为理论基础。学科与生活双向融合育人遵循马克思主义教育与劳动相结合思想，是学科育人与生活融合的充分体现。

1. 学科与生活双向融合育人体现新时期教育与劳动相结合思想内涵

学科与生活双向融合育人体现马克思主义"人的全面发展"的思想，是马克思、恩格斯致力于人之解放理论构想的一体两面。[2]人的全面发展是马克思主义的终极理想，教育同生产劳动相结合是实现这一理想的唯一途径和方法，教育是实现人的全面发展的重要条件，生活则是落实学科育人的主要阵地。

对"教育与生产劳动相结合"的理解，必须坚持与时俱进的原则。在全国教育大会上，习近平同志强调，"新时代新形势，改革开放和社会主义现代化建设、促进人的全面发展和社会全面进步对教育和学习提出了新的更高要求"。当今世界面临百年未有之大变局，以大数据、人工智能、5G通信、量子技术等为代表的科学技术革新，促成新一轮产业革命蓄势待发。科学技术、生产劳动和教育都将面临全方位的深度变革，生产劳动的科技密集型特征越来越突出，对人的能力的全面性要求越来越高，教育与生产劳动也越来越以更具时代特征的形式紧密结合，马克思主义教育同生产劳动相结合的现代社会发展规律的科学性、真理性正进一步彰显。

2. 学科与生活双向融合育人贯彻了习近平新时代劳动教育观

进入新时代，以习近平同志为核心的党中央继续坚持马克思主义教劳结合思

[1]胡雯婷，刘焕然. 从马克思关于人的全面发展观谈学校劳动教育 [J]. 教育实践与研究 (C)，2022(21)：115-119.

[2]刘余勤. 马克思破解劳动与资本对立之谜的三维理路 [J]. 东华大学学报 (社会科学版)，2022，22(3)：9-15.

想，把劳动教育纳入培养社会主义建设者和接班人的总体要求，明确提出构建德智体美劳全面培养的教育体系，把教劳结合思想的理论和实践推向了新的历史高度，具有里程碑意义，成为新时代我国教育发展改革的基本遵循。[1]习近平总书记围绕劳动和劳动教育发表了一系列重要论述，深刻阐述了劳动教育的地位、价值、目标和方法，形成了习近平新时代劳动教育观。习近平总书记关于劳动教育的重要论述是在继承和发展马克思主义劳动教育思想上的创新，赋予了"以劳动托起中国梦"的崇高地位，提出了构建德智体美劳全面发展的教育体系，为新时代教育强国做出了新的贡献。[2]习近平总书记这些重要论述，从推动人类社会发展进步的高度，充分阐释了劳动的巨大作用和价值，对全社会尊重劳动、崇尚劳动、热爱劳动提出明确要求，对全社会进一步树立劳动意识、培养劳动观念，通过劳动创造更加美好的生活具有重要指导意义。

（二）对学科与生活双向融合育人的启示

1. 学科教学必须依赖日常生活图景展开

从培养学生的生存技能与习惯、社会交往能力和法律维权意识出发，马克思高度强调劳动的社会实践性。历史唯物主义认为，人类社会历史发展过程就是劳动实践的展开过程，而人的社会实践活动主要是认知世界与改造世界的活动。人的认识活动离不开劳动实践，只有在社会劳动实践中，理论才能证明其真理性，实现其价值性。从改造世界的角度看，马克思指出："在社会主义的人看来，整个所谓世界历史不外是人通过人的劳动而诞生的过程，是自然界对人说来的生成过程，所以，关于他通过自身而诞生、关于他的产生过程，他有直观的、无可辩驳的证明。"

2. 学科教学要开发和利用各种社会资源

无论是认识世界还是改造世界的社会活动，都离不开人的劳动实践，人与社会在劳动过程中实现了统一。因此，要统筹各方劳动资源，打造学校与社会生活的劳动教育实践平台。劳动教育要贴近学生的饮食起居和学习生活，要培养学生

---

[1]胡婷玉,张翔.习近平劳动教育观的体系内涵与时代价值[J].教育探索,2022(2):6-10.

[2]胡莹,黄滢.以习近平劳动教育重要论述为引领推进劳动教育研究[J].内蒙古农业大学学报（社会科学版）:,2022(4):42-47.

厨艺、清洁、整理、维修等基本生活技能，培养自己动手、丰衣足食的劳动自主性。因此，学科与生活双向融合育人秉持马克思主义教育与生产劳动相结合内在要求，立足生活实践和学科教学，从思想高度上端正劳动态度，从内外联动上统筹劳动资源，从教育方式上优化劳动体系，从组织管理上完善劳动保障，对积极探索推进中小学劳动教育改革的实践发展具有重要意义。

3. 立足生活要契合新时期学校教育实践

学科与生活双向融合育人立足生活实践和学科教学，着力给青少年创造参与实践的机会，让青少年多劳动、多实践，在劳动与实践中接受教育，发展劳动技能，培养劳动精神，树立正确的劳动价值观，养成尊重劳动、热爱劳动的良好品质。当前实施劳动教育的重点是学校在学生系统的文化知识学习之外，有目的、有计划地组织学生参加日常生活劳动、生产劳动和服务性劳动，让学生动手实践、出力流汗，接受锻炼、磨炼意志，培养学生正确的劳动价值观和良好的劳动品质。

二、生活教育理论

（一）理论内涵

生活是教育之根和本。教育与生活的脱节有其深刻的科学观和科学哲学根源。从这个根源出发，可以探寻到教育回归生活的途径：从知识教育回归文化教育、再从文化教育回归生活教育。教育不仅要回归并深深地扎根于现实的生活，从而重新找回生活之根和本，还要回归并融于生活的理想，从而引领现实的生活。

1. 生活教育理论的发展演变

教育回归生活理论提出，"生活世界是人生活在主客和谐统一的世界以及生动鲜活的生活意义的世界，人能动地生活在生活世界，并强调学生作为主体的人在环境中的积极作用"。[1]因此，教育回归生活主要将生活作为个人生长发展的动态过程，在其中，个体适应并超越生活，通过教育的方式，使人与环境相互作用，创造意义。

20世纪末，受近代哲学思潮的波及，我国教育界开始讨论"教育回归生活"或者"教育回归生活世界"的问题，普遍将"回归"定位在辨析"教育"与"生

---

[1]周栩汝.回归生活的小学法治教育策略研究[D].安庆：安庆师范大学，2022.

活世界"两者之间的关系问题之上。主要有以下两类主流观点：**第一种观点**以胡塞尔的"生活世界"学说为基础，认为生活世界是教育的根源，教育面临的困境与德国哲学家胡塞尔所批判的科学世界一样，陷入了科学主义的窠臼，将丰富、鲜活的生活世界遗忘了。实际上，胡塞尔的生活世界思想除了逃离科学主义外，其作为建立在一种回归本真"世界"思想基础上的批判性和反思性的哲学态度，之于教育研究的意义也许更为深远。**第二种观点**主要以杜威的"教育即生活"思想为出发点，认为教育的问题在于远离了人们的生活，教育应该回归生活，因为生活才是教育之根本。究其根本，教育活动原本应该源于生活，并扎根于生活，不可以被简化为关于固化的、抽象的科学知识的认知过程。

2. 陶行知生活教育理论

陶行知生活教育理论立足于时代的发展教育实践，强调教育来源于生活，教育的主题内容与素材来源于生活，只有融入学生生活的教育才能获得持久的生命力。[1]学科与生活双向融合育人倡导从生活实践中得到教育体验，从而形成教育认知。教学做合一的方法论，"做"为中心，在做中学、在做中教，注重学生的实际训练。生活教育的根本任务和目标，是培育"知情意合一""智仁勇合一"的具有"完满的人格"的时代新人，生活教育的实践性与生活性让"立德树人"处处、时时、事事浸润学生的成长。

在陶行知生活教育理论看来，学科与生活双向融合育人要义有两层含义，第一层含义强调教育源于生活，教育必须永远存在于生活之中。生活的体验是教育的起点，教育是"改造了的生活"。第二层含义突出教育即是发展，学生或儿童只有在生活中自由发展、全面发展、和谐发展，才能过好未来生活。归结而言，学校是基于学生生活而存在，学校是生活的世界，这是生活教育的场所论。在生活的世界中，人的各种潜能才能彰显和发展。这就是我们对什么是学校的回答，这是新时代生活教育的场所论。这里的生活的世界是一个直观的、现实的、经验的世界，是一种生活语言的世界，是一个奠基性的、人的世界，以及人际交往、行动的世界，是一个人们共同占有和面对的世界。

---

[1] 汲明竺. 陶行知"生活即教育"思想及其当代价值研究 [D]. 长春: 吉林大学, 2022.

（二）学科与生活双向融合育人的启示

1. 从教育的对象角度来看，教育要指向"现实生活中的人"

"人的本质是一切社会关系的总和"，而社会关系是在人的具体实践活动中不断形成的。人首先是感性的、实践的人，因而，作为教育活动对象的人必定是"现实生活中的人"。即便是在远程教育或者虚拟实践状态下的教育对象，只要发生真实的知识传递，必定是生活于当下的、活生生的现实生活世界之中的人。"理论是灰色的，生活之树常青。"教育必须面向生活世界，教育必须奠基于教学活动参与者的生活世界之中，面向现实生活世界中的人，走进人的现实生活世界。

2. 从教育的具体过程而言，教育要突出教育与生活世界相互融通

教育独立于生活世界并不等于教育就可以遗忘生活世界，更不可能取代生活世界。相反，教育要想获得坚实的根基和发展的动力，必须经常返回生活世界中。教育与生活世界应该而且能够互相融通。卢梭在《爱弥儿》中指出，教育来自人与自然，来自人与他人的关系，即教育来自人及与他相关的自然环境和社会环境的相互关联。只有在与人的"周围世界""生活世界"的关联中，教育行为本身才能得以发生和持存。在教育过程中，教育与生活内在统一。杜威从生活来看教育，提出"教育即生活"；陶行知从教育来看生活，主张"生活即教育"。他们从不同的视野走向同一个主题，即生活与教育互相融通。缺乏教育的生活，是盲目的、迷失的、低层次的生活；缺乏生活的教育，是无力的、脆弱的、干涸的教育。

3. 从教育的目的角度分析，教育要使人过上幸福而有意义的生活

在一般意义上，幸福而有意义的生活是指个体在与社会共同体的进步趋势基本保持一致的前提下实现自我价值与社会价值的协调统一，和谐共生。教育的基本功能是传授文化知识和培养生产技能，但教育的最终目的是使人过上有意义的生活。斯宾塞认为"教育要为儿童充满未来的生活做准备"，但教育并不只是实现未来生活的手段和工具，教育本身就是生活的目的，教育的目的就是实现生活的意义。教育回归生活世界，并不是将教育作为通达生活世界的工具，而是将教育本身就看作生活世界本身，看作生活世界的一部分。

4. 从教育的内容角度分析，教育要加强学生人文素养教育

教育回归生活，必须反思与批判当前科技教育与人文教育互相隔绝的现象。

尽管科技世界从生活世界中分离出去是人类社会发展的必然，但科学世界不应遗忘生活世界，不应丧失自己的意义之源。同样，科技教育也不能代表人类教育生活的全部，人文教育所提供的价值引导功能是科技教育所不能取代的，科技教育对教育世界的主宰必将导致人文教育的失落和生活世界的危机。因此必须纠正重科技、轻人文的现象，在教学实践和课堂内外积极开展人文教育，通过各种形式与途径将科学世界与人文世界相互融通。

三、情境认知理论

（一）理论内涵

情境认知理论是继行为主义"刺激 - 反应"学习理论与认知心理学的"信息加工"学习理论后的又一个重要的研究取向。20 世纪 90 年代以来，情境认知理论以其深刻广泛的理论基础，超越了传统的、基于心理学领域的情境观，从人类学、批判教育学、生态学、社会学与政治学等领域的研究中发展自身，成为学习理论研究的主流。

1. 情境认知理论起源与发展

有关情境认知理论的研究最早可以追溯到欧洲早期的现象学、杜威的实用主义哲学、维果茨基的文化历史理论和吉布森的生态心理学。在重新思考传统学校教育和学习理论的基础上，人们逐渐认识到情境对认知和学习的重要性。情境认知理论诞生于 20 世纪 80 年代，是"第二代认知科学"倡导的一种新的认知范型。[1]20世纪 90 年代起，情境认知理论开始展示出强大的指导性和适应性，并渗透到教育学、心理学、人工智能等各个领域，在一定程度上积极地推动了各个领域的发展，丰富了情境认知理论的研究成果，使情境认知理论体系日趋成熟。

情境认知理论的发展历程伴随着学习理论发展的三个阶段。**第一阶段**：基于行为主义的"刺激 - 反应"学习理论，主张人的思维是简单的刺激 - 反应的联结，从而促使了认知理论的发展。**第二阶段**：认知学习理论认为学习不是在外部环境支配下被动形成的刺激 - 反应的联结，而是主动在头脑内部构造认知结构，获得顿悟与理解；学习依赖于主体原有的认知结构和当前的情境刺激，学习受主体的引

---

[1]李洁.基于情境认知理论的教育游戏设计［D］.济南:山东师范大学,2009.

导而不是习惯的支配。**第三阶段**：建构主义学习理论，强调以学生为中心，不仅要求学生由外部刺激的被动接受者和知识的灌输对象转变为信息加工的主体、知识意义的主动建构者，而且要求教师由知识的传授者、灌输者转变为学生主动建构意义的帮助者、促进者、引导者。在建构主义的背景下，逐渐形成了情境认知与学习、社会文化认知、生态认知等理论，这些理论的形成标志着情境认知学习理论的巨大转型和快速发展。

2. 情境认知理论的主要特征

建构主义认为，认知情境是指与参与事件相关的整个情境、背景和环境。[1]从广义上说，认知情境是指影响个人行为变化的各种刺激所构成的特殊情境，包括客观情境和心理情境，情境的心理意义对人的认知更具有决定性的作用。认知情境的创设就是要根据学习内容创设带有目的性的学习情境，促进学生对所学内容的意义建构。

日常生活中发生的学习有更高的学习效率，并能适时应用于需要的场合；而在课堂中学习的知识，学习者却不知道何时运用于何种情境。这是因为知识并不是孤立的，它们总是存在于一定的情境中，而课堂学习到的知识是抽象的、脱离背景的。情境认知的关键特征是，它不把知识作为心理内部的表征，而是个人、知识、情境三者交互作用的产物，具体而言，情境认知有以下基本特征：

一是倡导在学习中创设逼真的任务情境。情境认知理论认为，通过学习获得知识是为了使学习者更好地认识客观世界、有目的地改造世界。然而实践证明，课堂上获得的知识技能很难迁移到人们认识世界、改造世界的行动中。情境认知理论重视学习一般技能在多种情境中的应用，并且强调在应用情境中教授知识与技能，应用情境可以是真实的工作环境，也可以是虚拟、仿真的工作环境。

二是主张学生学习是从新手到熟手的过程。情境认知学习理论认为学习是通过参与有目的模仿活动而构建的。在学习过程中，学习者参与共同体情境，实践能力不断增强。随着学生作为一个初始者或新手逐渐从该共同体的边缘向中心移动，他们会变得比较积极，较多地接触共同体中的文化，并开始扮演专家或熟手的角色。

---

[1]朴雪.基于情境认知理论的网络课程学习环境建设研究 [D].大连:辽宁师范大学,2006.

（二）对学科与生活双向融合育人的启示

教学情境是指在课堂教学中为落实教学目标，教师综合利用多种教学手段将教学内容嵌入一定的情境中，使学生主动探索、建构所学知识，从而引起学生积极学习情感反应的学习环境。[1]良好的教学情境可以推动学生带着浓厚的求知欲去探索、钻研所学内容，在创设教学情境时，应遵循直观形象性、实效性、启发性和多样性原则。

1. 坚持情境创设的形象性

捷克教育学家夸美纽斯曾指出教学过程中的基本规律：教学中必须充分利用学生的多种感官和已有经验，通过各种形式的感知，丰富学生的直接经验和感性认识，有助于感性知识的具体化。学生在特定的情境中感知、理解、运用所学知识，从直观形象的感知达到抽象的理性顿悟，缩短了认识的时间，提高学习效率。

2. 确保情境创设的实效性

情境认知理论认为，知识与能力的发展，发生在丰富的活动和真实情境中；学习应该从解决实际生活中的问题出发，在具体的、接近现实情境中展开，借助丰富的学习资源，把知识与真实任务情境连接在一起。因此，教学情境必须真实有效，以激发学生的学习热情和主动性。真实有效的教学情境应尽可能与学生的现实生活息息相关，学生鲜活的日常生活环境是挖掘教学情境的最大资源。

3. 注重情境创设的启发性

由于个别差异的存在，教学情境的创设很难符合所有学生的认知水平和能力。当学生自己不能完成任务时，教师要适时地对学生进行指导，为学生的学习提供支撑。因此，教师要对学生的知识储备进行深入分析，掌握学生的学习特征，这样才能创设出富有启发性的教学情境，充分激发学生的学习热情，激活学生的思维和创造力，反之则会给学生带来挫折感。

4. 尊重情境创设的多元性

情境是多元化的，既有物理情境，又有社会和心理情境，而学生的学习也是多元化的，每个学生的学习需求、思维方式、学习风格也各不相同。教学情境的多元

---

[1]姚晓慧.基于情境认知理论的意义学习的教学设计[D].长春：东北师范大学，2005.

性要求教师设计丰富多彩的教学活动，让学生选择适合自己的学习方式，让每个人都参与到课堂中来。因此，教学情境的设计也应考虑多元化的要求，通过设置多种形式和内容的教学活动，让学生有充分的选择余地，参与到喜欢的课堂教学形式中去，使思维始终处于开放的氛围中，以配合和促进学生能力多元化发展的需求。

第二节　学科与生活双向融合育人的教育主张

20 世纪末，玉带山小学普遍存在着"学科教学与儿童生活、社会实践两张皮"的现象，学校面临教师的"教"与儿童生活经验脱节，儿童的"学"与儿童实践脱节，教学的"评"与儿童生活脱节等多种难题。对此，学校提出了学科与生活双向融合育人的教育主张，通过实施学科与生活双向深度融合育人，让学生在符号学习与现实生活的意义关联中走向全面发展。

一、学科与生活双向融合育人的教育逻辑

学科与生活是学校课程的两大向度，它们之间有着天然的联系。学科是学校课程的基本依托，是学校课程得以存在和前行的理性依据；生活是学校课程的根基，是学校课程发展取向的价值旨归。[1]学校课程的学科向度和生活向度如果走向分离而彼此孤立、顾此失彼，肯定不是完整的课程体系，也不是学生喜欢和受益的课程。学校课程过于学科化的生活性缺失和过于生活化的学科性缺失，是阻碍中小学课程改革的主要原因。因此，促进学科与生活二维向度相互融合发展，学校课程将回归其育人的本源。

（一）学科与生活双向融合育人的必要性

作为全面发展教育重要组成部分的学科课程，对促进学生的全面发展有着不可替代的作用。学科课程既需要反映"学科"的特征，同时又需要彰显"生活"的特点；既要增长学生的知识、提升学生的认识，又要培养学生内在品格、价值观和良好生活方式，还要提高学生的文化素养和心理素质。很显然，割裂的学科

---

[1] 邹红. 小学学科与生活双向深度融合育人实践 [J]. 中国教育学刊, 2022(8): 97-102.

课程，是与马克思主义"人的全面发展"理论相背离的，偏向学科向度或生活向度，都是一种片面的发展。因此，推进学科与生活双向融合尤为必要。

1. 应然路径：实现人的全面发展的必然要求是学科与生活融合育人

①人的全面发展内在要求学科与生活融合育人。人的全面发展理论是马克思主义教育理论体系的基本原理之一。马克思和恩格斯在其著作中，充分阐述了人的全面发展有着丰富、全面的内涵。人的各种能力（包含体力、智力）的充分发展、需求的极大满足、社会关系的高度丰富、个性的自由发展，即人的所有属性的自由、充分、和谐与统一的发展。人的能力的发展，包括不断进化人的自然劳动力，但关键还是社会能力的提高。通过社会能力及其物化的方法，持续强化和延长人的自然劳动能力，这些都体现着人的本质力量，都是发展人的能力的主要内容，从抽象意义上可以理解为全面发展人的德、智、体、美、劳等几方面的能力。

②学生的发展需要创设学科与生活融合育人氛围。人的全面发展的问题是社会发展的根本问题，也是教育的根本目的和价值取向。促进人的生存和发展，实现人的自由全面发展是马克思主义教育理论中的主旨思想和价值主线。[1]然而，传统教育的一个最大弊端就是，教育成为人的"异己"，成为人片面发展的工具，导致了少数人得到单向度的发展。全面发展既是人的基本需求，也是人的基本权利。现代社会教育必须为人的全面发展提供一切必要的条件。因此，为学生发展创设适宜的融合教育课程是实现其全面发展的基本条件和关键所在。

2. 实然状态：学科与生活融合缺失阻碍实现人的全面发展

①学科教育的工具化、功利化倾向阻碍学生发展。以往课程的学科本位，过分强调课程的外在工具价值，在教学内容、教学过程、教学方法上注重传授知识，以考试内容和达标成绩为中心，致力于把学生培养成"知识人""技术人""理性人""工具人"；在教学评价上使用精确化、科学化的统一量化标准来对学生所学的"知识、技术与技能"进行测量，追求评价的数字意义。[2]这严重阻碍了

---

[1]胡婷玉，张翔. 习近平劳动教育观的体系内涵与时代价值 [J]. 教育探索，2022(2)：6-10.

[2]赵奎英. "新文科""超学科"与"共同体"-面向解决生活世界复杂问题的研究与教育 [J]. 南京社会科学，2020(7)：130-135.

学校的"人文"路径，忽视了学科与学生日常生活、社会生活之间的内在逻辑，忽略了学生在知识获取、技能习得过程中的情感体验和内心需求，这是见"物"不见"人"的表现，遮蔽了教育的人文本性。

②学科教学的工具化、功利化倾向阻碍学生发展。中小学学科的课程标准和教科书都对本课程教材内容进行了精简和重构，凸显课程内容的基础性、范例性、本土性、生活性等原则，强调课程内容要与学生的生活经验和生活实际相联系，以提高学生学习和活动的兴趣和积极性。于是，在新课程改革实践过程中，广大教师费尽心思结合学生生活实践开发了课程内容。但是，部分教师在课程内容选择方面出现了幼稚化、低龄化、简单生活化的现象，特别是功利化倾向使课程变得面目全非，丢失了课程的学科元素。其实，教学内容不是一道单选题，不是非此即彼的关系，不能从一个极端走向另外一个极端，不能因为过于强调学生对社会生活中一些问题的探究，而忽视了教师的教授学科知识的重要性，进而忽视了系统知识的传授。

③学科教学中生活教育方法的泛化阻碍学生发展。我国传统的课程与教学是以传授式教学和系统教学法为主要教学方式的。系统教学法要求教师系统地教、学生系统地学；传授式教学强调的是教师机械地教，学生机械地学，学生学习的依赖性较强。很显然，这种传统的教学方法没有考虑学生的现实需求和爱好兴趣，没有关注学生的情感体验和生活需要，忽视了学生的创造意识和实践能力的培养。于是，新课程改革中提出了自主、合作、探究等生活教育的学习方式，倡导学生在对话教学、发现教学、情境教学、活动教学、角色扮演等生活性的教学方式中学习。

（二）学科与生活双向融合育人的可能性

1. 内涵融合：学科与生活在内容上具有相通性

学科发展的内涵要义是基于生活实践提炼总结。人们在长期的实践过程中，不断地认识世界，通过不断的认识活动而生成、积累着各种各样的知识与技能。这些在历史发展的长河中积蓄起来的知识与技能，涉及面极为广泛，形成了浩瀚如海的文化遗产。学校教育的职能归根结底在于传承并发展人类文明的文化遗产。从学科的由来及发展来看，学科与人类社会的生活有着密切的关联，其存在是不能脱离人类及其社会的生活与发展需求的。作为人类文化遗产的丰硕成果，学科是人类历史的社会性产物和人类社会发展、自由、解放的教育性产物，凝聚着时代社会的发展要求和对青少年培养的需求。学科是学校教学的典型组织形态，能够保障教学的系统性和完整性，在学生人格的全面形成与发展方面具有不可替代的重要作用。

2. 价值整合：学科与生活在价值追求上具有统一性

教育学视野中的生活内涵，实质上强调的是教育与生活的结合，它是以现实为对象的生活，是大众眼中实实在在的生活，是自然主义视野下的生活。[1] 从教育视野去理解生活，最终还是要落实到人的问题上来。人是一种追寻生活意义和生命价值的特殊存在，而人之所以存在的一个重要原因就在于不断追寻生活的意义。因此，人的存在是要过有意义的生活。教育的价值就是在人的生活世界基础上建构起人与外在世界之间富有意义的、生动活泼的联系，从而不断充实人的生活和改善生活品质。延伸到学校学科领域，生活在学科教学领域中具有重要的价值意义。生活也是理解学科的主要场域，离开生活是无法理解学科的，只有在生活的宏大场域中，才能正确理解学科背后传达的意义和本质内涵，而学生的发展只有植根于生活的完整性才能得以彰显。

3. 目标契合：学科与生活在目标指向上具有一致性

这里的目标契合，是指课程学科向度和生活向度融合的目标指向具有一致性，即学科向度和生活向度二维融合的课程，在目标的最终归宿上都是要服务于学生的身心健康成长。学科目标和生活意义的二者达成一致性，主要体现在以下几点：第一，育人目标的一致性，着眼于学生的生态式成长，体现学科课程促进学生身心健康全面发展的育人目标；第二，课程目标的完整性，体现学科规律和生活意义的结合；第三，素养发展的整合性，着眼于学生学科能力和人文素质的整合，体现以培育学生核心素养为目标的价值取向。总之，在课程目标的确立时，我们既要依据课程的学科功能，也要重视与学生生活领域的结合，这体现了促进人的全面发展的课程目标取向。

---

[1]范叶飞.学科与生活：学校体育课程的二维向度审视[D].长沙：湖南师范大学，2016.

二、学科与生活双向融合育人的实践基础

（一）发端于学校办学理念："走向世界第一站"

办学理念建立在对教育规律和时代脉搏把握的基础上，是全体学校成员对学校的理性认识、理想追求及所持教育观念或哲学观念。办学理念的选择，有的偏理，有的重文，有的重于道德较少其他，有的来自历史，有的来自地理，有的来自抽象，有的来自具体。玉带山小学立足学校的发展历史脉络，总结学校对教育的理解和实践，提出了"走向世界第一站"的办学理念。

20年前，学校的版画走向世界巡回展出。2016年，学校的学生创新比赛取得全球第二名和评委奖的惊人成绩。这些成绩让人看到学校的老师和学生可以走到更远、更广阔的世界。对小学生来说，世界是什么？即是通常意义的空间维度，学生从家走向社区，走向学校，走向下一个阶段的学校，直到更远的空间世界，甚至国外的世界。世界也包括时间维度，即从家，走向社区，走向学校，走向未来的生活和工作，即未来的世界，未来的生活状态。我们认为，作为小学教育工作者，我们倍感珍惜自己有六年的时间可以陪伴和培养每一个学生，不只为了让他们拥有最美好的童年，更要为他们能走向更美好的未来世界奠定良好的现实基础。由此，基于小学生对世界理解的时间维度和空间维度，我们认为玉带山小学就是学生们走向世界的"第一站"！

最初的"第一站"的提出，是基于2014年学校开展的一项名为"留住盘溪记忆"的大型综合实践活动。从此以后，学校老师们就关注到了一个事实，那就是我们所做的一切教育教学活动都是为了让今天的学生能够在未来更好地走向世界。那么，在"第一站"，在一个人最宝贵的童年成长的六年，学校能给他（她）带来什么呢？

第一，是走的方向。所谓"蒙以养正"，即带领孩子们找准自己未来发展的方向，从模糊到逐步清晰。第二，是走的力量。小学是孩子们真正开始学习独立"行走"的重要启蒙阶段，这种"走"是在慢慢苏醒时所伴随着生长的自我"内驱力"和社会化成长时家长、学校、社会等"外驱力"，这样双轮驱动下的"行进"。孩子们的"走"是自我期待新知识、乐于追求新进步、勇于探索新世界的前行；

孩子们的"走"是由家长和老师领走、助走、陪走。第三，是走的状态。对孩子们来说，无论是外面的世界还是未来的世界，都是丰富多元、充满挑战的，又是蕴含无限可能性的。而经过六年培养，从学校走向未来（外面）世界的时候，他（她）的姿态应该是从容勇敢、乐观坚强、乐于探索、阳光自信的。

因此，无论是从儿童发展的时间维度和空间维度的逻辑上讲，还是从个人成长的必然阶段性讲，学校都是孩子们接受系统教育的重要而关键的"第一站"。"第一站"是孩子们通向未来的起点。由此，我们对学校作为"走向世界第一站"的定义即是：这里是孩子们的知识和能力得到全面启蒙的地方；这里是孩子们从儿童向少年过渡、从不成熟走向逐步成熟的关键阶段；是孩子们的智力、能力和良好习惯形成的最佳时期；是孩子们的身体、知识、道德、人格成长一生奠基的地方。而学校的任务就是要为孩子们成功地走向世界做好"第一站"。

（二）形成于学校育人理念："天地玉成、四季花开"

"玉"，源自校名。"花"源自学校里操场上一圈一年花开三季、繁花似锦的"紫荆花"。玉是天地孕育而生的精华，"言念君子，温其如玉"，（《诗经·秦风》）"君子比德于玉焉"（《礼记·聘义》），"中国向来把玉作为美的理想……一切艺术的美，都趋于玉的美：内部有光彩，但是含蓄的光，这种光彩是极绚烂，又极平淡"。在我们眼中，学校的每一个儿童都是每一家父母的掌上明珠，也是最美好的珍宝。花是万物拔节绽放的美好，每一个儿童就像姿态和颜色各不同的花朵。"玉"和"花"代表着这个世界最美好的事物，并象征人类生命成长所追求向往的境界。

"天地玉成"，"天地为炉兮，造化为工；阴阳为炭兮，万物为铜。"玉的生成，必经天地时光的熔炼、萃取日月之精华而成。对孩子们而言，自然环境、人文社会、法理规律就是他们成长的天与地，家庭、学校、社区、社会、国家、世界就是他们的天与地。"玉不琢，不成器"。在这样的天地之间，我们遵循孩子们成长的规律，尊重每个个体的本性；在这样的天地之间，孩子们经过"切、蹉、琢、磨"，最终成为他们自己想要成为也能成为的那块"玉"，"玉汝于成"。

"四季花开"，"万物并育"。花的生长，需历四季的时光变换，经历四季的风雨洗礼，经历生命的周期运行。"一树之花，千朵千样，一花三瓣，瓣瓣不同"。

我们认为，每个儿童都是独一无二的花朵，都有绽放的自由，每个人的花期都不尽相同。我们静静地陪伴，耐心地等待，创造一切条件，培育适合儿童生长的土壤，给予孩子们充足的阳光和雨露，给予自由发展的空间，等待着不同的花儿在不同的时节，以不同的姿态绽放自己独有的芳华。

"成性存存，道义之门"（《系辞·上》），尊重儿童本人的实际情况和发展可能。就如《学记》中所说："进而不顾其安，使人不由其诚，教人不尽其材。其施之也悖，其求之也佛。"教育要顺应人的发展规律而教，自然而然就能达到理想的人格。"今教童子，必使其趋向鼓舞，中心喜悦，则其进自不能已。譬之时雨春风，沾被卉木，莫不萌动发越，自然日长月化。"我们关注每个孩子的成长，我们尊重每个孩子的个性和差异。我们认为正是如此，校园才如此多姿多彩，涌动着生命不竭的力量，充满着蓬勃向上的生机。为此，我们不强求百花"齐"放，我们创造多元的培养渠道，多维拓展的课程体系，多阶递进的教学方式，多元协同的评价制度，为每一朵花的开放创造每一次机会和每一种可能，让不同的花儿在不同的季节以不同的姿态自在地开放。

（三）落脚于学校育人目标："培养创造未来中国的学习者"

关于"创造未来中国"的内涵有三重含义：第一，"创造"强调的是开展富有创新、创意和实效的行动。第二，"未来中国"强调创造的目的是指向中华民族的繁荣富强，具有清晰的方向感和强烈的使命感。第三，"创造未来中国"不仅强调对国家和民族的责任和担当，也强调要具备能够"创造未来中国"的各类关键能力和必备品格。关于"学习者"的内涵有三重含义：第一，"学习者"，不仅现在要具备优良的学习兴趣、学习习惯、学习信心和学习意志等能力和素养，还需要具备终身学习的愿望和能力。作为基础教育的启蒙阶段，小学既要有为下一阶段学校输送合格甚至优秀学习者的近期目标，也要有培养二三十年后具备"创造未来中国"能力的"学习者"这样的长远目标。第二，"学习者"，不仅是教育的客体，更是教育的主体，其主体作用不可忽视。第三，聚焦"学习者"成长，就必须构建"以学习者为中心"的人才培养模式。

基于此，玉带山小学提出，学校的育人目标内涵就是：聚焦"创造未来中国"

这一人才培养的使命目标和能力指向，构建"以学习者为中心"的人才培养模式，培养未来学习型社会所需要的具备终身学习能力的"学习者"。育人目标内容的具体表述是："六会"和"三力"。"六会"：会阅读、会表达、会思考、会审美、会生活、会健体；"三力"：自省力、创造力、领导力。"六会"是育人目标的基本要求，"三力"是育人目标的高阶追求。育人目标落实的主要力量是学校、老师、家长、社区、学生。其中，学生是最为重要的、最不容忽视的主体力量之一。育人目标落实的主要途径是课程、教学、评价。

三、学科与生活双向融合育人教育主张的核心内容

（一）主张全学科融合，积极倡导"三全育人"

学科与生活双向融合育人主张将学校所有学科调动起来，发挥所有学科的育人功能，把教育教学的全过程纳入融合范畴，充分发掘学校环境氛围、文化建设、学校管理制度等因素的育人价值，做到"三全育人"，即全员育人、全程育人、全方位育人。

1. 主张全学科融合体现了"三全育人"的价值精髓

党的十八大以来，以习近平同志为核心的党中央高度重视新时代育人工作，多次强调要全员全过程全方位育人。"三全育人"是坚持正确办学方向的必然要求，落实立德树人根本任务的迫切需要，铸牢中华民族共同体意识的重要抓手，推进教育高质量发展的必然要求。做好"三全育人"工作，必须深刻理解、准确把握"三全育人"的科学内涵，形成全员全过程全方位育人的大格局。把坚持立德树人作为根本任务，融入思想道德教育、文化知识教育、社会实践教育各环节，加强学校思想政治工作，把思想价值引领贯穿教育教学全过程和各环节，推进教育改革，形成教书育人、科研育人、实践育人、管理育人、服务育人、文化育人、组织育人长效机制。

2. 主张全学科融合是立足"三全育人"内在要求

"三全育人"内在要求与学科融合具有较高的相通性。**从教师主体来看**，树立育人责任感是全员育人的内在要求，教师在自己的本职工作上发挥育人的功能，相互配合，形成合力，构成完整、全面、和谐的教育体系和格局。**从实施方式层**

面来看，全过程育人指引下，学校的学科育人要贯穿学生学习和成长成才的全过程，要把握学生从入学到毕业每个阶段的特点及身心发展规律，以及每个阶段面临的实际问题，有针对性地规划不同阶段教育的工作重点及方法。**从内容层面来看**，全方位育人则体现了将育人工作结合学生的学习和生活实际，将显性教育和隐性教育相结合，通过有形或者无形的手段把教育渗入学生学习和生活的各个环节，渗透到教学、管理和服务的各个方面，促进学生全面发展。

（二）主张双向融合，打通生活学科连接

1. 主张双向融合倡导打通学科之间连接

传统的分科教学虽具有专业价值和现实意义，但没有哪一项认知活动是单靠一门学科知识就能完成的，需要多学科知识的参与。学校是知识传播与创新教育的重要阵地，在全面育人的过程中，应树立跨学科、超学科的学科思想，打破传统学科的壁垒和界限，聚合各类课程资源和课程要素，促进教学方式、学习方式的根本变革。基于此，我们以有效探究问题为出发点，以有效解决问题为目的，以多学科渗透和相互支撑的主题式学习、项目式学习、探究性学习及特色主题活动为牵引，积极探索多学科交叉融合。

2. 主张双向融合力主学科回归生活情境

生活情境是学科发展的起源和落脚，主张双向融合，必须有效立足生活。因此，我们主张教学要回到现实场景，从生活中探寻真实问题，围绕共同核心问题，设置课堂任务，设计序列化活动，促进学生合作探究。我们主张教师通过精心设计引导学生关注生活，把学生引向真实生活与真实问题，着力培育学生跨学科解决问题的实践能力和创新素养，这正是对"教育应该为谁培养人、培养什么样的人、如何培养人"这一重要问题的学科回应，也是落实培养有理想、有本领、有担当的时代新人要求，突出学科育人的生动实践。

（三）主张自主融合，激发学生内在动力

1. 主张自主融合倡导打破传统教育模式

传统的学校教育往往通过不断强化学校的主体地位和主导作用来达成教育学生的目的。但真正的教育是自我教育，学生作为自主发展的主体，只有激发内生动力，在丰富的内蕴和潜在中提升综合素养。因为每一个孩子在学习上都具有一定的自主意识，只是有时候这种意识并不能及时出现，这就需要给予积极的引导，激发学生的这种意识。我们主张自主融合，在唤醒学生自主学习的意识时，想方设法地激发他们的兴趣，培养学生的主动性、自信心、自律性和责任感，这是自主学习能力所必需的。

2. 主张自主融合倡导个人能力发展

我们重视对学生个人能力与性格特质的培养，聚焦学科教学与生活融合构建，精心为学生提供丰富多彩的拓展型课程，打造转向实践层面的自主学习课堂，为学生爱上校园、激发内生动力提供了新的选择。

（四）主张最大融合，全面深化五育并举

为实现最大融合，有效落实立德树人，深化五育并举。我们基于江北区"五个一点"素质提升工程要求，有机结合学校"培养创造未来中国的学习者"的育人目标，充分挖掘学校、家庭、社区资源，不断丰富"五个一点"内涵，大力创新"五个一点"的课程、活动、评价等形式。

1. 读一点名著

作为重庆市十佳书香校园，学校通过开发课后服务阅读课程：1个校级阅读主题社团、19个年级阅读主题社团、36个班本阅读主题课程，开展每年一度的读书节、每天固定时间阅读、"1+1+1"学业评价中的阅读评价、阅读分享、紫荆生活记录、紫荆论坛、创建"我的第一本自编书"等活动，让"读一点名著"丰富紫荆孩童的心灵。

2. 做一点运动

通过开设篮球、田径、羽毛球、武术、围棋、乒乓球、足球、跳绳、国际象棋等项目在内的12个校级体育社团、14个年级体育社团、7个素养提升项目、8个班本课程，各年级开设每周一节足球课，提升大课间和每年两次体育节的质量。

3. 学一点艺术

通过开设版画、小提琴、律动操、口风琴、表演唱、街舞、拉丁舞、民族舞、数字化音乐编程等23个校级艺术社团、33个年级艺术社团、12个艺术素养提升项目、11个艺术主题班本课程、每年一次的科技艺术节、建校80周年校庆等方式，不断提升学生艺术素质。

4.会一点家务

开展"劳动"课程、生活技能比赛、"十元钱千分爱"爱心公益创意劳动、"劳动创造梦想"家长义工国旗下演讲、"你笑起来真好看"劳动活动、"寻找最美劳动者"摄影比赛、"紫荆劳动之星"、创意劳动训练营等活动,开展重庆市教委综合改革项目"新时代城市小学'生活化'劳动教育策略研究"、参与创编《劳动实践指导手册》、编撰《玉带山小学寒(暑)假生活》、出版《小学生应掌握的100种生活技能》等,让"会一点家务"成为每个紫荆孩童的自我要求。

5.搞一点实践

学校"第一站"综合实践活动课程是落实学校"走向世界第一站"办学理念而原创的校本课程。"第一站"综合实践课程由"家、校园、社区、世界"四个主题20个课程资源组成,即家:家谱、房屋、我的家庭公约、旧衣服的处理、妈妈的高跟鞋;校园:伙伴、老师、紫荆花、校园足球世界杯、校园垃圾处理;社区:劳动与梦想、超市与生活、城市轨道与交通、钱币与财商、快递与科技;世界:身体世界、心理世界、垃圾世界、网络世界、世界文化。学生通过探究式、体验式学习和协作式学习,参与生活,了解社会,增强文化自信、道路自信。

第三节　学科与生活双向融合育人的探索历程

秉承"走向世界第一站"的办学思想、"天地玉成、四季花开"的育人理念和"培养创造未来中国的学习者"的育人目标,玉带山小学立足校情,展开孜孜不倦地探索和发展,主要历经四个阶段。

一、82年办学历程不断积淀,学科与生活双向融合育人奠基阶段

扎根于82年办学的积淀,从开始命题、提出假设到实践验证,从"点的突破"到"线的拓展",再到"面的推广",坚持不懈、循序渐进地推进问题解决,为探索学科与生活双向融合育人奠定基础。

1994—2014年,为传承用艺术鼓舞生活的曾经驻留重庆盘溪的徐悲鸿先生的大师精神,学校依托重庆市教育规划课题开展儿童生活版画教育,学生作品获得

文化部金奖、教育部一等奖，在中国美术馆举办专题展，14 幅作品被馆藏，先后赴法英等四国展出，接待法、英、新、美等 14 国考察。特别是在 2004 年，学校依托两项重庆市教育规划课题，开发以盘溪生活为主题的版画系列校本课程，建成全国唯一的以徐悲鸿命名、由廖静文女士题名的徐悲鸿少儿美术馆，教学成果"发展儿童生活版画，促进学生综合学习"获得重庆市首届基础教育教学成果三等奖。这些为学科与生活双向融合育人的探索打下了坚实的基础。

二、联系生活试点探索，综合实践与生活有机综合育人的突破阶段

2014 年，为落实"各学科学习紧密联系生活经验""整合利用各类资源"，有效实现"学科间综合育人功能"等要求，结合学校附近盘溪农贸市场搬迁的现实情况，三、四年级老师们开发实施"留住盘溪记忆"综合实践活动系列课程。师生走进盘溪市场，家长参与，商户支持，由此，学校承办了江北区课程建设推进现场会，并集中展示了初见成效的教育改革。

2015 年，学科间综合育人改革范围拓展到一至六年级，全校所有的老师和学生都参与到校本课程"留住盘溪记忆"茶文化、巴渝老游戏等课程的实施中。

三、融合学科系统实施，学科与生活逐步融合育人的拓展阶段

2016 年，通过公开招募，课程和评价改革项目启动。项目制由此逐步成为推动教育改革的重要方式。基于 A-STEM 的"第一站"综合实践活动课程第一期"家、校园"主题 10 个课程开发完成，纳入学校必修课。学校展开一场关于"试卷分数是否等同于学生素质"的大讨论，托重庆市教育评估院课题"小学生学业水平评价模式探索"，初步形成"1+1+1"学业评价。学校承办重庆市小学"卓越课堂"现场会议暨江北区深化区域课程改革展示交流会分会场。近年来，通过参与综合实践校本课程的设计、实施，学校老师、学生和家长不仅看到生活中蕴藏着丰富的学科课程，也学习到了综合实践注重实践、注重动手的教与学的方法。

2017 年，"A-STEM"第一站综合实践活动课程获重庆市政府教学成果三等奖。我们在总结中发现简单地用"学科拓展""学科延伸""学科叠加"等学科综合化方式，很难实现全科育人、全程育人、全员育人，实现"教育与生产劳动相结合"的"学科教学"应该由相对独立的"沙拉式综合"阶段走向互融互通的"奶昔式深度融合"阶段。

四、依托课题科研深化研究，学科与生活双向融合育人的推广深化阶段

2018 年，学校成立课程与评价中心，负责深入推进课程建设和评价改革。学校成立紫荆学院，专人负责学校全体教师专业发展。教育部《中小学综合实践活动课程指导纲要》颁布后，重庆市教育科学规划课题"综合实践活动课程校本开发与实施"取得阶段性成果：体现深度融合的"第一站"综合实践活动课程第二期"社区、世界"主题 10 个课程开发并实施。学校先后承办第五届中国未来学校大会分会场、第九届全国中小学特色学校发展论坛分会场，并展示了具有"目标问题化、内容真实化、领域综合化、形式项目化"等体现学科与生活双向深度融合的综合实践校本课程。学校开办了首届教师学术年会。

2019 年，中国教育学会规划课题"小学生活教育实践研究"启动。学校承办重庆市教育现代化学术研讨会、重庆市新时代教师价值追求和责任担当研讨会、中日儿童版画巡展暨新时代小学生美好生活专题版画展，从多个角度展示了学科与生活不断推进的双向深度融合育人课程体系。一方面，学校的综合实践活动课程进入了规范化的开发和实施阶段，"让生活走向学科"成为学校师生的普遍共识；另一方面，综合实践课程反哺其他学科课程教学。由于每个老师都参与了综合实践活动课程的教学实施，随着实践的不断深入，老师们开始有意主动把综合实践课程教学中所形成的教学思想和教学方法主动迁移到自己的原有学科。由此，"让学科走进生活"成为师生们新的共识。越来越多的学科在课程、教学和评价等各个方面逐步开展与生活融合。

2020 年，依托重庆市社科联课题、重庆市教委综合改革项目、重庆市教委综合改革课题、重庆市教育科学规划课题等 7 个课题，通过承办重庆市小学生活教育观摩活动暨综合实践活动学术研讨会、重庆市中小学科技创新研讨会、重庆市中小学劳动教育教学观摩会，各学科开展疫情背景下学科与生活融合育人实践，城市小学爱国主义教育生活化、科技创新生活化、劳动教育生活化研究得以推进。学校撤销课程和评价中心，课程建设和评价改革纳入教育教学的常规工作。

2021 年，依托重庆市教委教育综合改革试点项目、重庆市教育科学规划课题、

重庆市教育评估院课题、重庆市教育学会等 5 个课题，数学、美术、语文、科学、心理健康等多学科从课程、教学、评价等多角度深入推进学科与生活融合育人创新实践。学校召开"新时代城市学校生活教育研讨会"。学校获得重庆市教委德育优秀案例特等奖、重庆市教委民族团结进步教育案例一等奖，重庆市教委农村领雁工程综合实践活动工作坊终期评估优秀。

2022 年，依托重庆市教委教育综合改革试点项目、重庆市教育科学规划课题、重庆市义务教育质量监测结果应用重点课题等 3 个课题，学校开展基于减负的作业改革，从综合评价改革等角度进一步推进学科与生活双向深度融合育人实践。学校获得重庆市政府教学成果特等奖，重庆市教委义务教育阶段学校作业管理优秀案例，校长被教育部评选为新时代名校长培养对象。近年来，越来越多的学科在课程、教学和评价等各个方面全方位地与生活融合，所取得的成效被越来越多的地区和学校认可、实践，并取得良好的成效。

第四节　学科与生活双向融合育人的实践成效

学科与生活双向融合育人创新实践，为从理论和实践层面解决 "学科教学与儿童生活经验脱离"这一普遍存在而又始终没有解决好的教育难题提供了有益探索。学校在学科与生活双向融合育人中取得了显著的成效，教师专业进步、学生成长发展、学校发展创新、区域校社联动成绩斐然。

一、教师专业有指引：学科与生活双向融合育人成为教师的教育自觉

教师在注重积累自身生活体验的基础上，在教学中注重对学生生活经验的关照，教学实施主动打破学科限制、打破教学主体限制、打破教学时间和教学空间限制，推动了学校课程、教学、评价与学生生活经验的深度融合，个人和教研团队所探索出来的方法与策略代代相传，迭代发展，形成了新教师培养制度、校本研修机制、教研组管理制度、项目管理机制。第三方基础教育质量监测显示，教师对于学校教育改革与创新实践认同参与在办学理念、学生素质培养、课程教学、教师专业发展等方面高达 100%。2014 年以来，学校现有正高级教师 1 人，高级

教师 13 人，市级骨干校长 1 名，市级名师 2 名，市区骨干教师 59 名。教师 48 人次获市级以上荣誉，承担市级以上课题 20 项。教师出版论著 10 本，参与开发精品课程 65 门，编写课程资源 101 册。教师赛课获奖市级以上 68 人次（其中国家级 20 人次），教师在《中国教育学刊》等期刊发表论文 109 篇，教师论文获奖市级以上 245 篇，教师参加学术会议 221 人次，对外交流 268 人次，教师获专利 2 人次，参与全国性行业标准制定 1 人次。

二、学生成长有方向："做生活和学习的主人"成为学生的成长自觉

学生在学科学习时能够主动联系生活实际，在校园、家庭、社区等生活场景中，能够主动用学科思维观察、解释、改善生活，并能有意识在生活中认识、检验、夯实学科知识。学生的学习方式多元化、学习路径多样化、学习成效多维化，知识搬得了家，学习兴趣和信心大大增强。重庆市基础教育质量监测显示，学校学生好奇心、身体健康感受、校园暴力反向排名、校园环境感受地区排名第一，语文学习兴趣、数学学习兴趣、学习习惯、学习压力反向等指标和同类学校相比，均有明显领先优势。近 9 年来，学生绘画类作品获得国际奖 19 人次，全国奖 107 人次（34 人次获一等奖），市级获奖 49 人次（18 人次获一等奖）。科技竞赛中，学生获全球奖 33 人次、全国奖 94 人次（其中一等奖 35 人次），获市级奖 307 人次（其中一等奖 104 人次）。足球比赛中，学生获重庆市内外冠亚季军 37 次，为重庆市队输送队员 18 人，为国家队输送队员 2 人，羽毛球、游泳获全市第一名。音乐比赛中，学生获国际奖 45 人次，全国奖 192 人次（其中一等奖 52 人次），市级奖 503 人次（其中一等奖 217 人次），管乐队、表演剧获市级一等奖。

三、学校发展有动力：学科与生活双向融合育人沉淀为学校的办学自觉

学校形成了生活教育办学特色，获得全国优秀文化传承学校、重庆文明校园、重庆市民族教育特色学校等市级以上荣誉 36 项，获重庆市德育案例特等奖，先后承办全国未来学校大会、新时代城市学校生活教育研讨会、市卓越课堂现场会、市小学生活教育观摩活动暨综合实践活动课程研讨会等市级及以上学术会议 15 次。3 份资政报告被市教委采用。学科与生活双向深度融合育人实践获得重庆市政府教学成果特等奖。学校课程经验、评价改革、生活德育、作业减负、劳动教育、心

理健康等 6 项工作经验被当作重庆经验报送教育部,心理健康教育经验两次向全市推广。生活德育被教育部评为"一校一案"落实《中小学德育工作指南》典型案例。

成果推广到内蒙古乌兰浩特市蒙古族小学、湖北潜江江汉油田向阳小学、吉林省辽源市龙山实验小学、贵州省遵义市新浦新区第一小学、贵州省阳江县教育局等 27 个协同单位,全国 23 个省市 7 200 余名同行先后到校学习研修。英国霍尔学校、法国福特内小学、新加坡四德学校、泰国潘基文范南霍帕坦学校、赖昆布洪维塔亚中学校、瓦特普里特小学等学校先后组团来校考察交流。德国一电视台拍摄学校三年时间,并深度报道学校教育。2014 年以来,新华社、《人民日报》、《重庆日报》等媒体报道 440 次,新华社《高管信息》4 版、《未来教育家》21 版做专题报道。

四、校社联动有平台:学科与生活双向融合成为社区文明和谐自觉

学校地处城乡接合部,但多年来,超过 6400 名家长志愿者和 200 余名社区义工无私地参与学校生活教育改革中来,学生、家长对学校生活教育满意度达到 99.7%。当学生走进盘溪农贸市场、盘溪河、永辉超市、餐馆、地铁站、小区、银行、石子山公园……社区不仅是他们生活世界的家园,也是他们探索学科世界的乐园。走进了社区,他们对社区中人、事、物的关注、爱护和照顾,深深感染了社区各族各界居民,学校所在社区成为重庆市民族团结示范单位、全国文明城区。

第二章　学科深度融合生活的课程实践

第一节　学科深度融合生活的课程实践简述

为解决学科教学与儿童生活、社会实践相脱节的问题，改变学科教学仅凭教材知识点进行教学的现象，玉带山小学近年来进行了学科融合生活的课程实践。实践中，学校始终以育人目标为导向，坚持能力为重，优化知识结构，丰富社会实践，强化能力培养。实施中，教育学生动手动脑，掌握知识技能，学会生存生活，促进学生主动适应社会，着力提高学习能力、实践能力、创新能力，学生不是"为学而学"，而是"想学而学"，为"有意义"而学。

一、学科深度融合生活课程的设计理念

生活教育理论认为教育不能脱离生活，教育要通过生活来进行，无论教育的内容还是教育的方法，都要根据生活的需要，把教育推广到生活所包括的领域。遵循学生的需要和可能，让学科走向生活。

学科融合生活课程，玉带山小学主张用好国家课程，把国家课程校本化，校本课程特色化，以国家课程与生活融合，设计符合学生身心发展的、让核心素养落地的学科深度融合生活的课程。在国家课程基础上设计拓展课程，遵循学生的身心发展规律，尊重学生的兴趣发展差异，开展自主融合课程，真正将学校的学与生活中的做相结合。

学科融合生活课程，就是引导学生运用学科知识去思考、解决生活中的问题，促进学科知识生活化。学校对现有学科课程已强调的学科与生活融合的内容进行梳理，教师要确保纳入实际教学，促进教师教学关注儿童生活经验，联系社会实践，把教学情境、内容、评价与儿童生活经验相结合，以此促进儿童联系生活来学习学科知识，运用学科知识解决生活实践中的实际问题。

二、学科深度融合生活课程的实施

学校创造性拓展本地资源，将国家课程校本化、生活化，促进儿童学科逻辑发展，将学科有机融合生活。玉带山小学学科融合生活课程分为以下三类实施。

1. 落实学科渗透融入生活课程

立足国家课程，以国家课程中紧密联系生活实际的相关学科内容，引导学生通过探究、合作等方式开展学习，发挥国家课程中学科与生活融合的积极效应，实现国家课程效益最大化。该课程采用必修方式，所有学科教师组织实施，全体学生参与，按照国家课程课时标准，一、二年级每周课程总量为 26 课时，三—六年级为 30 课时。

2. 开展学科拓展融入生活课程

基于学科拓展，依托生活拓展任务形式，有机选取学科所涉及的生活任务，回归生活育人，让儿童在生活探究中饶有兴趣地、不知不觉地完成学科拓展。该课程采用选择性必修方式，全体教师组织实施，全校学生选择部分课程，在课外、节假日、寒暑假等时间自主完成。

3. 实施学科自主融入生活课程

着眼学科自主，为学科兴趣和学业水平存在差异的儿童开发学科自主融入生活课程，教师提供课程菜单，学生依据自己的喜好和所长，开展双向选择、双向互动。该课程采用选修方式，由具有特长教师开设组织实施，安排在周一、三、四、五课后服务时间。周一提供全校学生参与的校级自主课程，周三、周四开设自主融合素养提升课程，包括班本自主课程、特长学生定制的特需课程，周五为全校各班设计的与生活融合的班本自主课程，由各班任课教师组织实施。

三、学科深度融合生活课程的评价

新课程标准强调，课程评价要围绕发展学生核心素养，发挥评价的引导作用，改进结果评价，探索增值评价。本课程评价坚持以评促学、以评促教，将评价贯穿课程教与学的全过程。学科融合生活课程最大特点在于学科与生活的相互渗透、融合，评价坚持创设生活情境，在生活中评价，关注学生在学校、家庭和社会生活中的日常表现，关注学生在探究和实践过程中的真实表现与思维活动，注重考查儿童运用学科知识发现问题和解决问题的能力。为此，学校做了一系列评价探索，主要包含"1+1+1"学业评价、作业减负评价、综合素质评价。评价以学生自我评价、教师评价、同伴评价、家长评价和社会评价相结合，发挥评价的诊断功能、激励作用和促进作用，注重主体多元、形式多样、内容全面（本书第五章中详细阐述了评价办法）。所有评价均通过学科与生活融合实现，注重人的全面发展。

第二节　学科课程教学融合生活

学科以知识为基础、以学科逻辑为主线建构，呈现给学生的多为知识的结构。生活以丰富、鲜活的事物、事件构成，呈现给学生的多为零散的、复杂的非结构化的体验和感受。学科知识是生活经验的提炼与抽象，可以帮助学生快速获得间接经验，但往往与生活本身割裂。生活中常常蕴含着学科思想和学科方法，但是不容易被学生识别、提取、记忆，并形成自己的能力素养和技能。因此，打通学科知识与日常生活的联系，将学科知识回归生活，学科知识才更容易被学生接受和理解，才能让学生走近学科，感受学科的魅力。

玉带山小学全面落实学科渗透融入生活课程。以学科教材为载体，以学生真实生活为基础，充分挖掘教材内容中与生活的联系，增强学习内容的针对性和现实性，发挥国家课程中学科与生活融合的积极效应，实现国家课程效益最大化。

一、"道德与法治"融入生活课堂学习案例

教材课题	大家排好队
教学目标	1. 知道公共场所需要排队，懂得有序排队，先来后到是最公平、最有效率的等候方式。 2. 了解不同公共场所不同的排队方式及作用，感受排队是安全、文明的行为。 3. 懂得如何正确排队，养成自觉排队的好习惯，做守规则、讲文明的人。
教学环节	环节一　"思"：大家说排队。目的是让学生明白，无论是学校，还是在社会，凡是人多需要等候或人多过通道时，都会排队。 环节二　"学""践""思"：大家来排队。目的是学生在模拟生活场景中参与、尝试、感知，明白"先来后到"的排队原则以及排队是人多等候时最公平的方式。 环节三　"践"，排队小能手。目的是检测学生对前两个环节的熟悉和运用。运用动画人物和答疑方式，对五种常见的排队现象进行判断。

续表

教材课题	大家排好队
学科与生活融合	设置三个生活场景，将学科与生活融于无痕中。 　　1. 大家说排队。用生活中常见的标志、视频引导学生回忆生活中排队的场景，唤醒学生的元认知。引导学生认识排队是最安全的方式，以及不排队的严重后果。 　　2. 大家来排队。采用体验教学法，学生在逼真的生活场景中去参与、去尝试、去感知、去反思、去建构、去认知，明白"先来后到"的排队原则。 　　3. 排队小能手。这个环节主要是对前两个环节达成目标的检测和升华。运用动画人物，答疑形式，对五种常见的排队现象进行判断。

（案例设计教师：李咏桃）

二、"语文"融入生活课堂学习案例

教材课题	口语交际·用多大的声音
教学目标	1. 知道不同场合，该用不同音量。 　　2. 学习不同的场合，用不同的、合适的音量与人交流。 　　3. 懂得根据不同场合，用不同的、合适的音量与人交流是讲文明、有礼貌的表现。
教学环节	环节一　"思""践"：借助教材插图，练习交际。目的是通过插图引出话题，从插图引入生活，创设交际情境。 　　环节二　"学""践"：链接生活场景，提升交际能力。目的是把交际置入真实语境中，懂得不同语境用不同大小的音量。 　　环节三　"悟"：观察身边人说话，拓展延伸。目的是将口语交际习得运用于生活。
学科与生活融合	本案例将口语交际的能力运用于生活，将学科真实融入生活中。 　　1. 依托生活情境，引出话题。教师通过讲故事的方式，将学生带入熟悉的生活情境中，让学生发现在生活中说话有时要大声，有时要小声，从而自然地引出交流的话题，激发学生的交流兴趣。 　　2. 借助教材插图，讲故事交流。本环节借助课本插图，创设情境，营造轻松氛围，激发交际兴趣。学生在熟悉的生活场景中发现问题、思考问题、解决问题，从而规范行为，学会与人交往。 　　3. 链接生活场景，将交际加以运用，以提升交际能力。生活场景设置了运动会上、课间、下课时、餐厅里、向老师请教等情境，激发学生说的愿望，在相互交流中明其理、信其道，整个课堂气氛活跃，有张有弛。 　　4. 以儿歌形式，让交际习得拓展延伸到生活中。引导学生在生活中锻炼口语交际能力，形成更适用于生活的、更真实有效的交际策略。

（案例设计教师：冯艳）

三、"数学"融入生活课堂学习案例

学习课题	分段计费
教学目标	1.能结合生活情境，理解分段计费的现实意义，并能解决此类问题。 2.经历分段计费的解决过程，初步形成解决分段问题的基本模型，提升解决问题能力。 3.积累解决问题的经验，增强解决问题的策略意识，获得解决问题的成功经验，体验数学与生活的密切联系，感悟数学学习的价值。
教学环节	环节一 "践""思"：问题情境——体验生活，收集数据。目的是让学生感知数学就在身边，收集交流数据时理解计费方法。 环节二 "思""学"：建立模型——走进生活，抽象符号。目的是通过不同方法的对比优化，建立分段计费的数学模型。 环节三 "悟""践"：应用展开——回归生活，解决问题。目的是引导学生应用数学模型解决生活中的问题，感受生活中处处有数学。
学科与生活融合	本案例通过打通学科学习与生活之间的壁垒，构建教学联系生活模型。 1.引导学生捕捉生活现象，发现数学问题。教师通过请学生分享乘坐出租车经历，引发学生思考出租车的计费标准。重点理解起步价，充分理解分段计费的问题条件。 2.将数学教学与生活接轨，构建数学模型。在充分理解"分段"和"进一法"的基础上，发挥学生的主动性，放手让学生自主探究，充分交流，从而优化策略，最终形成解决问题的策略：分成两段计费，再合起来。把生活中的数学问题抽象出来，建立解决这一类生活问题的数学模型，同时让学生感受到数学的简洁性。 3.运用数学模型去解决生活中的实际问题。（1）应用模型，体验生活。帮助学生牢固掌握分段计费方法，真切感受到生活中处处有数学，数学能很好地为生活服务。（2）拓展生活应用，发展模型。让学生说一说生活中的分段计费，如水费、电费、邮费等，让学生学会用数学的眼光观察世界、思考世界，并且能用数学的方式表达世界。（3）深化运用，感悟生活。每个学生选择一个分段计费内容，亲身体验整个过程，制作成小报并在班级中交流，探讨分段计费的社会因素，形成对生活更多认识。 本案例数学与生活密切联系起来，用生活情境作为载体，数学走进生活，生活走进数学，促使学生的思维能力、情感态度与价值观得到发展。

（案例设计教师：张义强）

四、"英语"融入生活课堂学习案例

学习课题	The Lines of CRT
教学目标	1.学生能准确认读上节课教授的颜色单词。 2.学生能根据轨道交通线路图选择正确的出行路线。 3.学生能合作完成教师布置的小组任务。

续表

学习课题	The Lines of CRT
教学环节	环节一　"思"：课前活动，观看视频，明确任务。目的是将学生引入生活情境之中，为后面学习作铺垫。 环节二　"践"：将真实情境引入课堂，练习英语交际。目的在于让学生在生活中用英语有效交际。 环节三　"践""悟"：英语交际拓展。目的在于激发学生将学习运用生活，提升英语交流解决问题的能力。
学科与生活融合	利用现代信息技术，链接真实情境与课堂，突破学科学习与生活之间的壁垒。 1. 创设真实情境用英语帮助他人。根据外教老师提出的请求，如何乘轨道交通去购物，引出英语句型。学生必须运用句型帮助外教找到正确的轨道路线。 2. 创设真实情境解决问题。根据外教提出新的请求，如何乘坐轨道交通去好吃街。由教师引导下仔细识别地图，找准起点和终点，找到正确的轨道路线，学会表达新句型。 3. 置入真实情境中去设计解决生活问题的办法。中教老师提出问题，如何选择不同轨道交通路线。小组讨论后各自用 Talk 上传语音，找出跟老师不同的轨道交通线路。 4. 布置拓展任务，将口语句型运用于真实生活。在进行三个句型的运用后，让学生小组合作推荐重庆的景点，利用休假时间，乘坐轨道交通，绿色出行，畅游重庆。教师让小组分工合作，挑选景点，设定轨道交通路线，进行汇报展示。

（课例设计教师：谢夕繁）

五、"美术"融入生活课堂学习案例

教材课题	走进盘溪文化
教学目标	1. 通过实地走访，调查、了解盘溪文化，培养学生热爱盘溪、热爱家乡的家国情怀。 2. 通过写生、版画创作等形式表现盘溪文化，养成善于发现生活之美，积极去表现生活之美的习惯。 3. 通过原版擦色版画的学习，学生感受其艺术魅力，并学会运用这种技法去主动表现生活之美。

续表

教材课题	走进盘溪文化
教学环节	环节一 "思"：认知感悟"盘溪文化"。目的是让学生认识、了解身边的文化，激发对家乡的热爱之情。 环节二 "学""思"：探究表现"生活之美"的版画形式。目的是让学生将艺术与生活建立链接。 环节三 "践""悟"：创意表现"生活之美"。目的是让学生用艺术来表现生活。
学科与生活融合	设置两个生活场景，将学科与生活有机融合。 1. "盘溪文化"大家谈。学生自主查阅相关书籍并整理相关资料。课堂中让学生根据资料，选择自己最感兴趣或印象最深的盘溪文化交流，初识盘溪文化，以此加深对生活的认知与感悟，为后面的艺术创作立足生活，表现生活之美作铺垫。 2. "盘溪文化"我来创。让学生选择印象最深的盘溪文化用版画的方式表现，引导学生发挥想象，融入所见、所闻、所感，再让学生展示交流，分享对生活的感悟，加深学生对生活、社会、世界的理解。学生在艺术表现中不仅表现出生活之美，还能使他们萌发改变、创造美好生活的愿望，激发学生的家国情怀。

（案例设计教师：曾余菊）

六、"体育"融入生活课堂学习案例

教材课题	障碍跑与游戏
教学目标	1. 了解障碍跑，能根据障碍物采用相应方法通过。 2. 能快速通过障碍，发展灵敏、协调等身体素质。 3. 主动与同伴进行交流与合作，完成体育活动。
教学环节	环节一 "践""学""思"：模仿生活中障碍物进行"绕"的游戏。目的是掌握正确绕过障碍物的基本技能，发展学生灵敏、协调等身体素质。 环节二 "践""学""思"：模拟生活情境，进行"钻"的游戏。目的是让学生能掌握正确安全钻过障碍物的技能，增加动作协调性。 环节三 "践""学""思"：模拟生活情境进行"跨"的游戏。目的在于掌握安全快速地跨过障碍物的技能，提高身体素质和基本活动能力。 环节四 "践""悟"：综合接力赛。目的是将学到的技能知识运用到学习与生活中。

续表

教材课题	障碍跑与游戏
学科与生活融合	本案例重点设置三个生活场景，将学科与生活融于无痕之中。 1. "绕"的游戏。学生小组讨论并模拟生活情境设置障碍物。学生掌握面对生活中固定障碍物来不及反应时，采取绕过障碍物的方式躲过危险的基本技能。 2. "钻"的游戏。学生自主探究模仿生活中的各种障碍物，让学生进行小组讨论实践。实践中，学生掌握钻过障碍物时需要弯腰低头缓慢前行的知识能力，教师进一步引导将这些技能延伸到生活中，明确遇到洞穴、草丛等障碍物时应该如何安全通过。 3. "跨"的游戏。教师引导学生借助生活经验，运用体育技能，掌握安全快速地跨过障碍物技能，提高身体素质和基本活动能力，激发学生参与体育与健身活动的兴趣。

（案例设计教师：李檬）

七、"科学"融入生活课堂学习案例

学习课题	营养要均衡
教学目标	1. 指导人体所需的营养种类和数量是有一定范围，保证营养均衡的重要性。 2. 通过阅读资料方式，获取有用信息，通过分析以及集体研讨，形成认识。 3. 形成健康生活意识，体会食物营养与人体健康的关系，指导学生科学饮食。
教学环节	环节一　"思"：新课聚焦——了解家长告诫不挑食的原因。目的是通过生活化的情境，了解学生对于平衡饮食的初始想法。 环节二　"学"：科学探索——了解"平衡膳食宝塔"并据此检验一天的食物是否健康。目的是引导、引发学生的学习求知欲。 环节三　"思"：科学研讨——研讨"平衡膳食宝塔"中的信息，检查饮食是否存在问题。目的是帮助学生建立健康饮食习惯。 环节四　"悟"：拓展提高——了解营养不合理对身体健康的危害。
学科与生活融合	本案例多次引导学生走进真实的生活，在真实的生活情境中发现和思考。 生活情境一：通过家长经常告诫学生不要挑食和偏食等生活化情境，学生探究为什么儿童不喜欢蔬果，喜欢高油、高糖食物，引发学生思考饮食平衡的必要。 生活情境二：根据学生食物记录卡，用"平衡膳食宝塔"开展三个研讨，鼓励学生尝试调整一天食物，帮助学生建立健康饮食意识与习惯，将观念转化为生活行为。

续表

学习课题	营养要均衡
学科与生活融合	生活情境三：运用所学营养知识对一天的健康饮食进行研讨，最后将所学用到实际生活中，为自己和家人设计科学营养的餐谱。

（案例设计教师：周园）

八、"劳动"融入生活课堂学习案例

教材课题	组装小木凳
教学目标	1. 能够结合生活中拼乐高、搭积木的经验，看懂图纸，掌握简易小木凳组装的基本方法和步骤。 2. 熟练使用小钉锤和铁钉连接木构件。 3. 通过亲手组装小木凳，美化小木凳，体验劳动创造乐趣，乐于在生活中参与劳动创造。
教学环节	环节一 "思"：情境导入——装修废料大改造。目的是让学生认识到剩余材料通过劳动创造也可以发挥作用，激发学生自己动手制作的兴趣。 环节二 "学"：学习探究——明确步骤，注意安全。目的是养成清点物品的好习惯，认识所需操作工具的使用方法，提高安全意识，正确使用操作工具。 环节三 "践"：实践操作——示范引导，团结协作。目的是培养学生个性化装饰能力，激发学生创意。 环节四 "思"：生成评价——自评互评，反思提升。目的是让学生发现自己的优点和不足，学会欣赏他人的劳动成果。 环节五 "悟"：拓展提升——认识榫卯结构，见证中国智慧。目的是让学生感受中国古代工匠的智慧，增强民族自豪感，增强文化自信。
学科与生活融合	本案例有料有趣有意，学生在劳动教育中体会生活乐趣。 1. 劳动来源于生活。本节课中制作材料来源于生活中的装修剩余材料，通过学生操作，这些材料变成了一张张实用又美观的小板凳，学生看到劳动创造了价值。 2. 劳动创造生活乐趣。根据学生原有拼乐高、搭积木的生活体验，通过合作探究，发挥学生的读图能力，明确操作步骤，将生活经验运用到学习当中。 3. 劳动让生活更有意义。拓展环节通过对榫卯结构的鉴赏，感受古代匠人的智慧结晶，有利于学生情感体验的深化，加深学生对劳动创造美的价值的认识，深化课堂主题。

（案例设计教师：李悦）

第三节 学科作业设计融合生活

学科作业注重将学生生活经验有机融入课程内容，促进学生易学、愿学、乐学，有效地避免了课程变为概念的堆砌或是表面的热闹。玉带山小学秉持学科与生活双向互通、有机深度融合理念，开发学科融合生活课程和生活融合学科课程等多维拓展课程，以此解决学科教学与学生生活、社会实践"两张皮"现象，共同推动学生把生活经验主动融入学科学习中，促进学科逻辑发展，共同引导学生用学科思想和学科方法主动丰富生活经验，形成生活智慧，促进学生全面发展。

学科作业融入生活，就是引导学生运用学科知识去思考、解决生活中的问题，促进学科知识生活化，让学科走向生活，对现有学科具备融合生活的内容要纳入实际教学，做好落实。同时，拓展当地资源，将国家课程校本化、生活化，促进学生学科逻辑发展。学科作业由"学科生活作业"和"寒暑假生活"两部分组成，语文、数学、英语、美术、音乐、科学等学科教师深度挖掘学科知识中包含的生活元素，通过生活拓展任务形式，有机选取学科所涉及的生活任务。通过班级文化墙、学习园地、图书角、班级分享会、年级展评会和校级优秀作业展示的方式拓宽评价视野，学科融合，回归生活育人，让学生在生活探究中不知不觉完成学科拓展。

一、语文"生活作业"设计

1. 作业设计理念

语文是一门综合性、实践性课程，《义务教育语文课程标准（2022年版）》提出"构建语文学习任务群"和"增强课程实施的情境性和实践性"，要求"以生活为基础，以语文实践活动为主线"，从学生生活实际出发，促进学习方式的变革。玉带山小学将学科与生活双向融合育人作为语文教学活动重要的发展方向。在作业设计过程中，以单元语文要素为核心，依托学习任务群的学习资源，引导学生关注校内外个人生活和社会发展中的热点问题，将语文和生活融合，设计连贯的语文生活作业，让学生在多样的日常生活情境中和社会实践活动中学习运用语言文字。

2. 作业设计案例

玉带山小学语文教研组针对学科与生活的联系，关注同一任务群在不同一学段的连续性和差异性，梳理了学科中的生活知识点，设计了语文拓展生活作业。

一年级 单元主题	学科生活作业
天气	观察不同天气的图标，用积累的词语来记录天气，根据天气为自己和家长准备衣物，同时用这样的方式记录某一天观察到的天气。
大写字母	找一找，生活中哪些地方能看到大写字母。想一想，大写字母在生活中一般用来干什么，为某个地方或者某个商品拼写大写字母。
礼貌用语	请在妈妈的陪同下去超市购物，并用合适的礼貌用语寻求帮助。
传统节日	了解中国的传统节日。选择一个传统节日，为家庭设计一个传统节日庆祝策划方案。注意方案要说明传统节日的名称、时间、意义及习俗，本次家庭庆祝方案的庆祝方式。
认识方向	观察校园，用学过的生字、词语或者大写字母设计出不一样的路牌。
理解词语	整理家中的包装袋，并记录下你认识的字和词语。
时间管理	在家长指导下制订自己的周末计划，不会写的词语用拼音。
词语积累	选择一个你熟悉的生活场景，寻找其最具生活气息的词语，并用思维导图的方式画出来。

二年级 单元主题	学科生活作业
春天	和家长一起到外面走一走，看看春天是什么样子的，用相机拍下来，试着用"小诗"或"短话"的形式赞美你看到的春天。
生活处处 充满爱	分享一件家人爱你的小事或你帮助别人、小动物的经历。
传统美食	尝试了解一个城市的传统美食，尝试用思维导图的方式介绍这道美食，试着和家长一起制作这道传统美食。
童话	在家里开展"童话大王"讲故事比赛，拍照展示。画一画你最喜欢的童话人物。
想办法	在生活中你发现了什么问题，你会用什么方法解决这个问题。把你发现的问题和解决办法说给家人听。

续表

二年级 单元主题	学科生活作业
大自然	观察大自然，你发现了什么秘密，去书中、网络上寻找答案，也可以请家长为你解答。
改变	你有没有想改变的地方呢？为了改变它，你会做些什么呢？改变之后的你会是什么样的呢？试着改变一下。
世界	请你也试着学习一项生活技能，制订一个学习计划吧。

三年级 单元主题	学科生活作业
感受大自然	走进大自然，拍摄生动的昆虫照片，了解昆虫的别名和昆虫的特点。
寓言故事	请试着借用本单元所学的寓言故事，劝说身边的某个人改正某个不好的习惯。
传统文化	和家长一起试试包粽子，再通过搜集故事、习俗、古诗等方式了解端午的文化。
有趣的实验	做一个自己感兴趣的实验，并记录下做实验的步骤和结果，感受其中的乐趣。
想象	选择身边的材料通过绘画、剪贴、折叠、缝制等方法进行创意设计，并结合自己的创意想象故事讲一讲。
童年生活	向爷爷奶奶了解他们的童年生活，和父母一起做一个玩具，并和他们一起玩一玩，再用画笔画出这幅有趣的场景。
探秘大自然	用视频记录一种奇妙的自然现象，结合资料揭秘自然现象。周末，走进天文馆或通过网络了解宇宙的奥秘，画出心中的外太空。

四年级 单元主题	学科生活作业
感受田园 风光	带上相机，和家人一起到郊外走一走，看一看，拍下你喜欢的田园风景，选出你最喜欢的几张打印出来，在旁边写上自己的感受，一本属于你的《田园集》就完成了。
插上想象的 翅膀	你在生活中遇到过难题吗？发挥你的想象，设计一样事物帮你解决这个难题吧！可以画出来，也可以用语言描述。

续表

四年级 单元主题	学科生活作业
诗歌	母亲节快到了，创作一首小诗送给最爱的妈妈吧！可以给小诗配上美丽的图画。
人与动物	你的动物朋友是谁？为你的动物朋友设计一块专属宠物牌，一面写上它的基本信息，另一面简要写写它的特点。
游记	根据你的喜好，选择一处景点，画出浏览路线图，和爸爸妈妈一起根据你的路线图去游览吧！别忘了写上你的推荐理由。
成长故事	通过网络、查阅资料和实践操作，学习一项新技能吧！学习之前，请制订学习计划表。
人民英雄	通过网络、报刊、家长讲述、社区采访等方式搜集一位英雄的事迹，用表格的方式记录下来。
童话故事	古今中外的经典童话故事伴随着一代又一代人的成长，调查不同年龄阶段的人喜欢的童话，想一想经典童话具有怎样的特点。

五年级 单元主题	学科生活作业
童年生活	和父母一起做一件他们小时候最喜欢干的事情、玩一次他们小时候最喜欢玩的游戏，体验他们的乐趣，用你喜欢的方式记录这些美好瞬间。
古典名著	请为你最喜欢的一位人物制作一份个人简历，同时根据你对这个人物的理解，为他设计一张形象卡。
趣味汉字	发挥你的想象力，为汉字画一幅画。
革命故事	上网查询重庆英雄人物，了解他们的英雄事迹，并将搜集的资料整理在表格里。
人物描写	走上街头，走进小区，用相机记录你遇到的不同的人物，猜猜人物在想什么？用文字写在照片的旁边。
辩论	和家长一起观看新闻联播，选择一个新闻话题并进行交流。
名胜古迹	你想去的地方或者你想要推荐的地方是哪里？制订一份旅行攻略，写下你的推荐理由。
校园生活	记录一周学校发生的趣事，根据一则趣事，设计一个漫画人物形象。

六年级 单元主题	学科生活作业
民风民俗	采访身边的长辈或者上网查阅资料，了解更多的民风民俗后与家人分享。
外国名著	制订一个调查表格，了解人们喜欢看哪些外国名著，喜欢的原因是什么。
珍惜时间	合理安排自己的时间，制订一日作息表。
革命英雄	和家长一起参观红岩或观看视频，了解革命英雄事迹，做好记录，和家人交流你的感受。
探索科学	在家长的带领下参观重庆科技馆或者观看视频，拍下你最感兴趣的地方，带着图片和大家交流一下你了解到的科学知识。
难忘小学 生活	选择两张小学不同阶段的成长照片，给每张照片添加简短的文字说明，为班级纪念册写一篇小序。

二、数学"生活作业"设计

1. 作业设计理念

《义务教育数学课程标准（2022年版）》明确指出，在数学学习中要求学生会用数学的眼光观察现实世界，会用数学的思维思考现实世界，会用数学的语言表达现实世界。数学是源于生活又应用于生活的基础学科，玉带山小学在数学"生活作业"设计中，教师从现实世界出发，从生活中挖掘数学思想，提取教学素材，通过对真实生活情境的再现来激发学生完成数学作业的兴趣，发展好奇心，帮助学生从直观认识过渡到抽象理解，让学生获得更加有趣、实用的数学教育，并逐步形成跨学科的应用意识和实践能力。

2. 作业设计案例

一年级知识点	学科生活作业
认识图形（二）	观察校园里有哪些立体图形，这些立体图形上的各个面是你学过的什么图形。
20以内的退位减法	独立或请父母协助，在卡片上写出20以内所有退位减法算式，进行排列整理，说明整理方法，找出排列规律。

续表

一年级知识点	学科生活作业
分类与整理	分别选择三个不同的标准把全组同学分为两类，记录调查的结果，用自己喜欢的方式（文字、图画、表格）表示调查结果。
100 以内数的认识	用 100 以内的数表示生活中的具体事物，并用"多一些、多得多、少一些、少得多"向父母描述它们之间的关系。
认识人民币	和家长一起去菜市场或超市用现金购物，尝试自己付款。
100 以内的加法和减法	从家中选出一些物品，根据生活经验和家长一起为这些物品定价（限 100 以内的整数），学生自主购物（不超过 4 种），算出总价。
找规律	将生活中发现的有规律的事物或现象，用文字或图片记录下来。

二年级知识点	学科生活作业
数据收集整理	统计重庆最近一个月的天气情况，用自己喜欢的方式收集并记录数据，如画图形、写数字、写"正"字等，将数据填写在作业反馈单上，对数据进行分析。
表内除法	假设你要和小伙伴们去"欢乐谷"玩，根据各项游乐设施价格表算算你们的花费，并记录下来。
图形运动（一）	在网上搜集中国传统民间艺术，如剪纸，选取一幅自己喜欢的作品仔细观察，给家长说一说它是通过平移或旋转得到的，试着用纸折一折、画一画、剪一剪创造一幅你喜欢的作品。
混合运算	和家长一起去商场购物，用自己 100 元零花钱购买物品，记录所买物品的名称、购买单价，计算出花的钱和剩下的钱。
有余数的除法	在家中准备 5 种不同的食品，每种食品数量若干，将所带的食品平均分给小组同学，看看哪些食品正好分完，哪些还有剩余，剩余多少，完成作业反馈单上的表格。
万以内数的认识	和家长说一说你所知道的重庆大桥有哪些。估计这些桥的长度，在网上搜索这些大桥的长度信息，读出大桥长度，把这些桥梁的长度按一定顺序排一排。
克与千克	在家中找找哪些物品质量大约是 1 克（如 1 枚 2 分硬币、1 粒花生米、2 颗黄豆、1 个粉笔头），哪些物品质量大约是 1 千克（如两袋 500 克食盐、1 千克的干面）。选择 10 样物品先掂一掂、估一估各自的质量，再用秤称一称，看看估计值与称秤值是否接近。

续表

二年级知识点	学科生活作业
数学广角：推理	超市有三种口味冰激凌，分别是奶油味、巧克力味、水果味。小紫、小荆、小玉分别买了不同口味冰激凌。小紫：我们女生没有买水果味的。小荆：我买的是奶油味的。小玉：我买的是什么口味的？请你按照他们对话信息试着画出一幅情境图，并能用一定的方式（如连线、列表等）有条理地表达自己推理的过程。

三年级知识点	学科生活作业
位置与方向	观察你家所在的位置八个方向（东、南、西、北、东南、西北、东北、西南）各有什么建筑物，将观测结果绘制成一幅简单示意图。
除数是一位数的除法	调查家庭一周的每日消费，看看日常消费中，哪一方面消费最多，哪一方面消费最少，把家庭消费记录做成"数学日记"。
面积	找一片较大的树叶，先估一估它的面积是多少，再实际测量，并把测量的过程记录下来，说一说你想到了用哪些办法让测量的结果尽量精确。
复式统计表	你了解父母的年龄、身高和体重吗？来一次家庭交流会，把家人的个人信息记录下来，制作成复式统计表，并与大家分享。
两位数乘两位数	仿照数学书第58页第2题、第59页第6题，试着给你的同桌出一道生活中的实际问题，然后两人交换，看一看自己是否有需要帮助的地方。
年月日	找出制作日历最基本的要素和步骤，制作一张2022年的日历。（温馨提示：2021年12月31日是星期五）
小数的初步认识	调查小组同学身高，用"米"作单位记录，再把身高按一定的顺序排一排。
搭配	找一找生活中关于"搭配"的实际问题，根据本单元所学知识，自编两道数学题，和小组同学分享交流并解答。

四年级知识点	学科生活作业
四则运算	独立去超市购物，根据自己的现金总额，和每次购买物品的单价（取整数）及数量，算出剩余钱数。

续表

四年级知识点	学科生活作业
观察物体（二）	选择家中水果、水杯、盒子等物品（最多3种物品，同一种类物品可选择多个），堆放在一起，分别画出从前面、上面、左面看到的图形。
运算定律	了解家庭每月水费、电费、气费、物管费等各项家庭开支（数据取整数），算出各项开支的总和（怎样简便就怎样计算）。
小数的意义和性质	将含有小数的商品按照种类、单价、数量、总价合计记录下来，并写出其表示的含义。然后将商品分类整理，并制成表格。
三角形	观察生活中哪些地方应用了三角形具有稳定性的特性，哪些地方应用了四边形容易变形的特性。
小数的加、减法	收集一张超市购物小票，看懂小票相关信息：商品的单价、数量、小计、合计、付款、现金找零等。
图形的运动	根据对称、平移等图形的运动方式，设计美丽的图案。
平均数与统计图	查阅重庆市2020年2月某一周的"新型冠状病毒感染情况"，如新增确诊病例与新增治愈出院病例等，制作复式条形统计图。

五年级知识点	学科生活作业
观察物体（三）	和父母玩搭积木。根据给出的从一个方向看到的形状图，用小正方体摆出相应的几何组合体。
因数与倍数	与同学合作测量学校车道门迎宾道长度，根据学校预算和季节选择合适鲜花、价格设计迎宾道。要求：每隔一段距离（整米数）设计一个花团，说出设计理由。
长方体和正方体	测量自己房间的长、宽、高，画出示意图并记录下来。计算出粉刷墙面（贴墙布）的面积和房间的空间大小。了解单位面积粉刷（贴墙布）所需的材料费、人工费，并计算出粉刷（贴墙布）所用费用。
分数的意义和性质	用自己的一拃长度作为标准，测量餐桌的长、宽、高，并用分数记录结果。
图形运动（三）	根据对称、平移、旋转等图形的运动方式，设计美丽的图案。

续表

五年级知识点	学科生活作业
分数的加法和减法	调查本班同学在不同月份生日的人数，算出每月出生学生占本班人数的几分之几，比较上半年出生的人数多还是下半年出生的人数多。
折线统计图	为参加一分钟跳绳比赛，和你的一个小伙伴约定提前 7 天进行练习，把每天成绩记录下来，制作成折线统计图，说说跳绳成绩的变化趋势，说说谁的进步更大。
数学广角：找次品	古玩店经理不小心将一枚假币混入了 10 枚真币中，10 枚真币外形、质量完全相同，假币与真币外形一样，只是质量不一样，但不知道比真币轻还是重。如果用天平称，至少称几次能保证找出假铜币。请尝试用画图或文字写出称法，说一说为什么要把待测物品尽可能平均分，且要尽可能平均分为 3 份。

六年级知识点	学科生活作业
负数	和父母一起到银行打印一年的工资银行卡明细，看懂每笔账单的记录方式。
利率	到银行调查了解各种存款方式和利率，结合家庭需要设计一个存款方案。
圆柱和圆锥	找一瓶没喝完的矿泉水或一桶没用完的食用油，设法算出剩下的水或油的体积。
比例	按照一定比例画出自己家的房屋平面图。
数学广角：抽屉原理	找出生活中运用抽屉原理的事例，并尝试用抽屉原理作出解释。

三、综合学科"生活作业"设计

1. 作业设计理念

综合作业是对学习资源的一种重新整合，是新课程理念转变为可操作性的教学行为的重要途径。这类作业有利于突破知识本位、教材本位、学科本位的局限，能较好地实现"注重跨学科的学习"，使学生在不同的内容和方法的相互交叉、渗透和整合中学习。

2. 作业设计案例。

音乐	学科生活作业
一年级	《春天的音乐会》：自制小乐器模仿春天中的一个声音。（例如，要模仿春天的小雨沙沙沙声，可以在塑料瓶里装入一些米，然后轻轻摇动。）
	《你的服饰真好看！》：分享你和家长了解到的少数民族服饰（找出服饰图片并标注出是哪个民族）。想一想，你在生活中哪些地方会看到身穿少数民族服饰的人；说一说，你觉得他或者她穿的是哪个民族的服饰。
二年级	《快乐的游戏》：把在音乐课上学过的和猜谜游戏有关的歌曲《数蛤蟆》《大头娃娃》《猜谜谣》唱给家长听。
	《过年啦》：与家长一起学唱有关过年的中外歌曲。了解歌曲所包含的相关传统文化内容，感受各国、各民族的过年习俗。
三年级	《故事中的人物》：请找出一首本单元以外的有故事的歌曲，找出故事中你喜欢的人物，并说明原因。
	《我是最佳演员》：请在家长陪同下了解不同的音乐剧，观看一部自己感兴趣的音乐剧，选取其中一个小片段，试着表演一下。
四年级	《欢腾的运动会》：请根据观察到的运动会情境，创编合适的节奏或者简单的旋律，表现运动会上热闹、精彩、刺激的场面。
	《美妙的声响》：生活中到处都藏着美妙的声响，比如家中的厨房、热闹的菜市场、美丽的校园、盛大的剧场等。请根据观察，选择 1 ~ 2 处生活场景，创编合适的节奏再填上形象的词语，表现生活中不同的声响。
五年级	《中国戏曲》：搜集两首不同的戏曲，标注戏曲类型，说一说，平时在生活中你在哪些地方听到过戏曲。
	《我是小小配乐师》：聆听两段影视作品中的音乐，了解它的出处，如果你是配乐师，想一想在生活中哪些情境下会插入这两段音乐作品。
六年级	《影视作品赏析》：请搜集、聆听影视音乐作品，选择其中一个你感兴趣的作品，写下你喜欢它的理由。
	《中国民族音乐作品赏析》：请搜集 2 首自己喜欢的民族音乐作品。了解该作品的作者以及创作背景，通过多次聆听，感受速度、力度、节拍、情绪、演奏或演唱方式、伴奏乐器等音乐要素，用文字记录这些要素。

体育	学科生活作业
一年级	在家人或者朋友的带领下一起体验不同的跳跃方向（例如向上跳、向前跳、向左跳、向右跳），通过自主练习、就地取材、制订目标等形式练习立定跳远，体验跳远带来的乐趣与成就感。

续表

体育	学科生活作业
二年级	在家人或朋友的带领下一起体验不同的跳跃动作，通过模仿、自主练习、同伴互助等形式练习双脚单摇跳绳，体验跳绳带来的乐趣。
三年级	在家人或朋友的带领下一起通过模仿、学习，体验投掷动作，和大家比一比，看谁掷得远！
四年级	和家人或朋友一起来一场三人篮球赛，通过模仿、学习，体验直线运球动作，充分利用同伴互助、自主练习等形式练习运球，体验篮球运动带来的乐趣。
五年级	和家人或朋友一起来一场羽毛球比赛，通过模仿、学习，体验羽毛球动作，了解羽毛球比赛规则，体验羽毛球带来的乐趣。
六年级	和家人或朋友一起到小区跑步，到郊外登山，通过同伴互助、自主练习、比赛等形式增强人体耐力，充分了解田径运动给人体带来的益处，逐步养成锻炼习惯。

美术	学科生活作业
一年级	《家乡夜景》：和家人一起看重庆夜景，用刮画纸表现出重庆夜景。
	《动物面具》：说一说一种你喜欢的动物外形特征，用学过的手工制作方法，设计制作一个动物面具。
二年级	《解放碑》：和家人到解放碑或者观音桥等地游玩，用你喜欢的方式，表现出你心中热闹的街市。
	《小小三峡石》：了解什么是三峡石，和家人一起观看CCTV4《三峡石事》。展开想象的翅膀，利用三峡石的形状与特征，选择恰当的颜色和水粉绘画工具，把小小三峡石描绘得更奇特。
三年级	《生活中的花》：和家人一起去参观花卉展或去花市，带上速写本和签字笔，画下自己喜欢的花卉。
	《家乡戏楼》：和家人一起去实地参观或者网络观看重庆的戏楼（如湖广会馆），运用学过的美术方法表现你看到的戏楼，或者用照片拍下戏楼的美景。
四年级	《为家人拍张照》：给家人拍一张头像特写或者一张半身像，抓住家人生动的神态，力求表现家人的内心世界。
	《探寻泥玩具》：观看泥玩具视频或者走访民间的泥玩具手艺人，向他们学习泥玩具的知识与技能，尝试亲自做一个泥玩具。

续表

美术	学科生活作业
四年级	《和家人一起走进四川美术学院》：走进四川美术学院或者观看视频，重点欣赏四川美术学院的建筑和雕塑，用手机拍下来感兴趣的照片，带上速写本和签字笔，画下自己感兴趣的美景。
	《探寻根雕艺术》：探寻古镇的根雕艺术或者观看视频，用手机拍下根雕艺术作品。学习民间艺术家制作根雕艺术的方法。
五年级	《参观安陶博物馆》：参观重庆荣昌安陶博物馆或者观看视频，了解荣昌安富陶器的历史文化和艺术特色，动手用泥或陶土做一件有创意的陶艺作品。
	《参观大足石刻》：和你的家人一起到大足石刻参观或者观看视频，仔细观察观音的服饰、花冠及飘带等特点，可以用速写本画下观音造型。
	《欣赏汉代石阙》：参观三峡博物馆或者观看视频，重点欣赏三峡博物馆里的乌杨阙、盘溪的汉代无名阙，可带上速写本对石阙进行写生。
六年级	《青山绿水》：请和你的家人一起去游览或者观看乌江画廊或三峡的视频，尝试用国画的形式画下青山绿水。
	《走进中国民居》：和家人一起参观身边的民居，可用速写的形式进行写生，用手机或相机为民居摄影留念，收集民居资料，深入了解其艺术特点。
	《探访民间艺人》：和民间艺人一起聊一聊，了解其擅长的非物质文化遗产或民间艺术。可以向民间艺人学一学他们的艺术，了解其制作方法。
	《服装上的艺术》：用文字方式记录少数民族服饰故事，或者用画笔画出少数民族服饰。

科学	学科生活作业
一年级	《给物体分类》：找一找你家有哪些物体，对它们进行分类整理。
	《观察一种动物》：请选择一种动物进行观察，简单地写一篇观察日记（注意写清楚观察的时间、地点）。画一画这只动物，标出它身体各部位名称，给家长讲讲这种动物的特点。
二年级	《做一个指南针》：请准备好所需要的材料，做一个简单的水浮式指南针。
	《发现生长》：请你收集从小到大的照片，说一说，你的生长表现在哪些方面。听家长讲一个自己成长的故事，再讲给其他同学听。
三年级	《人的生长特点》：了解身边熟悉的人的年龄，给这些人按照年龄段分组，如儿童、少年、青年、中年、老年等。

续表

科学	学科生活作业
三年级	《如何去上学？》：了解你家到学校的距离，说出你上学可以供给选择的交通方式有哪几种，说出每种方式所需花费时间、每种方式的优缺点，对每种方式展开对比分析，选择最优方案。
四年级	《健康零食调查》：调查并记录零食包装袋上的信息，通过对比分析，从健康营养的角度为四年级同学推荐 10 种健康好零食，说出推荐理由。
	《食物保鲜方法调查》：调查家中食物存储方式，了解储存方法保鲜时长，提出储存方法中蕴含的科学依据，提出你的改进意见。（至少写出 5 种不同的食物）
五年级	《设计制作"潜水艇"》：根据物体的沉浮原理，利用身边的材料制作一个"潜水艇"，列举出制作"潜水艇"所需要的材料。
	《设计制作 5 分钟计时"沙漏"》：根据"水钟"的制作方法，设计一个可以计时 5 分钟的"沙漏"，用画图的方式把设计方案表示出来。
六年级	《铁生锈了》：请找出家里容易生锈的物品，想办法做好防锈措施。
	《垃圾分类和回收利用》：学习垃圾分类手册，对家里生活垃圾进行分类。

英语	学科生活作业
三年级	《我为妈妈过个节》：选择一个自己喜欢的方式为妈妈过节，亲手为妈妈制作节日贺卡，陪妈妈出去游玩，为妈妈做一道她喜欢吃的菜。如果妈妈不在自己身边，可以通过视频的方式给妈妈送去节日的祝福。
	《话说端午节》：用学习到的端午节相关词汇给家人介绍端午节的习俗。把作品以视频、相片、小报等形式展示出来，为作品取一个名字。
四年级	《开心农场》：选择一个农场或视频，用英语给家人介绍农场里的动物和蔬菜。
	《我是小小服装设计师》：以不同的方式为家人或自己喜欢的人物设计服装，以班级为单位进行交流展示。
五年级	《生活小能手》：观察日常生活中的家务，思考自己可以为家人分担的家务有哪些，选择一项或者几项家务来分担，拍成小视频配上英文介绍。
	《Dream school》：了解校园设施的英语用语，设计心中的理想学校（dream school），用 PPT 或者图片的方式展示每组设计的作品。

续表

英语	学科生活作业
六年级	《Class Rules》：上网查询新冠疫情的相关知识，了解传播途径，学习防疫措施。
	《Special Winter Holidays》：回忆寒假趣事，选择一两项印象最深刻的趣事，用照片、图画、PPT、小视频等形式展示出来。

信息技术	学科生活作业
三年级	《MV 小达人》：请选择一款 MV 制作软件，探索用图片制作 MV 的方法。（推荐软件：右糖、爱剪辑、传影、爱美刻、会声会影、数码大师）
四年级	《争当新媒体小作家》：选择一篇作文输入电脑，进行修改、美化，完成电子作文制作。
五年级	《我家的生活记账本》：记录家庭每月生活开支，整理出不同类别的支出，设计制作生活记账本电子表格。通过电子表格软件，完成生活记账本的信息录入和数据处理，对表格进行美化。
六年级	《Vlog 心愿屋》：将毕业祝福撰写成分镜头脚本，用手机、相机等设备完成祝福视频拍摄。

四、"寒假生活"和"暑假生活"设计

1. 作业设计理念

哲学家认为，一个人的世界是由科学世界和生活世界组成。教育学家认为，一个人的科学世界和生活世界，需要打通、平衡和融合。对此，我们主张，当儿童离开学校的学科世界后，他们需要在家长的带领下，参与真实的家庭生活、体验真实的社会生活。只有在真实的生活世界中观察、思考、实践，儿童才能热爱真实的生活，才能锤炼和检验生活的技能，才有可能成就未来的美好生活。

2. 作业设计案例

"寒假生活"和"暑假生活"聚焦家庭生活与社会生活，分为"紫荆花·爱学习"学科走向生活实践活动、"紫荆花·爱文化"中华民族优秀传统文化实践体验活动、"紫荆花·爱劳动"实践体验活动、"紫荆花·爱创造"制作体验活动和"紫荆花·爱运动"五类。

（1）案例选自 2022 年三年级《寒假生活》

内容	任务
我的任务	2022 北京冬奥会来啦！本次冬奥会主要有 15 项冰雪运动，我们一起去看一看精彩的比赛吧！
任务常识	冬奥会是指冬季奥林匹克运动会，1924 年法国夏蒙尼市举办了第一届冬奥会，每四年一届，今年 2 月 4 日到 20 日在北京和张家口举办的冬奥会是第 24 届。
任务指导	1. 和家人一起分享你看到的冬奥会精彩瞬间，聊一聊你最喜欢的项目。 2. 拿起你的画笔把它画出来吧！ 3. 用一两句话写一写你看了冬奥会之后的感受吧！
成果呈现	1. 画一画。 2. 写一写。
感言及评价	1. 感言。 2. 自我评价：☆☆☆☆☆　父母评价：☆☆☆☆☆

（2）案例选自 2022 年五年级《寒假生活》

内容	任务
我的任务	实践活动
任务常识	以下两项实践活动二选一 1. 合理安排压岁钱。 2. 玩一个数学游戏。
任务指导	1. 怎样合理安排压岁钱呢？建议把压岁钱存银行，计算存款利息。 2. 放下手机游戏，至少学会一个数学益智游戏。例如，"24 点"、数独、魔方、九连环、下棋等。
成果呈现	1. 计算自己的存款利息。 2. 选择一个最喜欢的游戏，介绍它的玩法。
感言及评价	1. 感言。 2. 自我评价：☆☆☆☆☆　父母评价：☆☆☆☆☆

五、特需课程

"一树之花，千朵千样，一花三瓣，瓣瓣不同。"玉带山小学的育人理念是"天地玉成，四季花开"。学校现有105班，有5100多位学生。在多年的课程建设中，为满足不同学生的差异化需要，老师们可以说是竭尽全力。特需课程就是其中的一种尝试。学校目前现有特需自主课程有幼小衔接课程、毕业课程、弹性课程、特需训练营课程。

1. 幼小衔接课程

课程类别	课程名称
准备类课程	1. 幼儿园毕业课程。每年5月、6月，和学区幼儿园一起设计毕业课程，帮助即将毕业的学区幼儿园大班幼儿顺利过渡幼小衔接，做好幼儿园阶段的各类适应准备。 2."我也是一粒种子"课程。每年7月、8月，暑假期间通过课程定向培养，帮助即将入学的幼儿适应小学生活。
仪式类课程	1. 新生入学典礼暨伙伴课程第一课。在9月1日正式开学前，帮助新一年级学生顺利开启小学生活。 2. 校门和教室门紫荆晨礼。每天早上，通过校门口和教室门口富有生机和吸引力的紫荆欢迎晨礼，帮助一年级学生亲近同学、老师，融入校园生活。 3. 环境创设。每年一年级新生入校前，通过布置适合一年级新生身心需要的环境，帮助一年级新生尽快适应小学生活。
生活类课程	1. 一日生活专项培养。每年9月，对一年级新生开展晨读、课堂、课间如厕、饮水、课间休息、午餐、午休、眼保健操、清洁、集会、放学等一日专项生活培养。 2. 大课间活动。秋季学期的体育课、大课间，帮助一年级新生尽快学习大课间。 3. 伙伴课程。秋季学期，通过课后辅导实施的必修的伙伴课程，帮助一年级新生尽快融入新的学校生活。
学科类课程	对语文、数学、英语、综合学科等一年级新生将学习的所有学科的学习方法开展专项培训。在整个秋季学期，帮助一年级新生尽快熟悉各学科学习方法。
评价类课程	1. 第一站乐评。在学期末，对一年级新生开展在真实生活中的跨学科融合学业评价。 2. 学生综合素质测评。学期初，一年级新生制订出自己的学期综合素质测评，学期中实施，学期末测评。

课程类别	课程名称
培训类 课程	1. 紫荆家长课堂。不定期开展和一年级新生适应相关的各类培训。 2. 紫荆教师培训。不定期开展和一年级新生适应相关的各类培训。

2. 毕业课程

每年由毕业年级主任带领年级老师，根据年级学生的发展现状和发展需要，开展定向设计和创意实施。

课程设置	课程内容和课程目标
6月 友谊赛	1. 年级篮球联赛：10 个班级 24 场次，历时一个月。 2. 年级足球联赛：结合《我的足球世界杯》课程开展。目的在于提高并展示学生的体育竞技水平，提升学生的综合素质，增强团队合作能力。
3、4月 母校告白	1.《我给母校的一封信》，提前向母校建校 100 周年献礼。 2. 撰写《校长，我想对你说》，对学校发展提出建设性意见。 3. 与校长座谈会，聆听校长职业生涯指导。 4.《我对学弟学妹说》循环演讲，梳理六年学习、生活经验，帮助各低年级班级。
5月 守护青春期	1. 玩转《老游戏》课程。开展跳绳、踢毽、修房子、滚铁环、丢沙包（自制），下棋、翻花绳、扑克魔术等，鼓励同学们少玩电子产品，开展健康生活，增强体质，增进同学情谊。 2. 毕业心理游戏、心理团体辅导。释放青春期困惑。 3. 法制讲座。预防青春期犯错，做好青春期自我保护。 4. 青春期讲坛。正确对待青春期困惑，促进身心健康成长。
6月 毕业话别	1. 六一节目汇演，登上紫荆大舞台，实现表演梦想。 2. 六一大型紫荆拍卖场，拍卖手工作品，自制食物，结合《钱币》《超市》课程，培养学生创意制作、分类、语言表达等综合能力。 3. 职业生涯规划，调动学习积极性，提高对未来职业生活的规划能力。 4. 完成各班纪念册、毕业照、毕业纪念品，让学生对母校、对同学、对老师情感得到自然抒发。 5. 毕业帐篷节：话离别。

3. 弹性课程

针对四年级学生发展需要而开发。参与弹性课程的学生一方面需要达到相应的学业标准，即学业水平达到学校认定的优秀标准且自愿不参加期末复习和期末学业测试；另一方面，还需要通过自我评估、班级各学科老师评估、家长同意、年级审核。课程实施时间为春季学期的期末考试前2周。到时，经过认定的学生从年级各班中出来组建一个临时班级，不参与期末考试前2周的常规复习和期末考试。期末考试时，他们可以自愿申请作为学生监考人员或者学生阅卷人员。课程内容依据学生自主申请，学校老师参与设计，家长论证。授课教师来源于市内高校教师、市区教研员、市区中学教师、校内特长教师、六年级学生代表、家长代表。课程结束的时候，有一个由全体学员自主设计并邀请家长和老师参与的结业展示。

2020年春季学期弹性课程设置如下：

课程类别	课程名称	课程老师来源
通识课程	破冰之旅	学校老师
	领导力培养	学校老师
	小学生学习方法指导	市教研员
	认识辩论与表达	大学教师
	公众演讲与礼仪之美	大学教师
	中华武术（每天练习，作为大课间和常规体育课的替代）	学校老师
学科课程	重庆主城一日游方案	区教研员
	从电影中学写作	区教研员
	语言课堂声音之魅力——古典诗歌篇	中学教师
	写写我们的老师	中学老师
	旅行中的数学美学	中学老师
	趣味音标	中学老师
	第一眼看日本	中学老师
	走进蒙古舞	中学老师
	在文创中行走	中学老师
	"谢尔大叔"阅读指导	学校老师
	数学游戏	学校老师
	"牛气冲天"版画制作	学校老师

课程类别	课程名称	课程老师来源
学科课程	电子音乐编程	学校老师
互助课程	学生紫荆课堂 4 人次	六年级学生
成果展示	自主设计	自主展示

4. 特需训练课程

特需训练课程指针对学校各类特殊、紧急、临时的专项学生能力素养训练。时间不定，一般周期为一个月左右，邀请校内外专业人士对相关领域的学生开展定向指导。针对竞赛类和选拔类活动的训练营，重点在于把即将参加竞赛和选拔的学生培训好了，他们到时精彩亮相，将极大增强他们自己和其他同学们参与竞赛和选拔的信心和勇气；针对实践类和成果类的训练营，希望通过训练营的帮助，让他们在全校乃至更大范围发挥榜样示范和辐射引领作用。

第四节　学科活动课程融合生活

玉带山小学坚持"以学习者为中心"，学科活动融入生活，为学科兴趣和学业水平存在差异的儿童开发学科活动，按照"学习者"认识世界、改变世界的空间维度和时间维度，从"学习者"身边熟悉的资源入手，结合学生综合素质发展五个维度（即思想品德、学业水平、身心健康、艺术素养、社会实践）的要求，按照"学习者"身心发展规律和认知水平的不同梯度，坚持有利于学生个性成长素质培养的原则，落实学校提出的"六会三力"玉带山孩童培养目标（"六会"即会阅读、会表达、会思考、会审美、会生活、会健体，"三力"即自省力、创造力、领导力）。学校围绕各学科特色开展劳动、社会实践、自主阅读、体育、艺术、科普活动及娱乐游戏等学科活动。

学科活动让学科知识得到了自主综合，教和学的方式发生着变化，学习者在综合素养和家国情怀等各类素养得到发展，家长积极参与，学习逐步"从学科走向生活"。兴趣活动实施过程中，由老师提供课程菜单，学生依据自己的喜好和所长，开展双向选择、双向互动。打破了"读死书、死读书"的沉闷，打破传统教学方式，让孩子实地体会，增进了对未知世界的探索热情。接触生活、了解生活，从生活中寻找，而不是在课本中死读。改变此前学科知识只局限于学科课堂之中，一旦脱离学科课堂环境，在其他学科环境和生活环境中，学生就想不起来使用这些知识，所学皆是"惰性知识"的尴尬局面，开展真正有意义、有真实性、具有生活价值的教学。改变学习习惯，变被动学习为主动学习，培养想象力，增强好奇心，发展创造力，让学习在兴趣中发生。学生的社会责任感、创新精神和实践能力不断提升，推动学校成为学习者从学科走向生活的第一站。

一、兴趣活动组织架构

兴趣活动采用"学习目标问题化、学习内容真实化、学习领域综合化、学习形式项目化"四大策略。按照校内资源为主、校外优质资源为辅的原则，充分利用本校在管理、师资、场地、设备设施等方面的优势，积极挖掘校外其他优质资源，主动作为，以校级、年级、班级三级阶梯实施兴趣活动。

1. 校级兴趣活动

校级兴趣活动涵盖音乐、体育、美术、科学、语言、数学、棋类、书法、信息技术等九类课程，根据学生的发展需求，结合本校师资队伍特长和社区资源，进行统整设计。在授课教师的安排上既有本校学科教师，又充分发挥校外导师的专业特长。

2. 年级兴趣活动

年级兴趣活动基于不同学段学生的发展需求，充分考虑学生的兴趣、爱好、特长的差异，结合各年级教师的专业特长，进行整体设计，安排固定时间集中授课。

3. 班级兴趣活动

班级兴趣活动是立足班级学生认知发展的特点以及知识储备，进行整体设计，由本班教师采取针对性授课的方式，统筹考虑了班级学生的共性和个性的需求。

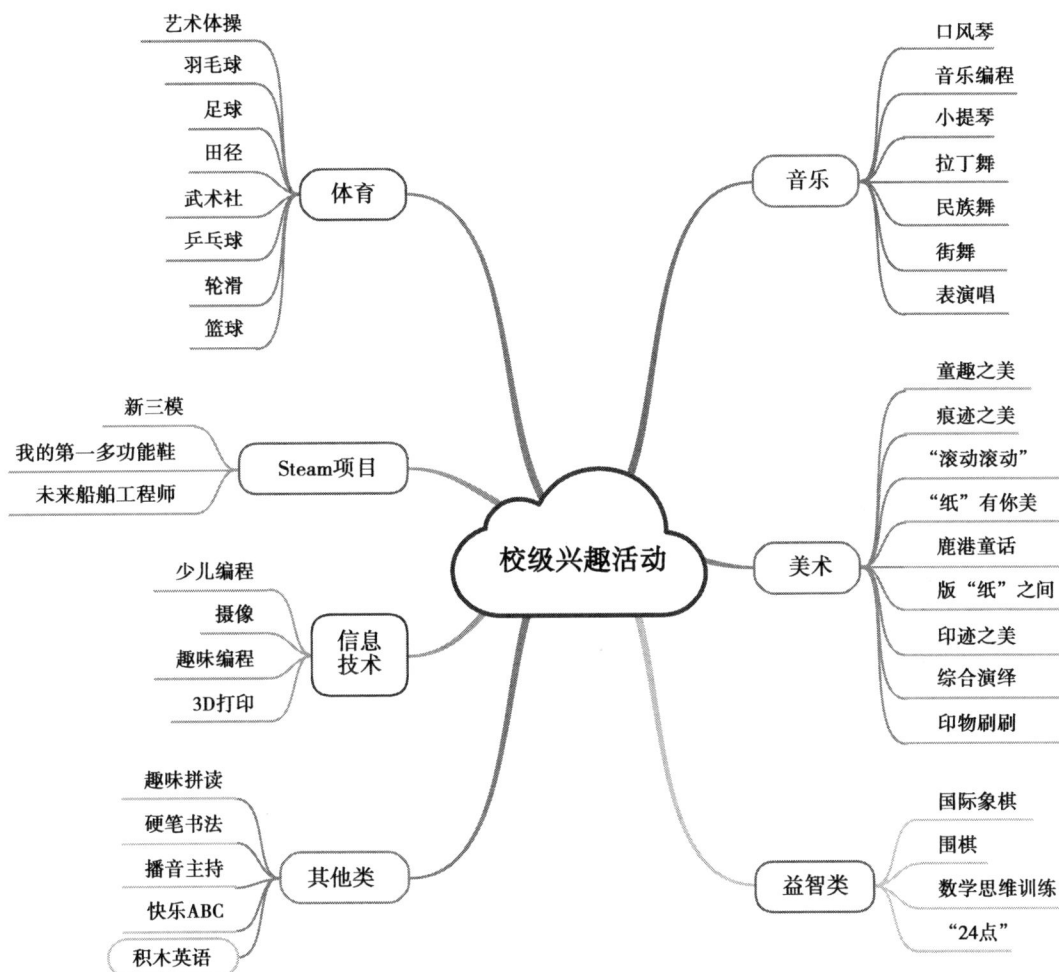

艺术体操
羽毛球
足球
田径
武术社 — 体育
乒乓球
轮滑
篮球

新三模
我的第一多功能鞋 — Steam项目
未来船舶工程师

少儿编程
摄像
趣味编程 — 信息技术
3D打印

趣味拼读
硬笔书法
播音主持 — 其他类
快乐ABC
积木英语

校级兴趣活动

口风琴
音乐编程
小提琴
拉丁舞 — 音乐
民族舞
街舞
表演唱

童趣之美
痕迹之美
"滚动滚动"
"纸"有你美
鹿港童话 — 美术
版"纸"之间
印迹之美
综合演绎
印物刷刷

国际象棋
围棋
数学思维训练 — 益智类
"24点"

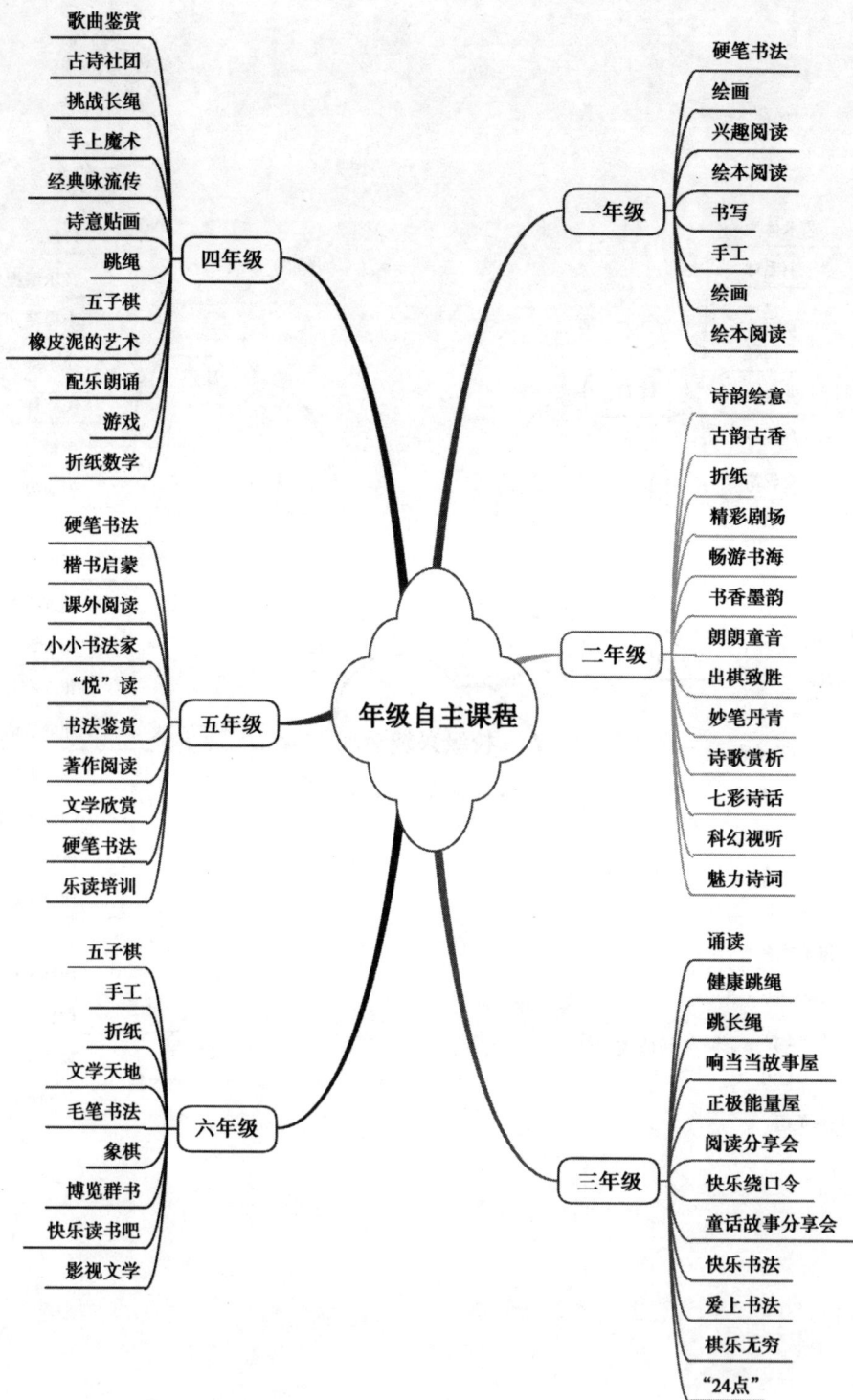

年级自主课程

一年级
- 硬笔书法
- 绘画
- 兴趣阅读
- 绘本阅读
- 书写
- 手工
- 绘画
- 绘本阅读

二年级
- 诗韵绘意
- 古韵古香
- 折纸
- 精彩剧场
- 畅游书海
- 书香墨韵
- 朗朗童音
- 出棋致胜
- 妙笔丹青
- 诗歌赏析
- 七彩诗话
- 科幻视听
- 魅力诗词

三年级
- 诵读
- 健康跳绳
- 跳长绳
- 响当当故事屋
- 正极能量屋
- 阅读分享会
- 快乐绕口令
- 童话故事分享会
- 快乐书法
- 爱上书法
- 棋乐无穷
- "24点"

四年级
- 歌曲鉴赏
- 古诗社团
- 挑战长绳
- 手上魔术
- 经典咏流传
- 诗意贴画
- 跳绳
- 五子棋
- 橡皮泥的艺术
- 配乐朗诵
- 游戏
- 折纸数学

五年级
- 硬笔书法
- 楷书启蒙
- 课外阅读
- 小小书法家
- "悦"读
- 书法鉴赏
- 著作阅读
- 文学欣赏
- 硬笔书法
- 乐读培训

六年级
- 五子棋
- 手工
- 折纸
- 文学天地
- 毛笔书法
- 象棋
- 博览群书
- 快乐读书吧
- 影视文学

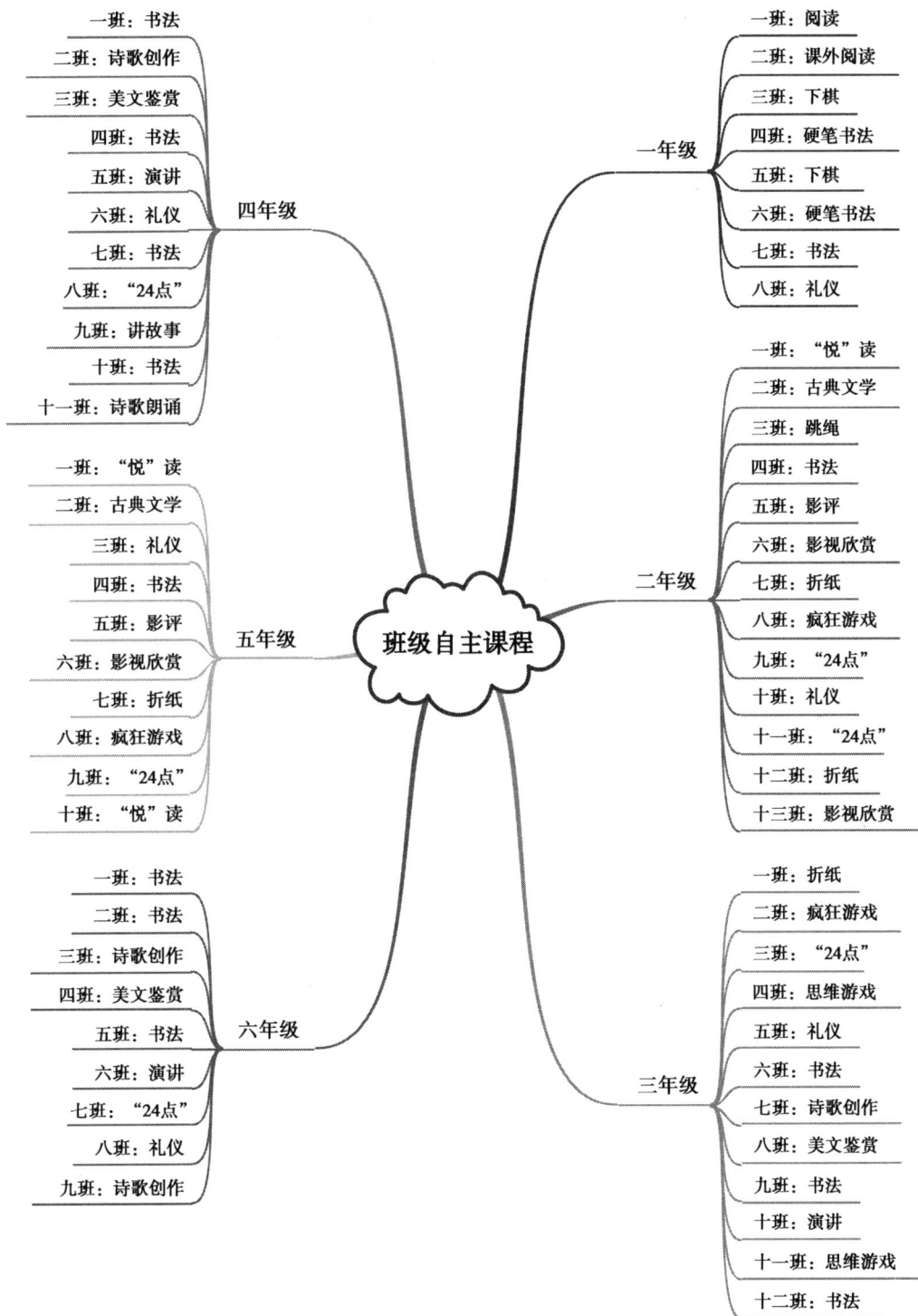

一班：书法
二班：诗歌创作
三班：美文鉴赏
四班：书法
五班：演讲
六班：礼仪
七班：书法
八班："24点"
九班：讲故事
十班：书法
十一班：诗歌朗诵

四年级

一班：阅读
二班：课外阅读
三班：下棋
四班：硬笔书法
五班：下棋
六班：硬笔书法
七班：书法
八班：礼仪

一年级

一班："悦"读
二班：古典文学
三班：礼仪
四班：书法
五班：影评
六班：影视欣赏
七班：折纸
八班：疯狂游戏
九班："24点"
十班："悦"读

五年级

班级自主课程

一班："悦"读
二班：古典文学
三班：跳绳
四班：书法
五班：影评
六班：影视欣赏
七班：折纸
八班：疯狂游戏
九班："24点"
十班：礼仪
十一班："24点"
十二班：折纸
十三班：影视欣赏

二年级

一班：书法
二班：书法
三班：诗歌创作
四班：美文鉴赏
五班：书法
六班：演讲
七班："24点"
八班：礼仪
九班：诗歌创作

六年级

一班：折纸
二班：疯狂游戏
三班："24点"
四班：思维游戏
五班：礼仪
六班：书法
七班：诗歌创作
八班：美文鉴赏
九班：书法
十班：演讲
十一班：思维游戏
十二班：书法

三年级

二、兴趣与生活牵手案例

结合学校、年级和班级兴趣活动的实施，在兴趣活动实施教学中，教师深度关注学生生活，让学生在自己熟悉的生活中学习，学习审美，学习创造，并在生活中激发兴趣，感悟人生，培养情操。

1. 版画与生活——校园生活

学科	美术	主题活动	《丰富的社团》套色版画
活动目的	1.通过观察社团人物并写生，提高学生速写造型能力，激发学生热爱校园生活的情感。 2.通过版画创作表现，提高学生的创作能力。		
活动推进	1.参观各种社团，用速写的方式画下社团的活动情境，表现人物的动态与神态等。 2.探究套色版画的制作方法，学会套色版画的方法。 3.整理组合，添加想象，合理构图，完成《丰富的社团》版画构图。		
兴趣牵手生活 学科魅力焕发	1.积累丰富多彩的校园社团活动的素材。教师带领学生参观校园内的各种社团，让学生用速写的方式画下社团的活动情境，引导学生表现出社团活动中人物的动态与神态等，对有设备的社团活动还需要引导学生进行单个物体的写生，表现出物体的细节之美，为后面的创作积累素材。 2.激活学生描绘鲜活的场景与灵动的生命的兴趣。将学生熟悉的校园生活作为版画的创作素材，拉近了学生与素材的距离。他们长期在校学习，对社团场景和校园环境比较熟悉，此举有利于激发学生的创作灵感，绘出有美感且贴近生活实际的作品。 3.提升学生发现生活、展示生活的能力。本课程的教学基于学生的校园生活，切合学生的亲身体验。越是有体验的内容，学生的绘画作品越有情感，画面也就越生动。若是学生在整个过程中兴趣高昂，笔下的人物也就充满着情感，动态与神态更加生动，在调动学习兴趣的同时，又激发了学生的创造力。		

（案例设计教师：曾余菊）

2. 版画与生活——家庭生活

学科	美术	主题活动	《我的亲人》
活动目的	1.通过回忆、表现自己的亲人，提高学生人物造型能力。 2.学会抓住人物的神态进行表现，同时增强与亲人的情感，学会爱家人、感恩家人。		

续表

学科	美术	主题活动	《我的亲人》
活动推进	1.引导学生回忆家人，用线描的方式进行家人肖像的表现，抓住家人的神态特点。 2.教师介绍绝版版画，演示绝版版画的技法，学生进行自主探究学习。 3.学生欣赏色彩的美感，分析其色彩的搭配方法，注意引导学生进行色彩的概括。 4.学生用绝版版画的方法来表现自己的家人。		
兴趣牵手生活 学科魅力焕发	1.联系家庭生活，充实绘画活动内容。引导学生回忆自己的家人，进一步回忆他（她）的外貌、性格有何特点？你对她什么时候的印象最深，他（她）的神态如何？通过上述回忆，学生用线描的方式，抓住家人的神态特点进行肖像的表现。 2.激活学生兴趣，绘出鲜活人物。选择学生朝夕相处的家人作为创作对象，促使学生有意识地寻找人物特点，加深自己对家人的认识。这一活动形式使学生的家庭生活成为社团学习内容，从生活选取创作素材的同时，有利于学生最大化地将灵感付诸实践，创作出反映家庭生活的佳作。 3.提升学生发现生活、展示生活的能力。本课程素材来源于学生的家庭生活，切合学生的亲身体验，回忆并描绘朝夕相处的亲人有利于学生创作出神态更加生动的人物，在激发学习兴趣的同时，又激发了学生的创造力。		

（案例设计教师：曾余菊）

3. 版画与生活——社会生活

学科	美术	主题活动	《辛勤的环卫工人》
活动目的	1.通过实地观察环卫工人的工作状态，走访环卫工人等社会实践方式，让学生体验环卫工人的辛苦，从而树立职业没有高低贵贱之分的价值观。 2.引导学生探究拼版版画技法，用拼版版画技法表现辛勤的环卫工人，表达对劳动者的赞美之情。		
活动推进	1.引导学生课前去观察环卫工人的工作状态，和环卫工人交流，了解环卫工人的工作情况，用相机或速写的方式记录下他们工作时的动态。 2.根据自己收集的资料与素材，向同学们进行展示与交流，交流自己的感受与收获。		

续表

学科	美术	主题活动	《辛勤的环卫工人》
活动推进	3.教师分享环卫工人的感人事迹，引导学生观看他们工作时的视频和照片，激发学生的情感，丰富学生的视觉形象。 4.引导学生思考如何能够表现出环卫工人的服饰色彩，总结出拼版版画比较适合表现环卫工人的色彩特点，研究拼版版画制作方法，教师进行总结示范。 5.学生根据收集资料与感受，用拼版版画的方法表现辛勤的环卫工人，教师重在辅导学生的构图与对人物动态的把握。创作结束后，学生之间开展欣赏、交流与评价。		
兴趣牵手生活 学科魅力焕发	1.引导学生正确看待社会职业，培养正确的人生观。学生有了生活的体验，在表现时会有不同的体会和独特的理解。不仅改变了学生对环卫工人这一社会职业的看法，也有利于培养其正确的人生观。 2.加深学生对生活的理解。当学生走进了生活，深入探寻了生活，生活中的美就源源不断地涌现出来。孩子们用原版擦色版画的形式表现出他们发现、感悟到的美，实现了为生活而艺术，从而建构了美术与社区的联系，加深了他们对生活、社会、世界的理解。		

（案例设计教师：曾余菊）

4.数学游戏与生活——"24点"游戏兴趣小组

学科	数学	主题活动	快乐的"24点"游戏
活动目的	1.喜欢"24点"游戏，丰富课余生活，培养健康兴趣爱好。 2.掌握算"24点"的基本方法，在游戏中巩固混合运算的运算顺序。 3.激励学生自主探究解决问题的策略，培养学生的合作精神和创新意识，激发学生学习数学的兴趣。		
活动推进	1.展示扑克牌"24点"游戏情境，激发学生兴趣。 2.试着玩一玩。 3.指导学生用不同的方法玩。		

续表

学科	数学	主题活动	快乐的"24点"游戏
兴趣牵手生活 学科魅力焕发	1."24点"生活游戏，调动参与者眼、脑、手、口、耳等多种感官的活动。研究认为，"24点"成绩优秀者可能与其具有灵活的思维能力、认知能力有密切的关系。由此，"24点"被认为是培养个体数学能力的一种有效途径。 2."24点"生活游戏培养了学生健康生活好习惯，增强抵制不健康游戏侵入能力。"24点"将数学运算知识融于极具趣味性的游戏中，让学生在轻松愉悦而又富有挑战性的游戏环节中进行知识巩固。与此同时，该游戏将有效削弱当前网络游戏对学生的诱惑，帮助其培养健康生活的良好习惯。 3."24点"生活游戏是提升数学能力个性化发展的有效途径。通过参与"24"点游戏，学生的运算能力得到提升，数学思维得以拓展。教师通过分析学生在"24"点游戏中的情况，可以帮助其找到适合的发展途径，为其接受更加系统化、专业化的数学训练奠定基础。		

（案例设计教师：张之源）

5. 音乐创作与生活——《我把重庆地铁夸》

学科	音乐	主题活动	《我把重庆地铁夸》
活动目的	1. 凭借着数字化音乐教室的丰富资源和"原创"的翅膀，把地铁主题引入课堂。对接学校《地铁·交通》校本综合课程，师生共同创作展现重庆地铁特色的歌曲《我把重庆地铁夸》。 2. 尝试运用各种音效素材，加上不同的创编方式，将歌曲的风格与表现形式变得更加丰满而有层次。		
活动推进	1. 齐心协力找素材。当课堂中充满着真实的生活元素时，氛围将变得鲜活而轻松，学生由此迸发出了更多的创作灵感，他们的学习兴趣也不由自主地被调动了起来。于是我们带领学生广泛收集与地铁相关的素材，通过数字化音乐软件制作成了各种"生活音效素材"。 2. 丰富音乐课开课方式。选择深受学生喜爱的"说唱形式"，师生用重庆方言一问一答，巧用地铁主题串联重庆的各种美食、美景。大家唱、说、动，即兴表演。用不拘一格、生动活泼的音乐风格，再现了重庆地铁上天入地，穿楼交错的独有特点。 3. 联系生活实际进行课堂创编。将音乐节奏与生活实际相联系，让孩子们瞬间创意无限。如风声属于长音，说话声属于短音；人们走路的脚步声时值较快，地铁车门开合时的声音时值较慢等。根据这样的比较分类，再利用课堂小乐器如双响筒、串铃、三角铁、鼓，创编出不同的节奏，成为"节奏音效素材"。前一个是具有真实性的"生活音效素材"，后一个是具有音乐学科性的"节奏音效素材"。两者结合使创编音乐更加鲜活和丰富。		

续表

学科	音乐	主题活动	《我把重庆地铁夸》
兴趣牵手生活学科魅力焕发	1. 激发学生对音乐学习的兴趣。将生活元素与音乐编辑有效结合，采用"音乐课堂教学生活化"的理念，对生活元素、音乐教学、数字化音乐编辑的有机结合进行了一种尝试。学生在听觉、视觉、创作、体验的感知上更加真实。学生在富有生活化的课堂情境中边玩边学习，不仅获得了自信，更进一步提升了他们的音乐学习能力和对生活的观察能力。 2. 促进音乐与生活相融，提升学生音乐学习能力。运用生活化的方式进行教学，学生变被动学习为主动学习，变接受学习为探索学习。在教学实践中不断提炼和总结，实现让音乐走进生活，生活服务于音乐教学，让学生的学科世界和生活世界获得平衡。		

（案例设计教师：杨颖）

第三章　生活深度融合学科的课程实践

　　玉带山小学挖掘学科教学中的生活资源，开发生活深度融合学科的课程。生活融合学科课程，就是引导学生将所学的知识运用到生活中，学生体验、感知、探究生活中的学科知识，促进生活经验学科化；选取学生身边的真实生活，针对学生成长所需，解决学生发展所困，帮助学生在丰富的生活体验或者真实的生活任务中，丰富生活能力，检验学科能力，推动学生生活经验向生存智慧转化；培养学生的责任担当，促进学生的道德行为规范，使其内化为自觉行动。

第一节　生活深度融合学科的课程实践简述

一、生活深度融合学科课程的设计理念

　　生活中有着丰富的学科教育的材料、方法、工具和环境。学生的生活现状、生活发展的趋势、生活对人的要求，都是教育对生活的本质要求。生活融合学科课程，玉带山小学主张利用生活化的资源，将生活与国家课程融合，设计适应学生年龄阶段的、能促进核心素养落地的生活与学科融合育人的课程。在生活和生活化的资源的基础上设计课程，立足学生的需要和可能，将生活资源融入学科发展，遵循学生身心发展规律和兴趣发展差异，开展自主融合课程，真正将生活的做与学校的学有机融合。

二、生活深度融合学科课程的实施

　　生活深度融合学科的课程，由"我与家人""我与伙伴""我与自然""我与社会"四部分课程构成。

　　1. "我与家人"系列课程

　　通过我的家谱、房屋、我的家庭公约、旧衣服的处理、妈妈的高跟鞋、劳动

创造梦想等课程，引导学生围绕家庭生活中的人、事、物开展观察、思考和实践，用多学科知识指导家庭生活。这类课程为选择性必修课程。

2. "我与伙伴"系列课程

通过我的心理、我的身体、我的伙伴、我的老师、我是矛盾调解员、校园足球世界杯、盘溪老游戏等课程，指导学生在认识真实自己的基础上，能够解决生活中各种人际交往矛盾。这类课程中，伙伴课程为一年级新生入学第一学期必修课程，小小矛盾调解员为三年级上学期必修课程，其他为选择性必修课程。

3. "我与自然"系列课程

通过种子课程、茶课程、校园紫荆花课程、校园垃圾处理课程、垃圾分类课程，指导学生在调查研究身边的自然环境、着力改善身边的环境中，检验所学各学科知识。这类课程为选择性必修课程。

4. "我与社会"系列课程

通过超市课程、轨道交通课程、快递课程、钱币课程、网络世界课程、世界文化课程、留住盘溪记忆等课程，鼓励学生走向社区，在熟悉的城市生活中通过完成岗位体验、社区服务、创意制作等任务，实现各学科能力的有机综合使用。这类课程为选择性必修课程。

三、生活深度融合学科课程的评价

新课程标准提出，建立促进学生全面发展的评价体系，评价要发现和发展师生多方面的潜能，了解需求，帮助认识自我，建立自信，发挥评价的教育功能，促进发展。本课程评价坚持以评促学、以评促教，将评价贯穿课程教与学的全过程。基于生活融合学科课程最大特点在于关注长效发展，促进课程不断优化前行，周期性地对学校课程执行的情况、课程实施中的问题进行分析评估，调整课程内容，改进教学管理，形成课程不断自我革新的机制。由此，学校开展一系列评价实践，包括系统的过程性评价、终结性评价，包括学期总结、学术年会阶段成果汇报、成果集结成册、建立课程迭代资源库等措施。评价强调全面性、多元性、可行性、发展性，促进激励与反思，助力课程可持续性发展。

第二节　生活深度融合学科的课程实践内容
——"我与家人"系列课程

　　家庭对一个人的发展有着极其重要而深远的意义和影响。小学生的家庭生活对小学生的个人身心健康成长有着更为重要的意义和价值。但是，现实生活中，却常常出现孩子不理解父母、父母不能保障孩子权益、亲子关系矛盾冲突等现象。为帮助学生理解父母、缓解亲子矛盾，学校启动了生活融合学科课程"我与家人"系列课程。

一、"我与家人"系列课程的目标

　　"我与家人"的系列课程，围绕改善亲子关系，聚焦和谐家庭构建，大量开展以家庭为单位的活动。具体实施目标在于：

　　1. 着力增强家庭凝聚力

　　"房屋"课程通过了解家庭房屋构造、与家人共同设计、制作房屋模型，加强与家人互动。"妈妈的高跟鞋"课程通过了解妈妈高跟鞋的知识、设计制作高跟鞋、研究人体的黄金比例，探究健康与美丽，更加理解、关爱家人，从而增强了家庭凝聚力。

　　2. 着力提升家庭生活能力

　　"旧衣服的改造"课程通过清理家中旧衣服、进行变废为宝活动，增强了学生的动手能力。"劳动创造梦想"课程让学生参加系列课外体验，做家务、卖报纸、推销，学会了很多生活技能，大大增强了学生家庭生活能力。

　　3. 着力增强家庭责任感

　　"我的家谱"课程通过认识家谱、了解家族组成、讲述家人故事、制作家谱绘本，激发学生热爱家庭、尊重长辈、孝敬家人的责任意识。"家庭公约"课程通过了解家庭规矩，制定、优化、交流家庭公约，开展家庭公约辩论，执行我的家庭公约，展示我的家庭公约等课程设计让学生对家庭成员的权利和义务有更清楚的认识。

　　"劳动创造梦想"课程是让学生通过参与父母一天的劳动、聆听父母劳动故事、家长国旗下讲述劳动创造梦想等系列活动，感悟父母的责任与担当，激发出热爱家庭、为家庭贡献力量的情感和行动。

二、"我与家人"系列课程案例

1."我的家谱"课程

课程主题	我的家谱
温馨提示	1.多向家人请教。 2.运用美术、语文学科知识,开展活动。 3.增强为美好家庭做贡献的责任意识。
课程实施流程	1.认识家谱。(1)什么是家谱;(2)分清自己与家人之间关系及称呼;(3)弄清"同代人"概念。 2.调查家谱。(1)收集信息;(2)讨论:制作家谱需要哪些信息,还想调查哪些信息;(3)收集信息。收集3代家族人员的照片并写上姓名,口头了解主要家族人员的职业,自愿了解其他家族人员的姓名、年龄、职业、重要事迹;(4)根据家族成员突出事迹绘制家庭故事绘本;(5)完成以自己为起点的家族金字塔。 3.画家谱。(1)绘制家谱;(2)展示、交流、介绍家谱;(3)同桌交流、小组交流、全班交流。 4.晒家谱。(1)班级内部开展家谱展和绘本展;(2)家长和学生代表在全班介绍家谱及绘本作品;(3)家长谈感悟。
学科走进家庭生活的意义	运用语文口语交际的技能,对家谱进行调查和介绍;运用美术技能,绘制家谱、制作绘本、制作"家族树"。学生在活动中,认识生活、了解生活、美化生活,提升了生活能力,增强了责任感。课程提升学生对家族历史文化的认知能力、自主学习能力、艺术审美能力。

2."妈妈的高跟鞋"课程

课程主题	妈妈的高跟鞋
温馨提示	1.家长提供实物,配合学生完成相关测量。 2.运用建筑、数学、人体学、历史、美学学科知识开展活动。 3.增强为美好家庭做贡献的责任意识。
课程实施流程	1.高跟鞋从哪里来。学生从历史的角度研究高跟鞋,通过鞋的变迁历史感受时代的变迁。 2.谁喜欢穿高跟鞋。(1)学生以小组为单位自己提出问题;(2)问卷调查,利用信息技术进行数据分析;(3)写出调查报告掌握问卷调查的方法,感受数据分析在生产生活中的巨大作用。

课程主题	妈妈的高跟鞋
课程实施流程	3.妈妈的高跟鞋。（1）掌握欧洲码、美国码、中国码的换算方法；（2）动手测量脚的大小，通过计算符合美学的高跟鞋的最佳高度；（3）感受数学与审美、数学与生活的广泛联系，分享交流。 4.穿高跟鞋利弊。（1）从健康和美学的角度去认识高跟鞋，了解高跟鞋与健康之间的关系；（2）开展辩论赛，学会辩证地看待身边的事物。 5.高跟鞋嘉年华。通过画、折、3D打印等方式制作并展示自己最喜欢的高跟鞋。
学科走进家庭生活的意义	学生学习"妈妈的高跟鞋"课程后的心得摘录。 冯思涵：任何事物都有利弊，事物就是在不断地优胜劣汰、趋利避害中发展。 张睿：老师让我们小组讨论，选出参赛辩手。我们展开了"穿高跟鞋利大于弊还是弊大于利"的激烈辩论。同学们一个个犹如打了鸡血，场面一度热火朝天。平时沉默寡言的人争辩起来面红耳赤，上课心不在焉的人思考起来也是绞尽脑汁……我竟在这堂课中感受到了无与伦比的快乐。 段科吉：高跟鞋虽然很漂亮，但是制作起来却非常麻烦。从设计到完成，不知要花多少时间和精力，不知要经过多少道工序，才能制作一双美丽的高跟鞋。我做高跟鞋时，不知多少次胶水滴在我的手上，撕也撕不掉，还有一种火辣辣的感觉。我真是历经磨难才做出了一只高跟鞋，虽相貌不如人意，但我却对它十分喜爱，因为这是我辛辛苦苦才制作的高跟鞋，难道有谁不爱自己辛辛苦苦做出来的东西吗？ 张颖奇：那一天，同学们都带来了高跟鞋，为的就是体验穿上高跟鞋的优雅与自信。个子矮的同学立刻找到了鹤立鸡群的优越感。穿高跟鞋赛跑，有的一步一步地走；有的走得很艰难；有的大步流星地走着，却不慎摔倒了；有的扶着桌子，像残疾人似的，一瘸一拐地缓步行走。 张文静：班上同学都自信满满地穿上高跟鞋，可没走几步便叫苦连天。只见有的同学扶着墙壁，如履薄冰，有的同学则干脆一屁股坐在地上，放弃挣扎了，只有少数女同学走得轻松自在，看得一旁的同学那叫一个羡慕嫉妒恨。我没带高跟鞋，站在一旁看着同学们跌跌撞撞的样子，我有点不相信，找来同学，换上高跟鞋，刚一站起来，结果一个不稳，差点摔了个狗啃泥。我小心翼翼地扶着墙壁，学着同学们的样子，跌跌撞撞地走了起来。可还没走几步，就已经累得半死，身体不断地向前倾，稍不注意就要摔跤。而且鞋子有点小，穿起来，脚趾扭在一起，痛死了！还不如我的运动鞋穿起舒服呢，我干脆脱下高跟鞋，跑回教室，换上运动鞋，啊！真舒服。没过一会下课铃响了，一节痛苦的课终于过去了。

3. "家庭公约"课程

课程主题	家庭公约
温馨提示	1. 家长协助学生开展调查公约的制订。 2. 运用数学、语文学科知识，开展活动。 3. 增强为美好家庭做贡献的责任意识。
课程实施流程	1. 了解家庭规矩。（1）了解家庭规矩；（2）归类统计家庭规矩；（3）发现、整理家庭规矩中的问题；（4）提出家庭公约的重要性。 2. 初晒家庭公约。（1）公约的定义、内容；（2）我家的家庭公约内容；（3）家庭作业：召开家庭会议，制订公约。 3. 制订家庭公约。调研、质疑家庭公约，优化、交流公约。 4. 辩证看待公约。（1）同学间辩论；（2）模拟辩论；（3）开展辩论会。
学科走进家庭生活的意义	运用数学统计概括技能，归类统计家庭规矩；运用语文学科的写作技能，书写家庭公约；通过家庭公约制订，增强亲子关系，改善学生心理健康；通过对家庭公约认识和理解，提高学生的公约意识，为学生今后在社会生活中提高自我约束奠定基础。

4. "劳动创造梦想"课程

课程主题	劳动创造梦想
温馨提示	1. 利用课余时间，开展劳动体验。 2. 运用语文学科知识，进行口语交际，调查、访谈；运用数学知识，学习统计方法，完成劳动统计图；利用艺术学科演绎，表现对劳动价值的认可。 3. 增强劳动创造美、劳动创造价值的意识。
课程实施流程	1. 爸爸妈妈的劳动。（1）了解父母的劳动；（2）体验父母的劳动；（3）说一说爸爸妈妈一天的劳动；（4）父母们说说自己"一天的劳动"；（5）我想对爸爸妈妈说。 2. 各种各样的劳动。（1）社区里的一天：观察一天中碰到的劳动者；（2）社区访谈、完成忙忙碌碌社区绘本创作；（3）行动在身边：用行动感谢身边的劳动者；（4）课外体验。 3. 劳动创造梦想。（1）参与一天劳动，说一说一日劳动感想；（2）畅想未来工作；（3）演绎劳动最光荣。

课程主题	劳动创造梦想
课程实施流程	【案例】"劳动创造梦想"之"紫荆小镇"展示 **活动展示及能力呈现** 　1.烘焙店：孩子们化作小小烘焙师，经营烘焙店。 　【能力呈现】沟通表达能力、经营能力、动手实践能力、协作能力等。 　2.理发店：小小理发师编发。 　【能力呈现】沟通表达能力、经营能力、动手实践能力、创造审美能力等。 　3.居住区：小小建筑工程师，打造紫荆小屋。 　【能力呈现】观察分析能力、模型设计能力、动手实践能力、创造审美能力等。 　4.中医馆：小医生把脉，推荐相应中草药。 　【能力呈现】沟通表达能力、专注倾听能力、观察分析能力、动手实践能力等。 　5.艺展区：紫荆画展。 　【能力呈现】创造审美能力、观察想象能力、动手实践能力、直观及抽象能力等。 　6.消防部：消防安全体验。 　【能力呈现】沟通表达能力、动手实践能力、安全救护能力、分享学习能力等。 　7.交通：小交警维持秩序。 　【能力呈现】沟通表达能力、动手实践能力、观察分析能力、社会适应能力等。 　8.成果博物馆：超轻黏土蛋糕、发型设计图、中草药大全、写给父母的感谢信等。 　【能力呈现】创造审美能力、动手实践能力、主动探索能力、社会共情能力等。
学科走进家庭生活的意义	运用劳动、语文、数学、艺术、信息技术等学科知识技能，让学生了解父母劳动、进行社区劳动体验、开展忙忙碌碌社区绘本创作，体会劳动辛苦，学会感恩，树立劳动意识、职业尊重和社会责任感。引领学生养成独立思考习惯，增强信息加工能力，提升语言表达素养，增强合作能力，提高创新实践能力和艺术审美能力。

5."旧衣服的改造"课程

课程主题	旧衣服的处理
温馨提示	1.在家长帮助下，整理旧衣服，改造旧衣服。 2.运用美术、数学学科知识，完成服装设计图；运用语文学科知识，进行调查思考和讨论；运用信息技术学科知识，了解调查旧衣服。 3.增强为美好家庭做贡献的责任意识。
课程实施流程	第一阶段：展开调查。（1）调查形式：问卷调查、随机问答采访、查询资料；（2）结果统计及分析。 第二阶段：制订研究方案。 第三阶段：方案的实施。（1）捐赠旧衣物；（2）巧手达人（用旧衣服做家居用品或手工作品，形式多样：手套、帽子、袜子、包包等，实现资源再利用，减少丢弃和浪费）；（3）我是服装设计师，将旧衣服通过裁剪、创意拼接，做成新的衣服。 第四阶段：研究成果展示。（1）用思维导图绘制的研究方案；（2）各类用旧衣服做成的手工作品、新衣服。
学科走进家庭生活的意义	运用美术、科学、语文、数学、艺术、信息技术等学科知识技能，通过了解旧衣服、小组设计、旧衣服二次创作、服装设计与展示等活动，学生能够思考探究旧衣服的价值，对旧衣服进行改造，增强实践能力、探究能力。旧衣服的捐赠活动，可使学生产生共情，培养爱心。

6."房屋"课程

课程主题	房屋
温馨提示	1.观察和调查相关信息。 2.运用科学知识，设计房屋；运用数学、建筑知识，搭建房屋；运用信息技术知识，了解调查房屋。 3.增强为美好家庭做贡献的责任意识。
课程实施流程	1.了解房屋。（1）看动画片，收集房屋图片，寻找身边动物的房屋；（2）在交流与讨论中了解到房屋的功能。 2.建房屋。（1）设计房屋，搭建房屋；（2）感知、了解探究建筑材料；（3）感知、了解、探究房屋里的数学、艺术等知识。 3.晒房屋。（1）对房屋进行评价，进一步了解房屋三要素；（2）分享交流自己的房屋。 4.设计未来房屋。（1）设计未来的房屋；（2）分享交流。

续表

课程主题	房屋
学科走进家庭生活的意义	2019 年学术年会·学术论坛案例：吊脚楼调查报告（2022 级五班的邓睿珂） 大家好！我是玉带山小学三年级五班的邓睿珂。今天很荣幸在这里给大家分享我在二年级学习第一站课程——房屋课程做的有关吊脚楼的调查报告。 为什么要去调查吊脚楼呢？这得从房屋课程开始说起。二年级上学期，我们开始了房屋课程，最初的内容是"动物们的家"，接下来的内容是"人类居住的房屋"。我在爸爸妈妈的帮助下，实地寻找了很多类型的房屋：山洞、木质结构房、石头堆砌房、茅草屋、泥坯房。但是唯独没有发现我们重庆最具有特色的吊脚楼，在房屋课程调查房屋的过程中，我产生了以下疑问：为什么吊脚楼那么少？哪里可以找到吊脚楼？吊脚楼都有什么共同特点呢？哪些人住在吊脚楼里呢？ 带着这些问题，我想亲自去做一次实地调查。我和爸爸先在网上查找了许多有关吊脚楼的资料，然后我们决定去黔江濯水古镇和城区的洪崖洞，那里也许就有我们想要调查的吊脚楼。2018 年 1 月 27 日，我们一家人动身去黔江。可惜天公不作美，突降暴雪，高速公路封路了，在高速公路拥堵了三个多小时后，我们不得不回到南坪一个临时停靠点。这时，我有点灰心，看见我垂头丧气的样子，爸爸妈妈帮我平复心情，告诉我"万事开头难"，只要认真坚持就一定会有结果。他们找朋友打听，加上网络查询，我们最后决定改道前往忠县黄金古镇，那里可能有吊脚楼。 经过三个多小时的车程，我们终于到达了黄金古镇。黄金古镇始建于清代，依山而建，这里有吊脚楼、木板房，青石板路穿镇而过，镇旁有条小溪潺潺流过。但因为年久失修，大部分房屋已属危房，被一圈一圈的警戒线隔离开来。 在古镇，我们还有意外的收获：这里有不可移动的文物——胡果桥，它是古镇的见证者和守护者。看着我们在黄金古镇找到的吊脚楼，我不由想起一首古词"枯藤老树昏鸦，小桥流水人家，古道西风瘦马，夕阳西下，断肠人在天涯"，而那个断肠人就是我，因为我还没有找到想象中的吊脚楼。这些都是危房，没有住人。 回到忠县县城，我们继续寻找，打听线索。最后得到两条线索：一是为纪念白居易而修建的白公祠，二是忠县唯一的少数民族乡——磨子乡。白公祠的吊脚楼是翻新的、钢筋水泥版本的吊脚楼，我们没有停留过长时间，就赶往了磨子乡。 在临近磨子乡场镇的地方，我们终于发现几处吊脚楼结构的房屋，但是很多都没有住人，只是被当作库房在使用。本着"既来之则安之"的心态，我们决定继续前往磨子乡场镇，一是看看有没有新的收获，二是调查一下为什么会在这里出现吊脚楼。

续表

课程主题	房屋
学科走进家庭生活的意义	到达磨子乡场镇以后，我们多方打听，老乡们告诉我们在场镇的边缘处有一些吊脚楼，此处临街一面地势较高，与屋后有 3 ~ 4 米的落差，因此房屋吊脚之后形成的空间可以作为库房使用。我们还找到了两位住在吊脚楼里的婆婆了解情况，她们在了解我们的来意后热情地邀请我们进屋去烤火，她们正在用很大的原木烤火，旁边则是烤得焦黄的、香喷喷的腊肉。和婆婆们聊了一个小时后，这次的调查基本告一段落。本次调查，两天时间，行程共计 500 多公里。至此，我们心中的疑问也渐渐得到了答案。 　　为什么吊脚楼那么少？哪里可以找到吊脚楼？一般吊脚楼都修建在"山高地不平"的山坡地带，随着建筑技术的进步，钢筋水泥已经替代了以前的木材等原始材料，加上现在经济发展，越来越多的人迁居到城市，吊脚楼年久失修，旧的在坏掉，新的没修建，因此就越来越少。吊脚楼一般在少数民族聚居区比较常见，就像我们找到吊脚楼的磨子乡以及邻近的石柱县。 　　吊脚楼的共同特点：它们都是用木头修建，有吊脚。修建吊脚楼的地方几乎都是潮湿地带，因此一楼都是作为库房、厨房等使用，卧室都是设置在二楼。 　　哪些人住在吊脚楼里呢？目前吊脚楼的主人以老年人居多，多数是少数民族爷爷婆婆，就像和我们聊天的两位婆婆，她们淳朴善良，保留多年养成的生活习惯，习惯住在吊脚楼里。 　　回到重庆后，为了对比不同的吊脚楼，我们又去了在全国火得一塌糊涂的网红景点——洪崖洞。对比之后，我发现洪崖洞和忠县吊脚楼有相同点，也有不同点。相同点：它们都是依山而建、临水而修，最大限度地利用坡地修建房屋；不同点：我们在忠县找到的吊脚楼是古朴的木质吊脚楼，洪崖洞则是钢筋水泥版本的现代吊脚楼。忠县的吊脚楼是乡民们为了居住而修建的生活用吊脚楼，洪崖洞则是为了商业目的而开发的商业用吊脚楼。 　　这次，我们在磨子乡场镇旁边发现了一口文物古井。吊脚楼会像这口古井一样，使用的人越来越少，也许有一天会消失在历史的长河中，成为我们的一段回忆。但是，学校老师为我们专门开发的房屋课程对我的影响却永远不会消失。学校第一站课程的每一堂课都和我开展的吊脚楼调查一样，是我走向世界的一个又一个脚印。在第一站课程——房屋课程结束后，我们又开始学习超市、轨道交通、货币等课程，每一堂课都是我们探索未来世界的一个支点，我的脚步还将不停地向前迈进，我的探索之路也才刚刚开始。我感谢第一站课程，让我和同学们勇敢走向世界，成为能够创造未来的学习者。

第三节　生活深度融合学科的课程实践内容
——"我与伙伴"系列课程

2016 年，玉带山小学对影响学生心理健康的因素开展问卷调查。调查显示，如何处理人际交往中出现的矛盾成为影响学生心理健康的最大因素。对小学生来说，在校园生活中最经常、最主要的接触者就是伙伴、老师。师生关系、伙伴关系是否和谐将直接影响他们的校园生活质量及个人健康成长。良好的伙伴关系是学生心理健康发展的重要精神环境，有利于促进其社会化及心智的发展。由此，学校启动了"我与伙伴"系列课程。

一、"我与伙伴"系列课程的目标

1. 着力改善同伴关系

"我与伙伴"系列课程包含"我的伙伴""我的老师""我是矛盾调解员""校园足球世界杯""盘溪老游戏"等实践活动。"伙伴"课程，一年级刚入学的新生通过"找伙伴""了解伙伴的一样和不一样""我想对你说""我与同伴""团队游戏""伙伴日"等课程能够快速融入新班级、适应小学生活。"我是矛盾调解员"课程，针对学校生活、家庭生活、社会生活中最常见的同伴之间、家庭成员之间、社区邻里之间常见的各类矛盾，聘请家长、律师、法官、社区工作者等现身说法，开展方法学习、模拟练习和生活运用，引导学生为班级、家庭、社区和谐做出积极贡献，增强了学生语言组织能力和沟通协调能力。"校园足球世界杯"课程，学生通过组织参与一场校园足球杯比赛，体验团队活动，增强团队协作能力。"盘溪老游戏"课程，学生通过探究、制作老游戏器具、玩老游戏，在玩中增强各类动手实践能力，学习健康有益的文化生活，增进了同伴友谊，增强童年美好回忆。

2. 着力改善师生关系

"我的老师"校本课程，学生通过"了解老师是什么""老师讲述自己的成长""采访身边的小学老师""体会老师的一天""感受没有老师的一天""假设人类没有老师会怎样""我和老师有个约定""我是小老师""老师我想对您说"等课程设计，改善对教师的认识，增加师生情感。

3. 着力改善自我认知

"我的心理"校本课程,学生通过体验感受,推己及人,做好时间管理、情绪管理和自信管理。在学习交流分享,多角度认识自我,增强自我认知和谐。"我的身体"课程,学生通过了解身体构造,学习基本安全知识,珍爱生命。

二、"我与伙伴"系列课程案例

1. 新生入学典礼暨"伙伴"课程第一课

课程主题	新生入学典礼暨伙伴课程第一课
温馨提示	1. 可以先尝试在熟悉的环境下与家人、朋友进行练习。 2. 运用语文、数学、美术、生物学科知识。 3. 增强学生群体适应能力,帮助学生快速融入新群体。
课程实施流程	1. 入学前家庭融合课程:(1)领取种子盲盒,种下第一粒种子;(2)家庭 A-STEM 设计:入学典礼自带光环饰品、姓名牌;(3)准备入学典礼游戏、准备礼物。 2. 走红毯仪式。(1)学生佩戴家庭 A-STEM 自带光环成果,手拉手入校,在各类志愿者的陪伴和带领下进入活动现场;(2)拍照墙拍照留念。 3. 开展伙伴课程第一课。(1)紫荆寻宝,和父母一起校园打卡寻宝。(2)找伙伴。找同月份的伙伴,交换礼物和姓名贴。 4. 开展入学典礼。(1)升旗仪式;(2)校长致辞;(3)代表发言(年级主任、班主任、家长、学生);(4)榜样的力量。 5. 开展始业课程训练。(1)相互认识;(2)介绍新生大礼包(包括大礼包介绍、家长手册、学生综合素质评价表、种子解密手册、定制文化布包、定制雨伞、定制年级徽章);(3)队列常规训练;(4)组织第一次排队放学。 6. 开学第一课拓展。给家长讲述开学第一课的故事,感受榜样的力量,展望崭新的生活。
新生入学典礼暨开学第一课评价表	<table><tr><td>教育 方针 德智 体美 劳</td><td>德育( ) 智育( ) 体育( ) 美育( ) 劳育( )</td><td>德育( ) 智育( ) 体育( ) 美育( ) 劳育( )</td><td>德育( ) 智育( ) 体育( ) 美育( ) 劳育( )</td><td>德育( ) 智育( ) 体育( ) 美育( ) 劳育( )</td><td>德育( ) 智育( ) 体育( ) 美育( ) 劳育( )</td><td>德育( ) 智育( ) 体育( ) 美育( ) 劳育( )</td></tr></table>

续表

课程主题	新生入学典礼暨伙伴课程第一课						
新生入学典礼暨开学第一课评价表	育人目标培养创造未来中国的学习者"六会、三力"	会阅读（ ） 会表达（ ） 会思考（ ） 会审美（ ） 会生活（ ） 会健体（ ） 自省力（ ） 创造力（ ） 领导力（ ）	会阅读（ ） 会表达（ ） 会思考（ ） 会审美（ ） 会生活（ ） 会健体（ ） 自省力（ ） 创造力（ ） 领导力（ ）	会阅读（ ） 会表达（ ） 会思考（ ） 会审美（ ） 会生活（ ） 会健体（ ） 自省力（ ） 创造力（ ） 领导力（ ）	会阅读（ ） 会表达（ ） 会思考（ ） 会审美（ ） 会生活（ ） 会健体（ ） 自省力（ ） 创造力（ ） 领导力（ ）	会阅读（ ） 会表达（ ） 会思考（ ） 会审美（ ） 会生活（ ） 会健体（ ） 自省力（ ） 创造力（ ） 领导力（ ）	会阅读（ ） 会表达（ ） 会思考（ ） 会审美（ ） 会生活（ ） 会健体（ ） 自省力（ ） 创造力（ ） 领导力（ ）
	评星★★★★★	评星数量满分5	评星数量满分5	评星数量满分5	评星数量满分5	评星数量满分5	评星数量满分5
	自评						
	家长评						
	教师评						
	总评	我在始业课程之"新生入学典礼"共获　　　　　　　颗星。 本次评价，是一次自我交流，同伴、师生沟通，也是一次亲子对话，是一种提高自省力的途径。						
	评价说明： 　1.学校秉承活动育人理念，每次活动都是对党的教育方针、学校育人目标的落实。 　2.请家长把活动意义以及综合素质达标评价的方法讲解给孩子，培养学生积极参与学校育人活动、主动提升自我的意识。 　3.请家长与学习者根据参与活动的具体内容，对照思考五育发展和能力提升，在相应栏的"（ ）"内打"√"。 　4.评星栏都用阿拉伯数字填写，自评根据学习者反思填写，家长评由家长根据学生的讲述填写，教师评由教师观察学生的实际表现后填写。 　5.本次统计获星总数填写在总评栏内，让学习者知晓自己在本次活动中的表现情况。						

2. "我的老师"课程

课程主题	我的老师
温馨提示	1. 学生和家长分享自己在校的一天，介绍不同学科的老师。 2. 在家中模拟学校场景，学生扮演老师，家长扮演学生。 3. 运用语文、数学、美术学科知识。 4. 推动师生关系和谐发展，树立学生尊师重教意识。
课程实施流程	1. 初识老师。（1）开展讨论：老师是什么；（2）了解老师的成长。 2. 老师的一天。（1）课前观察、访谈老师的一天；（2）呈现、汇报、感悟，文字表达。 3. 今天没有老师。（1）"今天没有老师"，请家长体验感受，学生谈论思考；（2）"我和老师有个约定"，设计一份表格，和3名以上老师开展约定并践行。 4. 我是小老师。（1）扮演小老师；（2）体验反馈。 5. 老师我想对您说。（1）准备作品；（2）展示作品；（3）交流表达。
学科走进群体生活的意义	运用语文学科知识，语言表达，扮演教师；运用数学学科知识设计表格；运用美术学科知识，准备作品进行展示。学生在活动中提升了语言表达素养，体会了老师工作辛苦，增强了尊师重教意识，培养了班级管理的责任感。

3. "我是矛盾调解员"课程

课程主题	我是矛盾调解员
温馨提示	1. 可以请教身边的成年人。 2. 可以聆听身边人讲述真实事例。 3. 运用语文学科、道德与法治学科、美术学科知识。 4. 增强学生为班级、家庭、社区和谐做出积极贡献的责任意识。
课程实施流程	1. 小小矛盾身边绕。（1）不一样的你我他；（2）说说我自己；（3）我们都有闪光点；（4）我想对你说。 2. 人人都来助调解。（1）自己尝试调解；（2）小伙伴来帮忙；（3）老师来助力；（4）家长齐支招。 3. 学做矛盾调解员。（1）高年级示范。（2）观摩调解现场；（3）模拟情境学方法；（4）专业调解员现身说法。 4. 争当矛盾调解员。（1）招募校级矛盾调解员；（2）成立矛盾调解员小组，建立家校社三级矛盾调解员小组；（3）建立矛盾调解工作制度；（4）我的成长手册。矛盾调解员做好自己和他人的成长手册。

续表

课程主题	我是矛盾调解员
课程实施流程	**案例：矛盾调解员记录表** **自我评价表** 调解员　｜　调解时间 调解地点　｜　当事人 事件 调解是否成功　｜　对自己是否满意 调解方法 失误之处 我最大的收获 **当事人评价表** 当事人　｜　调解时间 调解地点　｜　调解员 事件 你对调解满意吗 你对调解员的印象 我的建议 我最大的收获

课程实施流程表格详细内容：

案例：矛盾调解员记录表

自我评价表			
调解员		调解时间	
调解地点		当事人	
事件			
调解是否成功		对自己是否满意	
调解方法			
失误之处			
我最大的收获			

当事人评价表			
当事人		调解时间	
调解地点		调解员	
事件			
你对调解满意吗			
你对调解员的印象			
我的建议			
我最大的收获			

教学模型

玉带山小学"我是矛盾调解员"教学模型

处理生活中的各种矛盾　　　悟　　　辩证地看待各种矛盾
小组讨论　合作交流　　　思　　　矛盾调解的关键
创设问题情境　　　践　　　利用调解方法调解矛盾
独立思考　小组讨论　　　学　　　学习矛盾调解的方法
回顾真实生活情境　　　践　　　感知矛盾调解的必要性
教学方式　　　教学环节　　　教学目标

学科走进群体生活的意义

运用语文学科知识，开展口语交际，制订约定；运用道德与法治的学科知识，处理纠纷，协调关系；运用美术学科知识，设计矛盾调解员徽章，制作《我与伙伴》绘本日志。学生通过有意识地观察、收集身边常见矛盾，对矛盾开展探讨、分析，思考矛盾产生的原因、结果、危害，学习避免矛盾、解决矛盾的方法，获取经验而后尝试应用，争做矛盾调解员，制作矛盾调解员成长册。通过在真实的生活情境中发现问题，真正感知调解矛盾的必要性，寻求矛盾调解的方法，培养学生良好的沟通能力，促进学生构建和谐的家庭、校园、社会生活的主动意识和创造实践能力。

4."校园足球世界杯"课程

课程主题	校园足球世界杯
温馨提示	1.向学校球队教练、体育老师、家长请教相关知识。 2.运用语文、数学、美术、音乐学科知识。 3.增强学生在生活中自主获取知识与信息以解决实际问题的能力。
课程实施流程	1.熟悉足球规则。（1）观看校足球队视频、世界杯视频；（2）年级准备举办"我的世界杯"足球比赛；（3）通过观看视频和教师示范学习足球规则。 2.编排秩序册。（1）了解足球比赛秩序册的编排要素；（2）编排足球比赛秩序册。 3.足球文化设计。（1）了解足球文化；（2）全班分小组设计宣传海报、足球队服、队旗、口号、标语，编排啦啦操、创编足球歌曲、制作道具；（3）全班汇报交流展示。 4.折纸足球。（1）折纸足球；（2）了解足球表面黑白块的相关知识。 5."我的世界杯"预赛。（1）编排比赛场次，让学生掌握循环赛、淘汰赛场次的算法；（2）计算比赛积分，解决实际问题的能力。 6."我的世界杯"决赛。展示宣传海报、啦啦操、足球歌曲、足球折纸、啦啦队表演。
学科走进群体生活的意义	运用语文学科知识，组织语言，口语交际，设计口号、标语；运用数学学科知识，编制足球比赛秩序册、计算比赛积分；运用美术学科知识，设计宣传海报、足球队服、队旗、足球折纸；运用音乐学科知识，编排啦啦操、编创足球歌曲。引导学生深入体验足球文化，增强学生认知能力、信息加工能力、分析概括能力、创新实践制作能力。

5."我的身体"课程

课程主题	我的身体
温馨提示	1.向老师、家长请教相关知识。 2.运用语文、美术、生物、音乐学科知识。 3.增强学生对生命的敬畏感，尊重自己和他人的生命，树立安全意识。
课程实施流程	1.认识身体。（1）游戏一"袋子里面有什么"：在不打开袋子的情况下，有什么办法能知道袋子里面有什么；（2）游戏二"可能的动作和不可能的动作"：完成后试着说一句话时不让上唇碰到下唇、单脚站立、蒙眼喂食、靠墙站立并且不弯腿捡本子等挑战活动；（3）游戏三"帮机器人穿衣服"：两人一组，一人扮演机器人，一人扮演程序员，程序员向机器人下达指令，使机器人穿上衣服；（4）游戏四"动弹不得"：模拟手臂打上了石膏，完成一些日常动作；（5）游戏五"变成雕像"：假装自己是雕像一动不动；

续表

课程主题	我的身体
课程实施流程	（6）游戏六"身体的表达"：用身体模仿不同的动物、植物、物品；（7）游戏七：表演剧"我最重要"。 　2.变化的身体。（1）活动一"身体发生的变化"：从小到大你的身体发生了哪些变化；（2）活动二"细微的身体变化"：生病时我们的身体会发生了哪些变化。 　3.独特的身体。（1）活动一"纳悦自己的身体"：进行如"抱团游戏"、介绍最喜欢的身体部位、画自画像等活动；（2）活动二"尊重他人身体"：交流生活中遇到的"不方便"的身体（残疾人）模拟盲人完成日常简单动作。 　4.保护身体。（1）活动一"绝对不能高空抛物"：认识高空抛物的危害，制订班级安全公约；（2）活动二"保护自己的身体"：完成如唱身体歌、了解身体的其他结构、认识男女生的不同、保护隐私部位、增强自我保护意识等活动。
学科走进群体生活的意义	运用语文学科知识，进行"我最重要""大蛀牙"等情景剧表演、制订班级安全公约等；运用美术学科，画自画像等；运用生物学科知识，用感官观察的方法观察我们的身体，用对比实验的方式给机器人和真正的人穿衣服，了解身体的内部结构等；运用音乐学科知识，唱一唱身体歌。在"袋子里面有什么""给机器人穿衣服"、观察从出生到现在的身体变化、画自画像、模拟雕像和盲人、表演情景剧等活动中，有机地融合了语文、生物、美术、音乐等学科，引导学生在情境中真切地感悟到身体的奇妙、生命的脆弱和珍贵，从而真正地领悟到珍爱生命、敬畏生命、保护生命的重要性。

6."我的心理"课程

课程主题	我的心理
课程实施流程	1.我是时间小管家。（1）时间的重要性：说一说"时间感受"，搜集与时间相关的诗文或者名言警句，写一写与时间有关的诗文并展示，读一读时间管理相关书籍；（2）学会时间分配：记录"我的一天"，搜集合理分配时间的方法，与家人或者伙伴讨论自己对具体事件的时间分配方式；（3）做时间的管家：采访其他人的时间管理方式并做记录，搜集时间管理方法，与他人讨论时间管理的方法，画一画"我的一天时间安排表"，就安排表进行讨论和改进。 　2.我是自信挑战者。（1）我的自信故事：说一说与自信相关的问题，搜集关于自信的名人故事，回顾从小到大自己的那些事儿，画一画自己的那些事儿，采访身边的人的挑战故事；（2）挑战让我更自信：分享采访搜集到的挑战故事，选择一个领域进行自我挑战，制订挑战计划，实施挑战计划并分享，评选最佳挑战者。

续表

课程主题	我的心理
课程实施流程	3.我是情绪小主人。（1）认识情绪：认识情绪家族，分享情绪相关经历，阅读情绪绘本，画一画自己的情绪彩带，尝试给情绪分类，朗诵情绪诗歌；（2）管理情绪：记录一周的情绪变化，举办班级"情绪故事"绘画展，讲一讲情绪故事。
学科走进群体生活的意义	运用语文学科知识，进行采访、分享、朗诵，写一些与时间相关的诗文；运用美术学科知识，画出"情绪故事""我的一天时间安排表"等。通过记录"我的一天"，学生围绕生活中的时间管理问题，学习管理时间；通过学生大胆分享，带动不自信的学生勇敢挑战，不仅帮助学生变得更加自信，增进彼此感情，推动集体关系更加融洽，氛围积极向上，还通过情绪记录和分享带领学生正视自己不同的情绪，做情绪的管理者。

7."留住盘溪记忆"课程：寻找老游戏

课程主题	留住盘溪记忆：寻找老游戏				
温馨提示	1.听长辈讲一讲过去的老游戏，了解老游戏的玩法。 2.综合运用语文、数学、道德与法治学科知识，与体育结合达到强身健体的效果。 3.锻炼学生体魄的同时，增强学生与他人和谐相处、公平竞争的意识，在玩中培养学生勇敢、坚强、独立、包容的品格。				
课程实施流程	1."留住盘溪记忆：寻找老游戏"课程实施流程。（1）寻找盘溪老游戏。开展访谈、问卷调查、查询资料；（2）体验盘溪老游戏：放风筝；（3）体验盘溪老游戏：滚铁环、弹蚕豆、挑木棍、打弹珠、打野鸭子等；（4）盘点当今流行的新游戏，和盘溪老游戏比较；（5）开展一次"盘溪游戏还是否有必要继续"的辩论赛。完成"我看盘溪老游戏"的小论文。 2."留住盘溪记忆：寻找老游戏"调查问卷。				

家长姓名		儿时住地		年龄段	
游戏名称					
简要叙述玩耍规则					
你认为老游戏的好处					

续表

课程主题	留住盘溪记忆：寻找老游戏
课程实施流程	3. 家长心目中的盘溪老游戏感言摘选。 （1）和我们那代人相比，现在的孩子可选择的娱乐活动虽然丰富，但是户外活动时间少，有相当一部分孩子沉迷于电脑游戏、手机游戏。我的孩子日常娱乐活动就是待在家里玩电脑，一坐就是几个小时，既伤眼睛，又不利于身心健康，还严重影响学习。 （2）活动中，不少孩子的兴趣都非常高。这些游戏带有一些技巧，又不会太伤身体，寓教于乐，质量非常高。其实跳皮筋、抽陀螺、滚铁环这些传统的民间游戏既可以锻炼身体，又能为孩子的生活带来乐趣。 （3）老游戏除能强身健体之外，还不受年龄影响，各个年龄层的人都可以选择几个项目玩一玩，加上游戏强度不大，可以达到很好的运动效果。 （4）作为家长，通过这次活动，我和孩子滚过铁环、打过水枪、做过风筝、抽过陀螺、修过房子。玩老游戏也是对我们儿时的怀念，重新回到我们的童年时代。它既锻炼了身体，又是一个很好的亲子活动。
学科走进群体生活的意义	运用语文学科知识，进行口语交际，做访谈和问卷调查；运用数学学科知识，计算游戏中参与者的得分；运用道德与法治学科知识，协调游戏中队友、对手之间的关系；在游戏中强身健体。"盘溪老游戏"课程中，学生、家长、教师一起在乐中学，学中乐。游戏引导学生跳出自我为中心，一起感悟老游戏带给人们的勇敢、坚强、独立、包容等品质，为培养学生健全的人格奠定良好基础。

第四节　生活深度融合学科的课程实践内容
——"我与自然"系列课程

自然不仅在智育中起着巨大的作用，在丰富儿童精神生活方面也起着同样重要的作用。学生在日常生活中，真正了解自然、走进自然、体验自然的时间并不多，很多学生甚至叫不出身边常见植物的名称，更不知道它们如何生长、有何用途。为了让学生真正地亲近自然、了解生命的奥秘、建立生态的世界观、领悟环境对人类的重要意义，学校启动了生活融合学科课程"我与自然"系列课程。

一、"我与自然"系列课程的目标

1. 着力提升实践能力

"种子课程"中，学生不仅了解和认识了种子的种类，还体验了真实的种植过程，有效地提升了自主学习、探究实践能力。"校园紫荆花"课程，学生在进行调研、考察、创意制作的各项活动中，很好地提升了合作能力、语言概括能力、信息提取能力。"垃圾分类、垃圾处理"课程则在调查、探究、制订方案的过程中提升了自主学习的能力，用图文形式总结和展示垃圾处理方式的抽象思维能力。

2.着力体验生命意义

通过"校园紫荆花"课程了解校园里紫荆花的生物特性、文化内涵，开展紫荆花主题文艺创作。通过"我也是一粒种子"课程培育生命、陪伴生命成长获得蓬勃向上的生命自觉，让学生通过体验真实情感，珍爱生命，敬畏自然。

3.着力树立环保意识

通过"垃圾分类""垃圾处理"课程，理解校园及城市垃圾的形成，学会垃圾分类，知晓并学会垃圾处理的方式，增强学生对维护地区生态环境、保护美丽地球家园的责任意识。

二、"我与自然"系列课程案例

1.案例："茶文化"课程

课程主题	茶文化
温馨提示	1.家长指导学生了解茶和茶文化。 2.运用语文、历史、美术等学科知识，开展课程。 3.加深学生对传统文化的了解，进行二次创作。
课程实施流程	1.了解茶历史。（1）了解茶历史；（2）知晓基本的茶知识；（3）感受祖国传统文化的博大精深。 2.身边的茶文化。（1）走进学校附近的茶叶市场，开展调研、评鉴；（2）学习茶艺；（3）推广茶艺；（4）了解中国传统茶文化与西方茶文化的异同。 3.创新茶文化。（1）茶主题诗歌创作；（2）茶包制作；（3）茶主题文创作品创作。
学科走进自然生活的意义	运用信息技术，收集关于茶的信息；运用语文口语交际的技能，开展调研；运用语文写作技能，进行茶主题诗歌创作；运用艺术学科的创作手段，进行茶主题的文创作品的创作。本课程的能力目标达成在于：提升学生自主学习的能力、艺术审美能力、语言表达能力，增强文化自信。

2."垃圾处理"课程

课程主题	垃圾处理
温馨提示	1.记录了解家庭、小区、学校一天产生的垃圾总量。 2.运用语文学科知识，建立班级垃圾分类制度，交流分类过程和体会，撰写垃圾处理和分类的书面建议；运用数学学科知识，完成称重等实践活动，制作统计图表，进行数据分析；运用美术学科知识，制作宣传画、手抄报，设计垃圾分类标语。 3.增强学生对维护地区生态环境、保护美丽地球家园的责任意识。
课程实施流程	**我调查** 1.初步感受垃圾量的庞大。（1）观看电影《垃圾围城》和资源包《垃圾是如何毁掉长安城的？》；（2）资料包制作成统计图表、数据分析。 2.实践探究。（1）收集班级废旧纸张，称重、调查；（2）设计家庭一周垃圾调查表并开展调查。 3.垃圾的危害。（1）自主调查、收集材料了解垃圾对生存环境危害；（2）用宣传画、手抄报等方式宣传垃圾的危害；（3）对调查过程和作品给予评价。 **我探究** 1.垃圾处理。（1）通过垃圾处理流程的视频或文字资料和图片了解国内垃圾的整个处理流程：分类、收集、运输、处理；（2）思维导图形式总结和展示；（3）了解世界上其他国家垃圾的处理方式，用流程图展示；（4）画科幻画，畅想未来垃圾的处理。 2.课外考察。学校附近有一个垃圾处理站，了解垃圾的处理方式及优缺点，并给出建议。 3.在学校和社区开展实地宣传。
学科走进自然生活的意义	运用语文学科知识，建立班级垃圾分类制度，交流分类过程和体会，撰写垃圾处理和分类的书面建议；运用数学学科知识，完成称重等实践活动，制作统计图表，进行数据分析；运用美术学科知识，制作宣传画、手抄报，设计垃圾分类标语。本课程的能力目标达成在于：通过系列活动，提升学生自主学习的能力；用图文形式总结和展示垃圾处理方式的抽象思维能力。

3."我也是一粒种子"课程

课程主题	我也是一粒种子
温馨提示	1.进入家庭、超市、市场、田园等进行实地观察。 2.在真实生活中运用语文、数学、科学、综合实践、美术等学科知识。 3.增强珍爱生命、珍惜和创造美好生活的责任意识。 4.鼓励学生学习和家长交流沟通关于种子的各类话题。

续表

课程主题	我也是一粒种子
课程实施流程	1. 认识种子袋。（1）了解种子袋的封面和卡片；（2）了解种子；（3）了解自然笔记；（4）了解花盆，准备土壤。 2. 种子播种。（1）观看播种视频，了解播种过程；（2）说一说、画一画或写一写植物生长需要哪些条件；（3）说一说，我知道怎样照顾它。 3. 种子孕育。（1）诗歌创编《等待》、绘制我的想象画；（2）种子萌芽（种子存活了）；（3）我的健康成长记录表；（4）"孩子，我想对你说。" 4. 认识种子。（1）认识豆制类种子；（2）到超市或菜市场认识蔬菜类；（3）认识水果类种子；（4）认识主食类种子（水稻、小麦）。 5. 成果展示。（1）《我也是一粒种子》手册；（2）制作粘贴画；（3）开学带上自己种植的植物，交流自己的种植经验；（4）交流植物没有存活的看法和感受。
学科走进自然生活的意义	运用语文学科知识，创编诗歌《等待》、编制《我也是一粒种子》手册；运用科学学科知识，认识土壤、种子、种植方法；运用美术学科知识，做自然笔记，画画记录植物生长过程，制作粘贴画。本课程的能力目标达成在于：通过活动，使学生养成调查研究的习惯，培养信息加工能力、语言表达能力，增强动手实践、创新、审美能力，增强对小学生活的向往，增强幼小衔接的适应能力。

4. "校园紫荆花"课程

课程主题	校园紫荆花
温馨提示	1. 请教学校的教师及工作人员，查阅学校相关资料。 2. 运用语文学科知识，创作紫荆花儿童诗歌；运用生物学科知识，了解紫荆花的生物属性；运用美术学科知识，创作紫荆花主题书签、明信片、校徽。 3. 增强学生的校园集体荣誉感，提升校园归属感。
课程实施流程	1. 紫荆花秘密我了解。在调查了解紫荆花的生物属性的基础上，进一步了解紫荆花的文化意义。 2. 紫荆书签伴我成长。了解叶脉书签制作流程，开展紫荆书签制作。 3. 紫荆明信片我创作。了解明信片制作要素，通过提出问题，与同学合作，学习了解紫荆花的文化内涵，开展明信片制作。 4. 紫荆校徽我骄傲。了解校徽的由来和特点，完成自己的紫荆校徽创意制作。 5. 紫荆诗歌我创作。通过对紫荆文化的认识和了解，学习并开展紫荆诗歌创作。 6. 紫荆奖章我争取。了解学校紫荆奖章，制作创意紫荆奖章，争取获得紫荆奖章。

课程主题	校园紫荆花
学科走进自然生活的意义	运用科学知识，了解紫荆花生物属性；运用美术学科知识，创作紫荆花主题书签、明信片、校徽、奖章；运用语文学科知识，创作紫荆花儿童诗歌。帮助学生养成观察研究的习惯，提升合作能力、语言概括能力、信息提取能力、自主学习能力、艺术创作能力。

5."垃圾分类"课程

课程主题	垃圾分类
温馨提示	1.在学校、家庭和社区开展相关活动。 2.运用语文、数学、美术等学科知识，开展课程。 3.增强学生环保意识，实施环保宣传。
课程实施流程	主题：垃圾分类的优化实践 姓名：李沛仪，班级：北区一年级11班。 发现问题：有许多收纸板及塑料瓶卖的人会在垃圾桶里翻找可用垃圾，在拿出来的同时会带出许多其他垃圾，更有甚者会带出餐厨垃圾撒到地上，导致地面脏乱，气味很大，引来老鼠、蟑螂。 解决方法：先在小区门口宣传垃圾分类，告诉叔叔阿姨在扔垃圾时，可以把干净的纸板放在垃圾桶旁。有需要的人就可以直接去取，避免了翻垃圾的种种后患。 我的收获：开始一段时间，我们一家人在门口宣传，让人们有意识地形成垃圾分类的好习惯，也习惯把干净的纸板放在垃圾桶旁。这样下来，26栋门口的垃圾分类桶前再也不脏了，气味大的问题都得到了改善，捡纸板的人也得到了干净的纸板。 家长感受：开始时，许多人表示不理解，我们慢慢地解释后，时间一长，大家都表示支持，居民都觉得举手之劳带来了许多好处。本次活动孩子在语言沟通上有了进步，对于垃圾分类也有了新的认识，对于绿色回收也有了进一步理解。
学科走进自然生活的意义	运用综合实践学科技能，分类投放垃圾；运用信息技术学科知识，用视频等信息分享交流个人垃圾分类的实践；运用数学归纳分类的知识技能，整理出思维导图；运用美术绘画技能和语文口语交际的技能，开展垃圾分类宣传活动。使学生养成观察研究的习惯，提升合作能力、语言概括能力、信息提取能力、自主学习能力。

第五节 生活深度融合学科的课程实践内容
——"我与社会"系列课程

学校是学生走向社会的桥梁，我们启动生活融合学科课程——"我与社会"系列课程，为学生体验生活、感悟文化、开阔视野、提高素养提供了机会和可能。我们充分利用发挥学科特点，让学生走进社会大课堂，在丰富多样的、主题鲜明的、具有引领性的生活体验中，用学科学习中掌握的知识技能服务生活、美化生活、创造生活。

一、"我与社会"系列课程的目标

1. 着力拓展视野格局

通过活动的开展引导学生走出校门，走入社会，认识社会，在切身体验、实地探究中认识社会的变化与发展，了解中国文化与世界文化的差异性，在对比中突破地域界限、文化局限。

2. 着力树立文化自信

通过体验城市发展变化，引发对祖国建设的自豪之情。通过对比中外文化，感受中国传统文化悠久历史底蕴，增强文化自信、道路自信。

3. 着力提升责任担当

通过参加社会服务，体验被服务者的需要，促进相关知识技能的学习，敢于担当，获得自我发展。鼓励学生走向社区，在熟悉的城市生活中通过完成岗位体验、社区服务、创意制作等任务，提升实践能力，成为履职尽责的人。

二、"我与社会"系列课程案例

1. "超市"课程

课程主题	超市
温馨提示	1. 在家人的协助下体验超市购物。 2. 运用统计、记录、分析调查等在学科学习中习得的能力，学习购物等社会生活技能。 3. 通过认识超市、了解超市秘密、学习超市安全文明与诚信、体验超市购物和导购等活动，发现超市需求，渗透辩证意识，理解并遵守公共空间的基本行为规范，描绘超市发展愿景，提升观察能力、辩证思维能力、实践能力。

续表

课程主题	超市		
课程实施流程	超市早已融入学生的日常生活。在超市课程中，让学生多角度了解超市，体验不同角色，具体实施如下： 1.问卷调研。通过查阅资料、问卷调查等方式，了解超市的历史、作用、类型以及与周边人群购买力的关系。 2.探秘超市。（1）走进超市，观察并记录相关信息：了解商品的来源渠道、保鲜方式、标签写法、摆放讲究、商品条码含义、促销方式、工作人员岗位分工等秘密；（2）了解智能超市里更现代化、信息化的科技元素。 3.超市规则。（1）安全购物，购物前有安全预案，实地调研，清楚超市的货物分区、安全通道等；（2）文明购物，进入超市要有规则意识，懂得文明拿取、退还货物，不损坏货物，有序排队付费；（3）诚信购物，确认已付费。 4.超市大体验。（1）任务式购物体验，在家长的陪同下拟订购物计划，做到目标明确、合理购物；（2）角色体验，从消费者身份变为超市促销员，亲自体验超市促销员开展产品介绍等工作；（3）线上超市体验，从实体超市到线上购物，体验信息化时代购物的优势。		

<table>
<tr><th colspan="10" align="center">"走进超市"活动评价</th></tr>
<tr><th rowspan="2">评价项目</th><th colspan="3">自评</th><th colspan="3">组评</th><th colspan="3">综合评价</th></tr>
<tr><th>优秀</th><th>良好</th><th>加油</th><th>优秀</th><th>良好</th><th>加油</th><th>优秀</th><th>良好</th><th>加油</th></tr>
<tr><td>1.能积极参加方案设计。</td><td></td><td></td><td></td><td></td><td></td><td></td><td></td><td></td><td></td></tr>
<tr><td>2.能主动表达想法，提出有价值的建议。</td><td></td><td></td><td></td><td></td><td></td><td></td><td></td><td></td><td></td></tr>
<tr><td>3.学会利用各种资源（如上网查询、实地调查）。</td><td></td><td></td><td></td><td></td><td></td><td></td><td></td><td></td><td></td></tr>
<tr><td>4.能与他人顺畅沟通，认真倾听他人观点。</td><td></td><td></td><td></td><td></td><td></td><td></td><td></td><td></td><td></td></tr>
<tr><td>5.安全意识强。</td><td></td><td></td><td></td><td></td><td></td><td></td><td></td><td></td><td></td></tr>
<tr><td>6.能够积极完成购物体验。</td><td></td><td></td><td></td><td></td><td></td><td></td><td></td><td></td><td></td></tr>
<tr><td>7.能积极完成职业体验，为他人服务。</td><td></td><td></td><td></td><td></td><td></td><td></td><td></td><td></td><td></td></tr>
<tr><td>8.能体会线下线上超市优势，合理选择购物。</td><td></td><td></td><td></td><td></td><td></td><td></td><td></td><td></td><td></td></tr>
<tr><td>9.能对未来超市提出见解。</td><td></td><td></td><td></td><td></td><td></td><td></td><td></td><td></td><td></td></tr>
</table>

【案例】"超市"课程之"一只土豆的旅行"

一、活动目的

1.认识不一样的土豆，能正确识别可食用的土豆。

2.合作探究怎样让土豆实现最大价值。

续表

课程主题	超市
课程实施流程	3.学做薯片，体会劳动创造价值。 二、活动过程 1.通过资料介绍，了解土豆的秘密。 2.走进超市观察土豆，从颜色、大小等多方面了解土豆，知道土豆品种丰富。 3.结合图片资料，议一议：发芽的土豆能食用吗？ 4.小组合作：怎样让土豆实现最大价值？ 5.做一做：和家人一起学做薯片，可以用视频、照片记录劳动的过程。 6.分享自己的劳动过程。
学科走进社会生活的意义	懂得计划、学会思考、懂得选择、有规则意识等都是社会生活所需要的。活动中，学生把学到的知识运用到实践的生活场景中。运用查阅资料、问卷调查、拟定计划等学科知识技能，认识生活、了解生活、服务生活等，在活动中提升了社会实践能力。

2. "轨道交通"课程

课程主题	轨道交通
温馨提示	1.了解重庆轨道交通路线。 2.合理规划出行路线，通过"知识问答""小导游"等项目提高社会生活技能。 3.通过调查访谈轨道交通的前世今生、设计轨道交通旅游路线及攻略、书写轨道交通文明倡议书、进行轨道交通主题设计等活动，提升学生创造能力、审美能力、思辨能力等核心能力。
课程实施流程	1.重庆轨道交通的前世今生。(1)开展调查访谈。收集轨道交通相关的知识，如轨道交通历史、发展、线路、标识等。学习制作PPT或Word文档，养成资料整理意识；(2)分享交流；(3)实地调研轨道交通站，与工作人员沟通，了解轨道交通沿线民俗与风情、主体文化；(4)走近轨道交通。参观轨道交通制造厂、运营公司、建设现场，探索轨道交通背后的故事；(5)知识抢答。 2.动感轨道交通。(1)设计"重庆不得不来"轨道交通旅游路线，选择最优路线；(2)自制攻略体验，从时间、路线、生活等方面做好行程规划；(3)撰写旅行游记，全方位观察和体验轨道交通旅行，创新记录方式，图文并茂地留下独家记忆。 3.轨道交通文明。写一份轨道交通文明倡议书。 4.我是轨道交通设计师。(1)设计乘车卡(版画、设计图)；(2)3D打印，设计未来轨道交通车厢。

续表

课程主题	轨道交通
跨学科在生活中的意义	板块一所涉及的跨学科实施：开展调查访谈，需用到语文高段阅读能力和书面表达能力；了解轨道交通发展历史，需用到历史知识；学习轨道交通运行和制造原理，需用到科学知识；收集资料，需用到信息加工和处理、五年级信息技术知识；了解轨道交通数控原理，需用到工程知识。 板块二所涉及的跨学科实施：设计旅游路线和撰写游记，需用到语文中段作文书面表达能力；绘制平面地图，需用到数学三年级绘制方位图和六年级比例尺知识；运用电子工具，需用到三年级信息技术、工程知识；培养设计能力、制图能力，需用到美术知识。 板块三所涉及的跨学科实施：书写倡议书和建议书，需用到语文高段作文能力；对信息进行加工和处理，需用到五年级信息技术；了解轨道交通构造及改进，需用到工程技术知识；促进轨道交通文明，提升轨道交通乘客的道德意识和公民素质，需用到二、三年级道德与法治知识。 板块四所涉及的跨学科实施：开展轨道交通设计，需用到语文的书面表达和口头表达以及数学知识；设计中考虑现有条件和制约因素，需用到工程技术知识；设计乘车票，设计轨道交通车厢，畅想未来轨道交通，需用到六年级美术知识；自主创作轨道交通音乐、轨道交通情景剧，需用到六年级音乐知识。
课程实施反馈	唐子理家长：这对培养孩子的创造性思维是很好的示范，可以增强孩子的动手能力。让孩子接触生活，更了解生活，从生活中寻找，而不是死读课本。课程改变了孩子的学习习惯，变被动学习为主动学习；增强孩子的好奇心，扩大想象力，更激发了孩子的学习兴趣。让孩子学习无压力，完全是在放松的状态下学习，是在玩中学习，不会感到枯燥和厌烦，让孩子在玩的过程中学习到了知识点。 何坤家长：课程在内容上填补课本上没涉及的内容，开拓了学生的视野，增加了动手动脑的能力，教会了一些社会生存能力。课程在效果上让孩子思路更清晰、心情更愉悦、学习兴趣更浓、学习自信心更足。课程让孩子在探索未知中，增进了对未知世界的探索热情，更加热爱重庆，热爱国家。 杨浩淇家长：最初看到这些课程，我对孩子的能力提出怀疑，写PPT，作报告、查资料，这些不是成人才会的吗？但是随着课程的深入，我才知道孩子的潜力是无限的。不论是上网查资料，还是相互辩论或者收集历史，孩子的动手能力得到提高，口才和胆量也大不一样了，而这些知识的获得又进一步激发了他们探索未知世界的兴趣。

3. "走进快递"课程

课程主题	走进快递
温馨提示	1. 了解快递流通中个人信息的重要性，有个人信息安全保护意识。 2. 在实践中学习安全快递、环保快递、智能快递。 3. 通过调查研究快递中的信息安全、快递的优化设计等活动，发展学生的实践创新意识和审美意识，提高创意实现能力。
课程实施流程	1. 快递的物流变迁。资料收集与整理，了解物流变迁史。 2. 快递中的现代科技。（1）观察快递包装袋，了解数字编码、二维码的作用；（2）走进快递站，了解无人仓（智能化机器人）的管理形式。 3. 快递背后的消费观。体验从线下购物到线上购物，有目的、有计划、理性消费观。 4. 快递中的信息安全。开展"我是小小调查员"行动，调查了解周围人是如何处理快递包装袋、如何保护自己的个人信息，了解个人信息泄露带来的安全隐患，并形成调查报告。 5. 快递的优化设计。（1）外包装设计与制作，从外观到材料多角度考虑，实现快递包装的节能环保、安全性等；（2）快递路线最优化；（3）智能化快递（机器人、无人机）。
学科走进社会生活的意义	一是有价值体认，调查研究快递的起源和历史，感受中国悠久的物流历史和现代物流的发达，获得文化自信和民族自豪感。二是有责任担当，正确认识各种网购现象，理性消费，增强个人信息安全保护意识，初步养成自理能力。三是有问题解决的能力，对快递背后物流变迁的研究，培养学生独立思考、信息加工、逻辑推理、语言表达和文字写作素养，养成终身学习的意识和能力。四是能创意物化，学会运用常见、简单的数学、信息技术等多学科知识，解决实际问题，服务于学习与生活。结合智能化快递规划最优化快递路线，培养学生的实践创新意识和审美意识，提高创意实现能力。

4. "探索钱币"课程

课程主题	探索钱币
温馨提示	1. 了解钱币的变迁，能辨别钱币的真伪。 2. 在实际运用中了解钱的价值，体验钱的来之不易，能合理用钱。

续表

课程主题	探索钱币
课程实施流程	1. "钱"的变迁。（1）通过上网查询资料，了解货币的起源和发展历程；（2）认识不同国家的货币、货币文化；（3）货币兑换，了解货币政策及其影响，知道不同货币的汇率；（4）拓展，研究如何用100元人民币从3种不同货币的汇率差中进行创收。 2. "钱"的价值。（1）了解真实价值，了解在不同时期10元钱的购买力，统计、分析数据；（2）了解社会价值，在"十元钱，千分爱"教育活动中践行"钱"的意义；（3）拓展，钱币的收藏价值。 3. "钱"与科技。（1）了解各套人民币的防伪技术（雕刻凹版印刷、接线技术、条形码防伪技术、对印印刷技术、微缩文字、安全线），感受防伪技术的演变与当代科技的联系；（2）从"为什么要防伪"出发，开展钱与道德的相关话题讨论，了解货币的相关法律常识；（3）开展主题辩论会。 4. "钱"为我用。（1）体验"钱"的来之不易（如卖报纸、做小买卖等），并用图片、视频、文字的方式记录自己的体验过程和感受；（2）了解家庭的收支情况，以"本月我当家""零花钱银行"等活动，用不同的记账方式规划管理家里的钱和零花钱；（3）"我来挑战"。用固定的钱买限定的物品，搭建规定的结构（社区标志建筑），最后需满足用钱少、立意高、有创意、设计美观的要求。
学科走进社会生活的意义	在生活中认识钱币后再使用钱币，是对学生社会性能力的培养，也锻炼了学生的观察和辨别能力。引导学生合理花钱，养成节约的好习惯。在活动中对学生进行爱国主义教育，培养文化强国意识，增强文化自信。用科学辨别钱币的真伪，拒绝持有和使用假币，增强法律意识，提升学生的社会责任感。

5. "网络世界"课程

课程主题	网络世界
温馨提示	1. 了解网络与生活的关联，做到安全上网。 2. 在合作探讨中深刻认识网络的利与弊，远离网络犯罪。

续表

课程主题	网络世界

课程实施流程	

思维导图内容：

网络世界

- 做什么？ 让网络更好地服务于我们的生活
- 为什么做？
  - 1.全国人民代表大会常务委员会《中华人民共和国网络安全法》、习近平就互联网问题发表的重要论述
  - 2.《中小学综合实践活动课程指导纲要》
  - 3.学生的兴趣与现实发展需要
    - 网络给生活带来了哪些变化？
    - 学生面临怎样的网络安全问题？
    - 学生如何做到遵守网络秩序，文明上网？
    - 未来的网络会发展成什么样？
- 如何做？
  - 网络与生活
    - 活动一：网络的发展进程
    - 活动二：网络给生活带来的变化
    - 活动三：网络对学习的影响
  - 网络与安全
    - 活动一：网络存在的安全隐患
    - 活动二：互联网犯罪
    - 活动三：畅想未来网络安全保护
  - 网络与交往
    - 活动一：制作班级网络公约
    - 活动二：教育戏剧"对网络暴力说不"
    - 活动三：开展"网络利与弊"辩论会
  - 网络与未来
    - 活动一：想象没有网络的世界
    - 活动二：网络未来的发展
- 做得如何？
  - 展示：过程性资料+课程展示日（教育戏剧、小品、辩论赛、创意展等）
  - 评价：多元评价+抽测

学科走进社会生活的意义	引导学生运用思维导图更全面、更清晰地了解网络知识；通过辩论加强对网络的认知，培养学生独立思考、观点提炼、信息加工、逻辑推理、语言表达能力，养成终身学习的意识；通过调查网络发展进程、网络给生活带来的变化，深化学生在生活中学科学、爱科学和积极探索、勇于创新的意识。

6."初探世界文化"课程

课程主题	初探世界文化
温馨提示	1.对比研究"世界地理、世界名人、世界建筑、世界风情"等文化差异。 2.通过手绘地图、角色扮演、建筑鉴赏、风情体验等活动了解文化多样性和差异性，增强民族自信、文化自信。

续表

课程主题	初探世界文化
课程实施流程	1. 世界地理——当丝绸之路遇上一带一路; 2. 世界名人——当李白遇上莎士比亚; 3. 世界建筑——当长城遇上金字塔; 4. 世界风情——当茶遇上咖啡。具体如下: 世界文化 **做什么?** 了解世界文化的多样性 **为什么做?** 1.符合联合国教科文组织总部的倡导 2.《中小学综合实践活动课程指导纲要》 3.学生现实发展的需要 **如何做?** 世界地理 活动一:自主探索世界地理的知识 活动二:中国古人探索世界之"丝绸之路" 活动三:现代人探索世界之"一带一路" 世界名人 活动一:讨论李白遇上莎士比亚的开场白 活动二:世界名人扮演秀 活动三:书信活动 世界建筑 活动一:对比长城和金字塔 活动二:建筑中的数学、科学、工程等问题 活动三:引导学生欣赏建筑的美 世界风情 活动一:讨论茶和咖啡文化 活动二:辩论传统节日与洋节 活动三:世界风情班级展示 **做得如何?** 展示:过程性资料+课程展示日(名人扮演秀、建筑制作展、"世界之窗"文化墙、自由行攻略策划等) 评价:多元评价+抽测
学科走进社会生活的意义	由于信息技术飞速发展,人们居住的世界越来越小,不同文化背景的人交流越来越多,引导学生通过学科所学去了解不同文化差异,提高文化适应性,具有十分重要的意义。运用语文学科的收集整理资料、美术学科的图形绘制等了解世界文化的多样性和差异性,养成开放、包容的心态,增强文化自信。

　　生活深度融合学科的课程实践面向学生真实的个体生活和社会生活,鼓励学生在对家、校园、社区、世界的探索中获得丰富的实践经验,逐步提升对自我、社会、自然的内在联系的整体认识。鼓励学生围绕日常生活开展力所能及的服务活动,发现并提出自己感兴趣的问题,通过动手操作实践,初步掌握手工设计与制作的基本技能,逐步具备价值体认、责任担当、问题解决、创意物化等意识和能力,

初步养成自理能力、自立精神、热爱生活的态度，积极参与学校、家庭和社区生活。这样的课程，让儿童自然生长，获得成长，他们由此感叹："我们是在玩中学""课程让我们更加了解社会""我对每次课程非常期待""校园让我有了一个美好而温暖的记忆"。家长则感谢："课程提高了孩子自主学习的乐趣""知识是容易学到的，人的态度是不容易学到的""课程让孩子学习了与他人相处的能力，团队合作能力""课程提高了孩子的责任担当，孩子更有文化自信，更加热爱家乡，热爱祖国"。

第四章　学科与生活双向融合育人的方式创新

课程是施工蓝图，教学是施工过程；课程是球赛方案，教学是比赛过程；课程是乐队演奏的乐谱，教学是演奏本身。在构建学科与生活融合育人的课程体系后，必然需要与之相对应的教与学的方式来实现融合育人的目标。在融合育人的过程中，学科与生活如何融合，如何让生活走进学科，从而帮助学生更好地理解学科本质；如何让学科走向生活，从而帮助学生更好地感受生活意义，这些都需要我们在教育教学中进行探索与实践。基于学校多年的教学创新实践，我们尝试创建了三个学科与生活双向深度融合的育人方式，即"学思践悟"多阶递进教学方式、项目式学习方式和自主参与实践方式，以确保学科与生活双向深度融合落地落实。

第一节　多阶递进：培养联系生活的思维习惯

学科与生活双向深度融合育人的"学思践悟"多阶递进教学方式（图1），是解决教学重"教"、轻"学"、少"思"、少"践"、少"悟"等现象，让学生在学科与生活的联通中，促进对学科概念、符号体系、学科原理的理解，培养学生联系生活的思维习惯。

一、多阶递进教学方式内容解读

（一）多阶递进教学方式结构

多阶递进教学方式是指在教学中围绕学科教学的总目标，通过学、思、践、悟四个基本的教学环节，形成以中心轴为引领，逐层发展递进的教学结构样态。多阶指教学情境的创设、学科知识的学习与理解、运用学科知识解决实际问题和感悟学科价值的每一个教学阶段都与生活深度融合，涵盖了学生学习从感知到理解到运用的全过程。递进指"学思践悟"教学方式，以真实世界的真实问题为基础创设情境，沿着"发现问题、分析问题、解决问题"的教学路径，逐步前行；在发现知识和收获技能的同时，积淀一些超越具体知识、具体技能，更具一般性的想法和体验，这些想法和体验经过持续积累和体验就会逐渐形成学科核心素养。每个教学环节都有指向教学总目标的教学分目标，都有与达成这个分目标相匹配的教学方式（图1）。

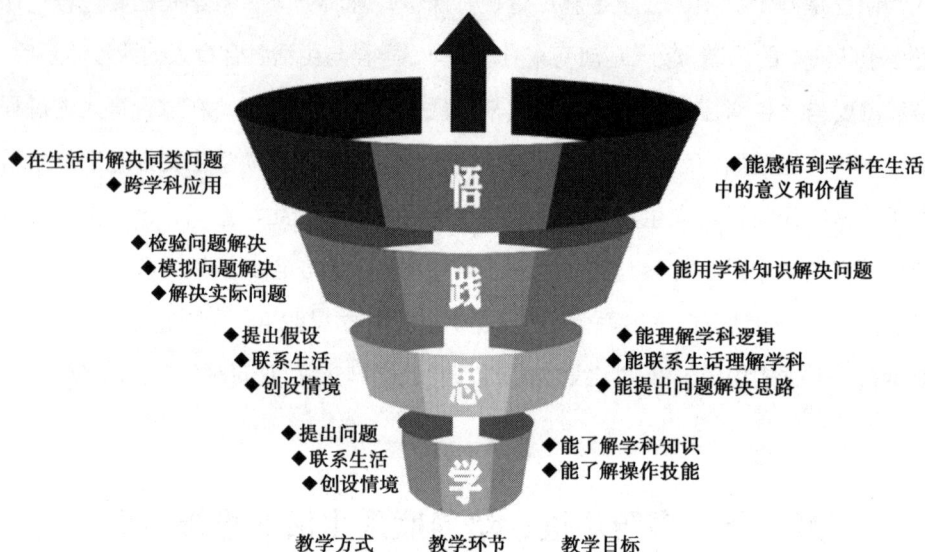

◆在生活中解决同类问题　　　　　　　◆能感悟到学科在生活
　◆跨学科应用　　　　　　　　　　　　中的意义和价值

　◆检验问题解决
　◆模拟问题解决　　　　　　　　　　◆能用学科知识解决问题
　◆解决实际问题

　◆提出假设　　　　　　　　　　◆能理解学科逻辑
　◆联系生活　　　　　　　　　　◆能联系生活理解学科
　◆创设情境　　　　　　　　　　◆能提出问题解决思路

　◆提出问题　　　　　　　　◆能了解学科知识
　◆联系生活　　　　　　　　◆能了解操作技能
　◆创设情境

教学方式　　　教学环节　　　教学目标

图1　学科与生活双向深度融合育人"学思践悟"教学方式

在"学"环节，教学目标是了解学科知识、操作技能，教学方式是提出问题、联系生活、创设情境。在"思"环节，教学目标是理解学科逻辑、联系生活理解学科、提出问题解决思路，教学方式是提出假设、联系生活、创设情境。在"践"环节，教学目标是用学科逻辑解决生活问题，教学方式是检验问题解决、模拟问题解决、解决实际问题。在"悟"环节，教学目标是领悟学科在生活中的意义和价值，教学方式是在生活中解决同类问题，实现跨学科运用。

（二）多阶递进教学方式特点

1. 学科与生活双向深度融合

多阶递进教学方式的每个环节的教学分目标和教学方式都体现了学科与生活的双向深度融合。一方面，让学生结合生活实际和生活经验来加深对学科知识的学习与理解；另一方面，让学生在真实生活中运用学科知识，感受学科的价值，体现学以致用。以《自行车里的数学》为例（图2），让学生观察真实的自行车的前后齿轮齿数之间的关系，提高对反比例知识的理解，学生在体验了不同齿数比的作用后，能根据不同路况调整自行车的齿数比，感受数学知识改善生活。

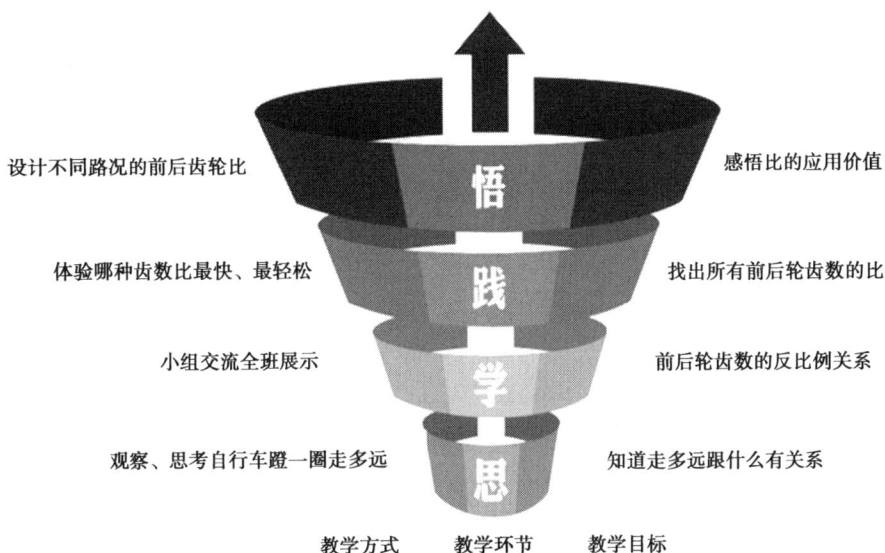

图2 "学-思-践-悟"运用——人教版六年级下册《自行车里的数学》（谭晓泉设计）

2. 实施方式灵活多变、螺旋上升

"学思践悟"多阶递进教学方式的四个基本环节，并不是固定不变的。各学科老师可以根据学科、课型、学生及自身风格特点，选择学生最容易接受的、教师最擅长的、最符合学科特点的环节作为起点，进行灵活"变形"，可以从任何环节切入，也可根据需要增加环节，低起点导入，逐步从简单到复杂，从低阶到高阶，螺旋上升。在实际教学中，多阶递进教学方式可以变形为：思学悟践、思践学（再）践悟、践学思（再）学悟（再）践等体现多阶递进的灵活组合。例如，同一学科，吴晓容老师执教的部编版语文六年级上《桥》的教学方式是"践、学、思、践、悟"，刘睿老师执教的部编版语文三年级上《中国传统文化展板制作》的教学方式则是"思、学、践、思、践、悟"。同样是人教版数学五年级上《长方体的表面积》，吴星柳老师的教学方式是"思、践、思、学、践、悟"，谭晓泉老师的方式则是"践、思、学、悟、践、悟"。

二、多阶递进教学方式实践案例

我们利用"学思践悟"多阶递进教学方式在各学科课堂教学中进行实践与探索，对培养学生联系生活进行学习的思维习惯起到了积极作用，突出了教学的针对性和实效性。

1.数学教学实践案例：人教版小学数学五年级下册《单式折线统计图》

课题	人教版小学数学五年级下册《单式折线统计图》
达成目标	1.结合生活中的气温变化认识折线统计图，了解折线统计图的特点，结合生活实际理解折线统计图的点和线的作用，初步了解绘制统计图的过程。 2.根据折线统计图的特点，根据数据的变化，学会结合生活实际合理预测问题的结果或趋势，体会折线统计图在生活中的作用，养成结合生活实际来分析问题及合理预测的思维习惯。
环节 （流程）	1.创设生活情境，让生活走进学科。学生从自己生活的城市的气温特点出发，探究一春四季的原因从而产生统计愿望。 2."学"。指导学生联系重庆市江北区的一周气温学习折线统计图。 3."思"。引导学生思考问题"折线统计图是如何表示气温的增加和减少的"。通过"由点到线"设疑，指导学生从"线的走向不同"表示"数量增加或减少""线的长度倾斜度不同"表示"增减变化的幅度"两方面去观察发现，然后交流。结合学生的生活经验丰富学生对折线统计图特点的理解，实现学生对数据的分析预测。 4."践"。向生活中延展，请学生说出自己见过的折线统计图。以体温变化折线统计图为例进行数据分析，使学生进一步理解和体会折线统计图的特点和作用。 5."悟"。重点是让学生利用折线统计图解决生活中的实际问题。在预测分析数据时，引导学生结合生活实际，结合龟兔赛跑童话故事，指导学生领悟到统计图比文字更加直观、形象和准确。童话和数学的结合，实现跨学科学习，使数学学习变得更生动、有趣而富有成效。
多阶递进策略	1.多阶递进形态：学、思、践、悟。 2.生活资源开发。（1）学生生活的区域一周的气温变化统计表和统计图；（2）学生每年体检的身高体重数据。 3.思维习惯培养。（1）联系生活思考问题，掌握折线统计图的特点；（2）运用学科知识来看待生活中的现象，合理分析数据，做出合理预测。

续表

课题	人教版小学数学五年级下册《单式折线统计图》
专家点评	本节课最大的特点在于注重生活与数学的联系。数学教学必须由书本数学走向生活数学，对教材进行必要的加工和整理，选择与学生现实生活密切相关的情境和问题，把鲜活的题材引入教学中，赋予教材新的内涵。依据学生的实际情况设计教学过程，根据重庆春季气温变化无常的特点，让学生从数学角度用统计图说明一春四季的特点。学生的兴趣和积极性一下子就被调动起来，激发了学生主动探究的欲望。让学生在具有相应体验的情境中运用所学的知识。在此基础上，教师组织学生通过对比、感知、辨析明显上升与略有上升等的区别。看似不经意的辨析，却能让学生在观察中增强比较效果，不知不觉中感受到了折线的起伏变化可以体现不同的数量变化，并进一步掌握了折线统计图的特点、提升了活动经验。学习活动的每一个环节都与生活紧密相关，不管是预测同学的身高还是病人的体温变化，到最后利用折线统计图来编故事。这让学生对折线统计图的认识在讲故事中逐步加深，让学生感受到原来生活中的许多事情都可以借助折线统计图来体现，培养了学生的用图意识。 　　——重庆市教育科学研究院初教所原所长　李光树

2. 语文教学实践案例：统编版教材六年级上册四单元《桥》

课题	统编版教材六年级上册四单元《桥》
达成目标	1.通过关注小说环境、情节以及题目的含义，深入了解老汉人物形象，感受老汉展现的爱与责任。 　　2.联系学科学习，通过创意表达，完善人物名片，拓展思维。
环节（流程）	1."践"。创设任务情境，导入新课。创设生活大任务。本单元教学大任务是读小说，做人物名片，针对学生在上课前首次制作人物名片存在词语不丰富的情况，引出"完善老汉名片"的大任务。 　　2."学"。本环节重点第一次完善人物名片制作。通过关注绘制情节波动图这一学习活动，指导第一次动笔完善人物名片。 　　3."思"。通过标出"老汉选择"艰难指数这一学习活动，指导第二次动笔完善人物名片。 　　4."践"。通过关联生活，进一步升华老汉形象，指导第三次动笔完善人物名片，由此完成本节课学习任务。 　　5."悟"。结合并拓展《穷人》《金色的鱼钩》的人物，引导学生将本节课学到的方法运用到单元大任务中去。

续表

课题	统编版教材六年级上册四单元《桥》
多阶递进策略	1.多阶递进形态：践、学、思、践、悟。 2.生活资源开发。（1）鲁迅《朝花夕拾》有关小说创作的见解；（2）设计人物名片的大任务；（3）学生熟悉的感动中国人物视频。 3.思维习惯培养。（1）通过重组单元内容、结构、方式，创设生活大情境，以螺旋进阶方式落实"设计名片"的任务，促使学生经历问题解决全过程，最终产出高质量的学习成果，指向高阶思维培养；（2）布置大任务，设计优质高效的课后拓展作业，进一步推动学生知识或者思维到达新阶段，激发学生旺盛的求知欲和不竭的探求心。
专家点评	这节课有两个改变：一是改变单篇教学方式。学生基于学生的预学，扫清了整个单元的生字词障碍，并通过梳理三篇小说的故事情节，读懂了课文内容。课后，学生也根据自己对小说人物的初印象，分别制作了人物名片。所以，单篇教学不再是零起点的线性教学，而是单元统整下的单篇教学。二是从知识性学习转向能力的培养。传统教学，大多数执教者都会基于小说特点，重点教环境、情节设置悬念的作用。而在任务群下，基于前面的主任务，这节课提出了深入了解老汉人物形象，完善人物名片这一主问题并贯穿整节课的教学，环境、情节这些知识都是解决问题、完成任务的工具。 ——西南大学教师教育学院教授博士生导师　荣维东

3.语文教学实践案例：《中国传统文化展板制作——四大发明》

课题	《中国传统文化展板制作——四大发明》
达成目标	1.通过创设阅读任务，开展探究、梳理活动，在真实任务中锻炼分析问题的能力。 2.通过文本阅读，学习运用表格、流程图、关键词、思维导图等形式提取、归纳和整合文本信息。 3.通过分析问题，培养运用多学科解决问题的思维方式，解决生活中真实问题。
环节（流程）	1.思。创设任务，引导学生基于任务提出如何办好展板的问题，观察展板，分析问题，思考办好展板该注意什么。 2.学。根据课文内容，学习确定展板内容的方法和要素。 3.践。阅读材料，分析展板可以分为几块展板，用关键词归纳展板内容。 4.思。回顾课堂情境，思考板块内容呈现的形式。 5.践。小组合作，用表格、思维导图、时间轴等多种方式设计展板。 6.悟。综合多学科，提供展板评价标准。

续表

课题	《中国传统文化展板制作——四大发明》
多阶递进策略	1. 多阶递进形态：思、学、践、思、践、悟。 2. 生活资源开发。（1）生活中常见的各种展板；（2）《纸的发明》相关文本；（3）表格、思维导图、时间轴、流程图等常用的思维工具。 3. 思维习惯培养。（1）通过创设"办展板"的生活情境，引发学生对制作"展板"的质疑，促使学生在生活中发现问题；（2）将美术老师引入课堂，提供美术学科资料，引导学生综合运用多种方式解决问题；（3）提供清晰而细致的跨学科评价标准，培养学生跨学科学习思维。
专家点评	这堂课属于跨学科学习任务群，是这次义务教育新增的内容。本堂课的教学设计，首先紧扣课程标准，围绕学科特点，设计学习任务群，语文的跨学科学习应该立足于语文学科学习特点，以任务群为引领。我感受最深的是关于学生的学习活动评价标准的设计。这个评价标准有五条，把过去的听、说、读、写等单项技能训练标准整合在一个大的任务驱动下，这非常好地体现了新课标的理念。 ——西南大学教师教育学院教授博士生导师　荣维东

4. 综合实践案例：《探秘李子坝轨道交通站》

课题	《探秘李子坝轨道交通站》
达成目标	1. 通过模拟一名工程师的职业体验过程，了解家乡的特色轨道交通站——李子坝轨道交通站。 2. 能根据生活实际，提出修建穿楼而过的轨道交通站特别需要解决的问题，在交流中分析问题，提出解决问题的方案，对方案进行可行性论证。 3. 通过小组学习、讨论，学会对信息进行提取和梳理，尝试通过已有信息寻找解决问题的方法。 4. 通过探究，体验工程师的思维过程，学会查询资料、访问专家、搭建模型的方法解决工程问题。 5. 通过了解李子坝轨道交通站修建过程，学会用辩证的角度看待问题，树立不畏困难、勇于创新的科学精神。同时，通过了解家乡的发展过程，培养学生热爱家乡、热爱祖国之情。

续表

课题	《探秘李子坝轨道交通站》
环节 （流程）	1. "思"。创设"向游客推荐最具特色的轨道交通站"这一真实生活情境，引发思考"对李子坝轨道交通站有哪些想要了解的"这一问题。 2. "践"。通过实践体验工程师的初始过程，探索分析李子坝轨道交通站设计的最佳方案。学生根据资源包的学习，获取信息，并整理和分析，选择出最佳设计方案。 3. "思"。通过结合李子坝轨道交通站地理位置这一生活实际，引发学生思考"修建穿楼而过的轨道交通站特别要考虑的问题是什么？如何解决？"这一问题。学生通过资源包的学习，分析噪音问题，思考解决问题的方法，提出可行方案。 4. "践"。通过小组分工，实践操作模型的搭建，探索解决减少震动这一问题的方法。通过对比，了解站桥分离的工程结构可以减小轨道交通行驶时对楼里居民的振动影响，也保证了楼和站的相对安全性，也会在一定程度上降低噪声。 5. "学"。回顾这节课的学习过程，学习本节课的探索方法。通过交流，学生梳理出本节课在探究过程中，有查询、询问、实践操作等方法。 6. "悟"。通过展示李子坝轨道交通站的发展，学生领悟探究"李子坝轨道交通站带来哪些好处"的方法，并能将所学方法运用到生活中，去探索更多关于轨道交通站的秘密。
多阶递进策略	1. 多阶递进形态：思、践、思、践、学、悟。 2. 生活资源开发。（1）重庆轨道交通合集视频；（2）李子坝轨道交通站地形图、轨道交通模型和附近居民楼模型。 3. 思维习惯培养。（1）联系当地生活实际思考"李子坝轨道交通穿楼"面临的噪声、震动等真实问题，培养学生根据信息寻找问题解决方法的能力；（2）学生动手搭建模型，引入轨道交通站设计师叶天义用站桥分离方案解决安全问题的讲解，培养学生工程思维；（3）提出"李子坝轨道交通站发展为当地人们的生活带来哪些好处？"这一问题，引导学生思考解决问题的方法，发展辩证思维，培养探究精神。
专家点评	综合实践活动课程强调学生亲身经历各项活动，在"动手做""实验""探究""设计""创作""反思"的过程中进行"体验""体悟""体认"，在学生全身心参与的活动中，发现、分析和解决问题，体验和感受生活，培养实践创新能力。在这节课的教学过程中，教师能从真实生活中的真实问题出发，从学生内驱力出发，尊重学生认知发展规律，将"教过"变成"学会"，训练了思维能力，提升了核心素养。 　　　　　　——杭州师范大学教育科学研究院院长、教授、博士生导师　张华

5.数学对比案例：人教版小学数学五年级下册《设计收纳箱——长方体的表面积》

课题	人教版小学数学五年级下册《设计收纳箱——长方体的表面积》：吴星柳设计
达成目标	1.理解表面积的概念，掌握长方体表面积的计算方法。 3.会根据实际情况解决生活中有关长方体表面积的实际问题。 3.培养观察分析、归纳和语言表达能力，感受数学与生活的联系。
环节（流程）	1."思"。根据生活问题"用一块布料包装收纳箱"，引发学生思考"问题解决的要素"。引导学生结合生活经验展开讨论，从数学角度分析，问题解决的关键要素是要知道收纳箱每个面的面积，从而推出要找长方体的长、宽、高。 2."践"。通过小组合作，动手实践设计裁剪方案。完成设计方案这一任务的过程中，经历分析、判断、评估、提问、争议、证明等一系列深度学习的过程。由于学生思考角度不同，会选择不同的裁剪方法，即会用不同的方法进行计算。 3."学"。通过实际裁剪的布料和表面积的比较，学习计算长方体表面积的方法 4."践"。通过呈现生活中不同类型的实际问题，确定要纳入计算面积的面是哪些。通过交流，形成解决这一类问题的基本思路与方法：一种是把需要算的面的面积相加，另一种是总面积减去不需要算的面的面积。 5."悟"。通过总结梳理本次问题解决所经历的步骤，领悟到提出问题、分析问题、设计方案等解决问题的方法，鼓励学生在生活中用这样的方法去解决类似的问题。
多阶递进策略	1.多阶递进形态：思、践、学、践、悟。 2.生活资源开发。（1）生活中杂乱的房间、书桌面、衣柜场景；（2）利用收纳箱收纳杂物的视频；（3）生活中工具箱表面涂油漆、制作铁皮通风管、游泳池四周和底面贴瓷砖、粉刷教室墙面等真实生活中的数学问题。 3.思维习惯培养。（1）基于生活情境提出设计收纳箱的问题，引导学生分析"用一块布包装收纳箱需要考虑哪些要素"，培养学生发现并分析问题的能力；（2）呈现生活中工具箱表面涂油漆、制作铁皮通风管、游泳池四周和底面贴瓷砖、粉刷教室墙面等不同类型的实际问题，培养学生变式思维，发展迁移拓展能力；（3）通过回顾设计收纳箱的过程，归纳和完善工程问题解决的步骤，培养学生的模型意识。

续表

课题	人教版小学数学五年级下册《设计收纳箱——长方体的表面积》：吴星柳设计
专家点评	培养"整体的人"，而不是将学科知识简单叠加，这要求老师有整合思维，打破学科界限，将数学学科与其他学科融合。本堂课巧妙利用工程问题的解决步骤来设计收纳箱，从生活中发现问题、提出问题，利用生活经验解决问题，自主研究数学知识。这种教学方式的改变，思考如何进行具有真实情境的问题设计，从而实现与核心素养的有效对接，值得老师们去尝试。 　　——杭州师范大学教育科学研究院院长、教授、博士生导师　张华

课题	人教版小学数学五年级下册《长方体表面积》：谭晓泉设计
达成目标	1.结合具体实物，学生理解长方体和正方体的表面积意义，初步学会长方体和正方体面积的计算方法。 　　2.能根据现实情境和信息，通过动手操作、小组合作、观察思考等解决问题的方法，去探求、经历、感受长方体和正方体的表面积概念和计算方法，培养学生的探求意识和探求能力。 　　3.在解决真实问题过程中感受到数学与生活的密切联系，培养学生的数学应用意识，并在探究过程中获得积极的数学情感体验。
环节（流程）	1."践"。通过让学生动手制作长方体唤起学生观察、探究、发现数学规律的欲望，为学生学习新知识作了铺垫，使学生顺利进入下个环节的学习。 　　2."思"。通过思考究竟什么是长方体和正方体的表面积，结合对长方体和正方体展开后图形的观察，理解表面积的概念。 　　3."学"。让学生运用自己的长方体纸盒，通过讨论、测量、计算等方法，解决实际问题。学生不仅自己主动经历表面积的计算过程，感受到了表面积的意义，而且也使自己探索到解决问题的方法，加深了学生对知识的理解，培养了学生的创新能力。 　　4."悟"。通过结合生活实际感悟表面积不一定就是六个面的面积之和。需要结合生活实际来思考到底需要算几个面的面积和，感受数学与生活的密切联系，体会到生活中处处有数学，还原数学的本来面目。
多阶递进策略	1.多阶递进形态：践、思、学、悟。 　　2.生活资源开发。（1）常见长方体和正方体药盒、香皂包装盒，长方形和正方形纸板等；（2）生活中杂乱的房间、书桌面、衣柜场景；（3）生活中工人师傅加工药盒、粉刷教室墙面等真实的数学问题。

续表

课题	人教版小学数学五年级下册《长方体表面积》：谭晓泉设计
多阶递进策略	3.思维习惯培养。（1）引导学生调动多感官认识，理解表面积概念，培养学生运用看一看、指一指、摸一摸、说一说等不同方式分析问题的能力；（2）由解决一般的长方体表面积到特殊的正方体表面积，培养学生演绎推理意识，发展求新、设疑、迁移的学习能力；（3）积极创设工人师傅加工药盒、粉刷教室墙面等真实问题情境，开发学生发散性思维和创造性实践能力。
专家点评	本节课从生活实际引入，还原数学的本来面目，符合课程标准的要求。课堂根据题目设问，既能达到以问促学的目的，又激发了学生的求知欲。通过亲自剪开、展开的实物课件及动手操作剪一剪、标一标、贴一贴的实物模型，让学生真正动眼、动手、动脑参与获取知识的过程。在看一看中充分感知，建立表象，在动手操作中展开思维，发现并归纳出表面积的含义，进而明确概念。当学生理解表面积的概念后，急于知道长方体表面积的计算方法，如果把求法直接告诉学生或引导学生一步一步推导出表面积的公式，就不利于学生创新思维的发展。因此，教师让学生通过看实物图和平面展开图，想一想、量一量、算一算，大胆猜想，动手测量，探索尝试计算等。学生主动参与了获取知识的过程，还探索到了解决问题的方法，这是一种培养学生创新能力的好方式。 　　　　　　　　　　——重庆市江北区教师进修学院副院长　蔡晓莉

三、多阶递进教学方式价值认识

在多年的实践探索中，我们在各学科中坚持运用多阶递进教学方式进行教学，不断探索、不断收获、不断完善，对多阶递进教学方式的价值意义有了更深刻的认识。

1.多阶递进教学方式是落实学科育人的有效途径

教学改革的目标是实现学科育人。学科育人的落实，要求学科教学在内容选择上、目标设立上以及过程开展中，一定要始终聚焦学生核心素养的落实。多阶递进教学方式正是贯彻落实《义务教育课程方案和课程标准（2022年版）》提出的"加强课程内容与学生经验、社会生活的联系"基本原则，落实学科素养，培养学生联系生活的思维习惯的有效方式。以小学数学的"比"为例，优秀教师往往从"生活中的比"出发（数学眼光），引导学生对"比是什么"展开互动研讨

（数学思维），进而对"比的不同表现形式"进行讨论（数学语言）。如果绕过"与生活有关"直接从"比"的抽象定义开始，那么至少数学眼光就被屏蔽了。虽然"比"的抽象定义作为一个数学知识点仍然很重要，但能否转化为可以让学生终身受用的核心素养，就不一定了。长此以往，数学和生活之间的联系被严重忽略，而这个被忽略的部分，恰恰与教育的宗旨有关。归根结底，对绝大多数学生来说，学习数学是为了今后在生活和职场中用，如果不知道数学与生活的"联系"，那么数学仅仅是纸上谈兵，将沦为单纯的考试工具，学科育人就无法落地生根。

2. 构建多阶递进教学方式是提升教学质量的有效措施

2019年，我们对校内教龄3年内108名新教师（占全校专任教师的33.3%）的问卷调查显示，97.2%的新教师知道要创设情境，但85%的教师不知道如何有效创设生活情境。主要表现在：一是新教师自己平日不太注重自身生活经验的积累。二是新教师无论是从师范学院毕业，还是从其他综合性大学毕业，自身学习经历缺乏与生活的关联，主要是通过传统的、封闭的、单一纯粹的方式学习学科系统知识。三是新教师关注教参、教材，从课本到练习本，倾向于"一针见血、直截了当、开门见山"地直接给予的知识传授方式，或者是"精讲多练"的"题海"方式。至于生活情境、思维过程等，即使教材里有，一般也会视而不见，"跳"过去，直接端出概念、方法和技巧来，带着学生在解题技巧和单纯训练的道路上跑。由于教学上缺少学科与生活的联系，单靠公式和技巧训练出来的学生，没有真正领会学科的内涵和思维，不能在生活中运用知识，或者知识搬不得家，教学效果往往不尽人意。

对学校数十人次的市区赛课一等奖获得者和几十位市区骨干教师的教学设计进行对比分析，结果显示：优秀成熟的教师不仅知道教学要创设生活情境，他们还知道什么时候用什么方法灵活地创设情境。他们往往会根据教材的提示，到真实生活中结合学生和自身的生活经验积累去寻找对应的情境素材，帮助学生利用他们自身的生活经验和已有知识来沟通学科知识之间的联系，从而帮助学生更好地理解学科知识。比如，"昼夜温差"是我们经常听到的一个词。那么这个"差"是数学概念，这个"差"和实际的气温有什么关系？这个"差"是怎么形成的？昼夜温差10 ℃如果出现在夏天和冬天，可能反映一个什么概念？这些都是真实的问题，都能对学生产生真正的吸引力。从教学的角度，这些问题可以作为认识负数、增强数感的切入点，如果放到初中则可以作为理解负数、提高运算能力的切入点。总之，不论是小学还是初中，有许多与温差有关的问题需要通过思考、交流和探索去解决。于是"温差"就成了学生认识真实世界的情境，问题引领的源头，学生合作、交流探索、发现的载体。在这个过程中自然而然地需要计算和解题，但都远远超出为解题而学习的范畴，教学质量不言而喻。又如在学生学习统计图时，教师让三四个学生组成一组，利用课后，到某路口收集某一时刻的交通工具的客流量，然后制成一张统计表。第二天，一张张学生自己收集信息的统计表呈现在教师眼前。更为可贵的是，有一组学生别出心裁，去收集行人、自行车、助力车遵守交通法规与违规的信息。这种通过学生自身活动获取的知识，比从教科书、从他人学来的知识要清楚、深刻得多。

3. 构建多阶递进教学方式是改善学习方式的必然选择

当学科教学呈现给学生的仅是知识的结构，没有发挥生活经验对教与学的促进作用，必然导致学生感到学科学习枯燥无味，对学科知识来自哪里、怎样在生活中应用缺乏关注、缺乏热情，最终在死学知识中学死知识，育人初心无法实现。受应试教育的负面影响，课堂上几乎一切都围绕题型和训练展开，基本插不进别的，或者舍不得花时间干别的，从而导致学生的"学"与生活实践脱节。仅以探究为例，虽然课堂上的探究随处可见，但"虚假"探究的问题也并不少见。短短一节课，有时会安排四五个探究活动，最极端的就是那种"快闪"探究，教师刚布置好探究任务，一分钟不到就要学生汇报展示成果。还有用无关学科本质的"程式化探究"，用一种"包治百病"的固定的探究程式应对所有学科。比如，用不做实验的方法进行科学探究，也就是说用"不科学"的方式学科学，科学学习只顾刷题，结果培养了一批"得高分的科盲"。还有用"不言语"的方式学英语等。新颁布的《义务教育课程方案和课程标准（2022年版）》明确指出，要深化教学改革，强化学科实践，基于真实情境，培养学生综合运用知识解决问题的能力。对此，教师要能准确把握教学内容与生活的联系，联系学生生活经验，挖掘生活中的鲜活素材，创设具有一定真实性和现实意义的教学情境，运用学科的概念、思想和工具，解决真实情境中的真实问题。多阶递进教学方式强调与生活双向深度融合，让生活走进学科来帮助学生理解学科知识，运用学科知识去解决真实生活中的真实问题，实现学科从生活中来、到生活中去。基于生活融合的"学思践悟"多阶递进教学方式正是体现生活中的学科思想，体现了学科中的生活意义。

第二节　项目推进：培养学习即生活的成长能力

一、项目推进育人方式概述

项目式学习，是一个系统化的学习模型，通过解决一个现实生活中复杂的、具有挑战性的问题或完成一项需要实际生活经验且需要深度思考的任务，包括设计、计划、决策、执行、交流结果等，习得知识和可迁移技能，提高高阶思维能力，培养学生的关键品格与核心素养。新颁布的《义务教育课程方案和课程标准（2022年版）》明确指出：推进综合学习，探索大单元教学，开展主题化、项目式学习等综合性教学活动，促进学生举一反三、融会贯通，加强知识间内在关联，促进知识结构化。

学科与生活双向融合育人的教育主张项目式学习更利于引导学生在真实情境中，解决身边发生的真实问题，激发学生的求知欲，促进"学习即生活"落地实施。学校项目式学习主要通过学科、班级、社团、学校等路径，与学生的校园生活、家庭生活和社会生活相联系，达到育人目标。其基本类型有学科项目（含跨学科项目）、班级项目、社团项目、精品项目等。

学科项目是指以学科教材为遵循，开展项目式综合实践活动。通过多年来积累建构，形成了"10+N"（"10"指10个学科，"N"指在10个学科的基础上，可以无限拓展、延伸的学科领域）的学科项目群，为学生成长提供了丰富的平台和资源。如：

玉带山小学学科项目举例

（10+N）学科项目化分类	学科项目典型案例名称	N项拓展
语文	整书阅读大本营项目 我的自编书项目 中国传统文化展项目 汉字王国大探秘项目	

续表

（10+N）学科项目化分类	学科项目典型案例名称	N 项拓展
数学	思维开花——巧算"24 点"项目 思维开花——趣味折纸项目	各学科根据学科知识形成不定期、不定量的项目学习。
英语	绘声绘色绘本阅读	
科学	船舶工程师项目 多功能鞋的设计项目	
心理健康	教育戏剧项目	
劳动	向日葵种植项目	
综合实践	留住盘溪记忆项目	
道德与法治	学习生涯规划项目 我为他人服务项目	
音乐	音乐电子编程项目	
美术	盘溪版画项目	

班级项目是指以班级为单位，依据教育部颁发的《中小学德育工作指南》规定的德育目标和德育内容，结合班级学生实际和发展需求，利用校园、家庭和社会资源确立的项目实践学习主题和开展的实践活动，具有跨学科、跨班级等特点，突出综合性和及时性。如：

玉带山小学班级项目举例	
理想信念教育主题	榜样的力量 浇灌梦想之树 我是中国的孩子
中华民族优秀传统文化教育主题	我们是一家人 走进少数民族
社会主义核心价值观教育主题	向重庆先烈致敬 追寻烈士生活足迹 我是红岩精神讲解员
心理健康教育主题	老师我想对你说 假如我是老师
生态文明教育主题	社区宠物公约 垃圾分类我能行

社团项目是指以社团属性确立的比较有专项特点的项目任务及实践学习活动。社团项目具有专业性和提高性特点。如：

玉带山小学各类社团项目举例	
艺术类社团项目	创意英语书法、鹿港童画、多版印物
科创类社团项目	趣味编程、小小科学家
文学类社团项目	少儿阅读、声律启蒙诵读
运动类社团项目	灌篮高手、爱上国球（乒乓球）

精品项目是指具有持续性、经典性、广泛性和影响力的传统项目。精品项目从主题选择和实施策略以及效果上都能体现优质水平，对引导全体学生全面发展健康成长具有实质性的教育作用。几年来，学校主要的精品项目有紫荆晨礼、十元钱千分爱、学术年会学生论坛、你笑起来真好看、学习达人、大队委选举。

二、项目推进育人方式基本原则

1. 项目学习要坚持方向性

项目学习要以提升落实立德树人为目标，以《义务教育课程方案和课程标准（2022 年版）》及学科课程目标为依据，以提升学生学习能力为目的，进行项目选择和实施。

2. 项目内容要突出生活性

项目内容建构及实施坚持贴近学生生活，坚持从生活中来、到生活中去，引导学生感悟生活即学习，学习即生活。基于项目式学习的学科活动设计，在深入分析教材的基础上，紧紧与学生的生活实际相联系，满足学生认识、学习与探索的需要，将学习与未来个人生活、校外社会实践建立关联，形成应对未来真实社会的必备品格和关键能力。

3. 项目目标要体现任务性

项目目标要坚持以任务为统领，依据学科和学生发展需求建立项目任务群，编制项目任务学校规划和学科规划，制订项目任务实施方案，健全项目任务驱动机制，引导学生在任务中培养责任意识，增强发展内驱力。学会生活，热爱生活，创造生活能力。

4. 项目整体推进要具备融合性

在项目式学习中坚持学科与生活双向融合，在项目选项、路径、资源以及实施中，做到学科与生活的融合，学校、家庭和社会的融合，学科与学科间的融合，最大化地丰富项目学习内容。

5. 项目实施要倡导多样性

在项目实施时注重项目整体的分布与设计，学科有项目，班班有项目，人人选项目。倡导学生多方面、多维度、多层级选择项目，引导学生在丰富多彩的项目驱动中，拓展知识，发展能力，实现成长。

三、项目推进育人方式主要策略

通过几年的实践探索，玉带山小学总结提炼出了项目式学习三大校本策略。

1. 策略一：坚持推进，形成常态

在学科与生活双向融合育人的过程，玉带山小学把项目式学习作为一个基本的育人方式，做到了坚持全学科推进，坚持全方面推进。

一是坚持全学科推进。每个学科在开学前就将项目式学习作为教学计划的重要组成部分，进行系统安排；学期中，学校组织项目学习小结督导；学期末，学校组织项目学习成果展示，经验交流，使之形成常规，形成常态。如语文学科以单元主题学习为引领，联系生活，系统安排项目学习主题，形成常规。

玉带山小学语文学科项目学习安排

年级　　班（春季或秋季）

单元序号	单元主题	项目主题	实施组织（年级、班级、小组或个人）	实施时间（节假日或课余）
第二单元	革命岁月	讲革命家的故事	小组	课余
第三单元	传统游戏	我们一起玩游戏	班级	节假日
第四单元	责任与担当	创编生活中的故事	个人	课余
第七单元	艺术之美	音乐畅想写作	班级	课余

二是坚持全方面推进。学校的每个社团、每个班级和每个组织在开学前将项

目学习纳入工作计划，提前安排；学期中，学校组织项目学习小结督导；学期末，学校组织项目学习成果展示，经验交流，使之形成常规，形成常态。如：

玉带山小学班级项目学习安排

北区二年级一班（秋季）

项目主题	项目简介	实施组织 （小组或个人）	实施时间
自编成长书	分四个栏目，学生在家长的协助下，总结一周成长，期末形成一本小书。	学生个人 （家长协同）	一学期，每周末完成一次小结。
超市购物	用十元钱购物，然后交流展示。	学生个人 （家长陪同）	第六周末
今天我请客	用自己的压岁钱请家人到餐馆吃一顿饭，完成礼仪、计算、表达等任务。	学生个人与家人	元旦节

玉带山小学少先队大队部项目学习安排

大队部（秋季）

项目主题	项目简介	实施组织 （小组或个人）	实施时间
民主选举大队委	少先队员在海选、复选、终选等过程中了解、参与民主生活。	少先队员自愿参加	开学第1—3周
我当升旗手	队员积极争取参加推荐，中队推荐升旗手，通过竞选成为升旗手。	中队推荐队员参加	开学1—3周

2. 策略二：规范推进，形成品质

规范的实践流程是推进项目式学习的质量保证。规范的实践流程体现在这样三个方面：

一是科学、恰当设立主题，激发学生积极参加项目的愿望和激情。学校的项目分为学科项目、校级精品项目、年级常规项目、班级自主项目，学生除在学科学习中参与学科属性较强的项目外，还可以依据自己的兴趣特长选择参与自己感兴趣的项目，引导学生人人参与项目。

二是认真设计项目实施方案，确保项目学习任务全面完成。教师根据不同项目特点设计项目实施时间、步骤和方式，并加强过程指导和检查。同时，充分整合包括教师、家长、学生、学校、互联网及各种学习资源在内的要素，实现家校共育。

三是广泛利用资源，形成项目共同体。学校或教师发挥统筹管理的作用，充分运用家长、社会及学生等资源，为项目的开展提供资源保障，使教师、学生、家长在整个项目式学习活动中形成稳定的、灵活的学习共同体。

四是做好项目总结反馈，提升学生学习即生活的成长能力。项目学习结束后必须组织总结会，并且要组织以成果展示为主体的总结活动。各个项目都以不同的形式积极展示成果，包括召开面向区域的成果推广现场会、作品展览、面向班级和年级的成果发布会，以及面向社区和社会公众的成果发布等，强化仪式感和成就感，激励学生不断成长。

3. 策略三：改革推进，形成精品

在实施项目化学习的过程中，针对学生对项目选题、内容及方式的喜欢度和实效性，将其确定为可持续推进项目，做好三个方面的工作，不断丰富，不断优化，不断创新，形成精品，形成影响力，使其具有很强的教育性和生命力。

一是不断优化项目学习目标。项目学习必须坚持与时俱进，坚持依据新时代党和国家对教育制定的新政策，对教育提出的新要求制订项目学习目标；依据新时代中国特色社会主义最新的教育理论成果和实践经验制订项目学习目标，使其在同一教育主题下的持续发展，持续优化，确保学习项目质量不断提升，使之成为精品。如：

"美好的紫荆晨礼"学习项目目标优化一览

时段	第一阶段	第二阶段	第三阶段
目标	了解、展示早晨入校的礼仪，有礼貌地迎接同学、老师入校。	感悟晨礼的多元价值，让梦想、爱国、文化、生态等教育，通过晨礼传达给同学，实现"小晨礼，大课堂"。	人人参与晨礼，人人担当任务，体现"生活德育化、德育化生活"。

二是不断创新项目学习方式。具有生命力的学习项目必须有不断创新的学习

方式支撑，使其一直得到学生的喜爱、家长的支持和多方的认同，助力学生成长。在几年的探索中，玉带山小学的项目式学习方式由单一的课堂项目学习到多元的家庭、社会学习，由单一的调查汇报到多元的实践体验，由单一的教师引领到多元的角色参与，使项目学习的路径不断广泛，资源不断丰富，人员不断增多，效果越来越好。如：

"美好的紫荆晨礼"学习项目学习方式创新

时段	第一阶段	第二阶段	第三阶段
方式	师生小组列队迎接问候式	班级表演迎接式：多种形式的表演＋列队问好	班级主题微活动式：喊响一个口号，问候与激励融合，向同学传达美好祝福与向上的精神。

三是不断丰富项目学习成果。一个好的项目是引领全体学生成长的载体，对教育价值大、学生参与面大的项目，需要不断地丰富资源、丰富内容、丰富路径、丰富生活、拓展影响，使其成为指导学生感悟学习即生活的成长能力。如：

"美好的紫荆晨礼"学习项目成果丰富

时段	第一阶段	第二阶段	第三阶段
成果	1.部分学生参与项目学习活动，迎宾能力提升。 2.家长对学校有信赖感。 3.全校学生礼仪习惯得到培养。	1.全体学生参与项目学习活动，开发资源丰富项目，"音乐晨礼""梦想晨礼""绿色晨礼"等不断涌现。 2.家长成为晨礼项目的支持者和参与者。	1.项目拓展到一年级班级、全体校区、幼儿园。 2.媒体对紫荆晨礼做了跟踪报道，"小礼仪、大人生"得到推广。 3."美好的紫荆晨礼"被评选为重庆市德育品牌。

四、项目推进育人方式典型案例

1. 学科项目：科学学科——多功能鞋的设计（四年级）

项目名称	多功能鞋的设计
项目背景	本项目是学校"第一站"课程"家"系列的3.0版本的一次项目课程尝试。以"未来生活"为主题，从学生生活中人人都有的鞋子出发，发现鞋子使用存在的问题，引发学生的思考：2050年的今天，设计一双适合（　　　）穿的多功能鞋。本项目面向四年级的学生。

续表

项目名称	多功能鞋的设计			
项目目标	本项目从学生的真实生活情境出发，以未来生活为主题，让学生感受生活的变化，从而激发学生对未来探索的兴趣，以富有挑战性的驱动性问题为导向，调动学生的高阶思维，培养学生的创新精神、创新能力以及运用所学知识解决问题的实践能力。			
项目实施	课时安排	阶段驱动性问题	核心任务	学习要点与项目整体关系
	第一阶段（3课时）	我想为（　　）设计一双多功能鞋。	分析现在鞋子存在问题，确定多功能鞋的设计方向。	基于真实情境的入项活动。
	第二阶段（4课时）	设计一双多功能鞋，需要哪些知识和技能。	学习设计多功能鞋具备的知识和技能。	基于实践活动的知识与能力建构。
	第三阶段（3课时）	怎样设计才能实现多功能鞋子的功能？	多功能鞋子设计图的迭代。	基于工程设计的探索与形成成果。
	第四阶段（3课时）	根据设计图纸，你能将设计图转变成模型吗？	多功能鞋子模型的制作、测试和改进。	基于产品迭代的修订与改进成果。
	第五阶段（3课时）	如何向社会大众发布和宣传你的多功能鞋？	举行多功能鞋子发布会并反思项目学习。	成果推广、反思与迁移
项目亮点	1.项目选择，拓展学科学习。本项目是根据我校校本课程"妈妈的高跟鞋"拓展而来，让校本课程走向更深入的研究。项目设计以学生为中心，从生活中的鞋子出发，以未来生活为主题，以富有挑战性的驱动性问题为导向，融合科学、技术、工程、数学等多学科知识解决问题。 2.项目实施，以兴趣小组为主要参与，以任务驱动为推进形式。本项目根据学生个性化发展来参与实施。在校级社团中，选拔感兴趣的以及有一定基础的学生参与实施。项目实施过程中，根据任务为专家组学习、设计图的绘制、模型的制作、产品的发布等学习活动提供了丰富的学习资源和展示平台。 3.项目成效好，助学生能力提升。本项目让学生在创新思维、计算思维、工程思维等方面的能力得到了进一步提升，培养了学生的创新精神、创新能力、动手操作能力、团队合作的能力以及运用所学知识解决问题的能力。			

2. 跨学科——留住盘溪记忆

项目名称	留住盘溪记忆			
项目背景	玉带山小学位于重庆市江北区石马河街道盘溪地区,徐悲鸿先生与廖静文女士曾在此驻足数年,重庆最大的蔬菜交易市场盘溪批发市场坐落于此。盘溪,就是玉带山孩童成长的资源。它不仅有厚重的历史,有繁荣的现状,更有不可估量的未来,玉带山人更是与盘溪息息相关。伴随着 2014 年 8 月 30 日盘溪市场主体部分搬迁至江津双福的脚步,学校利用这个地理环境资源,开展了"留住盘溪记忆"项目式学习。			
项目目标	1. 实现学科整合,提升学科整合能力。 2. 通过考察、实践等活动,增强沟通能力,养成初步的服务社会的意识和对社会负责的态度,培养热爱家乡、建设家乡的文化自信和学习动力。 3. 通过项目,学生掌握一些信息技术、劳动技术、社区服务等生活中的一些具体技能;在活动中获得参与综合实践的积极体验和丰富的经验,完善完美人格,养成合作、分享、积极进取等良好的个性品质。			
项目实施		时间	活动内容	负责部门	学习要点
	第一阶段 (4 周)	了解盘溪的历史与变迁	三年级语文	资料采集,课后调研摄影作品
		身边的环保、花钱的学问	四年级语文	调查分析、设计,环保倡议书,家庭小账本
		长度单位的整合实践 重量单位的整合实践	三年级数学	距离测量,走进市场
		我当小掌柜、算账小能手	四年级数学	珠算加减,多位数乘法
		课堂实践、1+5 活动	英语	歌曲,购物,短剧
		劳动类歌曲课堂实践 动物类歌曲课堂实践	音乐	玉带山孩童好声音比赛歌曲创作评比第一阶段
		纸版画、吹塑纸版画	美术	各班展评
		盘溪大菜篮之一、二	科技	蔬菜篇、工具篇
		电子小报	信息技术	制作
		集市亲子运动会课堂实践	体育	随堂渗透
		走进社区小记者采访	各年级组 学生处	大课堂实践

续表

项目名称		留住盘溪记忆		
项目实施	时间	活动内容	负责部门	学习要点
	第二阶段（4周）	"盘溪文化"整合实践	三年级语文	故事会、摄影展
		今天我当家、爸爸的一天	四年级语文	调查实践、摄影作品
		超级售货员	三年级数学	运用计算
		生活中的简单经济问题	四年级数学	运用计算
		课堂实践1+5活动	英语	歌曲、购物用语、短剧
		生活类歌曲教学课堂实践	音乐	玉带山孩童好声音比赛
		炫彩材料版画	美术	各班展评
		盘溪大菜篮之三、四	科技	制作、成果汇报
		电子小报	信息技术	创作
		集市亲子运动会	体育	各部门配合
		玉带山孩童好声音决赛	音乐 三、四年级组	课堂实践
项目亮点		1.项目选择，贴近学生生活。项目开发，利用校园周边地理环境资源，根据资源特色，设计学习内容。 2.项目实施，部分年级参与，多学科融合。根据项目特色，选择适合的年段参与，同时多学科融合，突破校内校外的壁垒，让学科走向生活，让学生在生活中学习。本项目共有9门学科参与，有课堂活动、校内实践活动、校外实践活动、家庭活动4个途径，有科学、艺术、体育等各自不同9类、20多种活动。 3.项目成效显著，培养了多种能力，锻炼学生意志。学生多种能力得到发展与进步，即批判思维能力、团队合作能力、交流沟通能力、创造创新能力、信息通信能力。学生的意志品质得到了锻炼，道德、情感得到升华。同学们通过调查盘溪人的生活，发现生活的艰辛与不容易，他们对盘溪劳动者由衷地充满敬意。		

3. 班级项目案例：紫荆晨礼

项目名称	紫荆晨礼
项目背景	紫荆晨礼的来历，源于这样一个思考：清晨，当太阳升起，一所小学校的一天该如何开启呢？我们心目中的校园清晨，应该有情感的连接和激活，有责任的坚守和传递，有创意的创造和欣赏，有教育的发生和升腾。2015年，我们发动老师、孩子们一起思考：我们究竟想要一个什么样的清晨问候呢？我们将如何让校园清晨问候拥有更大的教育内涵呢？每天清晨，孩子们会在紫荆校园欢迎全体师生的到来，故取名为"紫荆晨礼"。
项目目标	每个值周的班级都会用不一样的形式欢迎校园师生的到来，让每一位走进校园的老师、同学感受到最热烈、最隆重的红地毯般的礼遇，欢快的音乐，温暖的问候，让每一位走进校园的老师和同学不仅有回家般熟悉的感觉，还能感受到校园清晨扑面而来的朝气和活力，为即将开始的新一天感到振奋。既有趣又有意义的紫荆晨礼，能够很好地锻炼学生自主教育能力，特别是学生在自主设计、自主实施、自主评价的过程中，邀请家长参与，让亲子关系、家校关系也得到顺畅沟通。
项目实施	1. 紫荆晨礼的实施时间：每天早晨7：50—8：10。 2. 紫荆晨礼的展示形式：音乐、舞蹈、手工、猜字谜、词语接龙、书法、朗诵等学生掌握的任何一项技能都可以。原则上全员参与，设计合理的互动环节，让每个学生在晨礼的过程中不当看客，而是成为晨礼中的参与者，得到锻炼的机会。 3. 实施主题和活动准备：活动主题的选择可以依时令，以节日为主题；也可以结合时事政治，以重要活动为主题；还可以选择中国的传统文化、民族文化、学生某方面的特技特长等为主题开展。确定主题后，再挑选与之相关的、积极向上的音乐，配以合理、有意义、有创意的表现形式。 4. 实施注意事项：（1）资料保存：利用QQ群群相册长期保存，同时有利于家长了解晨礼情况；（2）活动宣传：可以做成小视频或者美篇，通过班级群、朋友圈的方式分享；（3）寻求帮助：借助家长的力量，正副班主任分工合作，特别是互动环节，安排适量的人手，维持秩序，确保活动有序进行。
项目亮点	1. 项目选择有创意。用特殊的仪式开启校园新的一天，让师生感受到校园清晨的朝气与活力，让作为参与者的学生得到了很好的锻炼，他们会从自己的实际体验出发，思考到底如何才能让大家感受到晨礼的魅力。 2. 项目实施全员参与。学生全员及家长共同参与，是家校共育的经典项目，巧妙地融合了音乐、摄影、语文、劳动等多个课程。 3. 项目成效显著。特别是学生在自主设计、自主实施、自主评价的过程中，邀请家长参与，让亲子关系、家校关系也得到顺畅沟通。

续表

项目名称	紫荆晨礼
项目活动	南区四年级十班同学为班级紫荆晨礼自主设计的欢迎海报，欢迎方式有：拥抱——我需要一点鼓励呢；击拳——给点儿力量吧；击掌——今天我们一起加油吧；手指比爱心——希望今天你也开心，爱你哟；点赞——让我们为美好的一天点赞吧；比枪——如果快乐能传染，那就传染你；手臂比爱心——祝你拥有快乐的一天；敬礼——今天也要认真学习。

4. 精品项目案例：你笑起来真好看

项目名称	你笑起来真好看
项目背景	儿童的笑是让人最心动的。尽管每个儿童"笑起来"是那么好看，但是，环顾四周，我们身边的儿童开怀大笑的时候多吗？作为教育者的父母、老师，我们让儿童笑了吗？我们更多是让儿童身心舒展还是相反？究竟是什么人、什么事、什么状态，会让儿童忍不住哈哈大笑？究竟是什么人、什么事、什么状态，会让儿童无论如何也笑不出来？我们该如何创造让儿童笑起来的机会和可能？儿童该如何看待自己当下的生活状态？这些来自儿童真实生活的话题，值得每一个关心儿童健康成长的家长、老师等教育者思考，也值得儿童开展自我审视。
项目目标	"你笑起来真好看"心理健康教育活动，旨在促进四类反思：第一是儿童对自我状态的审视和反思，第二是家长对亲子关系的审视和反思，第三是老师对师生关系的审视和反思，第四是干部对干群关系、学校管理、师生关系、家校沟通等的审视和反思。通过四类反思，改善儿童心理健康，让儿童真正地笑得起来。
项目实施	1. 学生接受关爱阶段。面向全校学生、家长。提供一份学生笑与不笑的照片，学生和家长分别回答三个问题：什么事情能使自己（孩子）哈哈大笑？什么事情让自己（孩子）笑不出来？参加项目活动的感受是什么？教师征稿着重在于回答"选择最难忘的让学生笑不出来或笑出来的一件事，阐述自己的教育观点"，干部征稿在于从管理角度回答"怎么让你笑起来真好看"，这里的"你"可能是学生，可能是老师，也可能是家长。 　　2. 学生辐射关爱阶段。引导儿童思考，当他（她）接受家长、老师、同学、社会等各方面关爱的同时，他（她）自己也可以做一个对外辐射积极能量的个体，他（她）也可以为家里的亲人，学校的同学、老师，社区的居民或者其他社会上的人们贡献自己的小小力量。由此，鼓励学生在日常校园生活、家庭生活、社会生活中，观察思考并行动"你笑起来真好看"。这里的"你"，可能是同伴、朋友、老师、家人、邻居、市民等。 　　3. 每个阶段结束，都通过文字、图画、戏剧等多学科形式表达成果。

续表

项目名称	你笑起来真好看
项目亮点	1.项目选择角度巧。通过两张照片的表面对比,引发对学生深层的心理健康问题的反思和行动,容易被教育者和被教育者接受。 2.项目实施重点分布巧。第一个重点,在于让家庭、学校切实关注每一个儿童心理健康并积极行动。第二个重点,在于让每一个儿童看到自己能够承担社会责任,能够为社会奉献和创造的可能。两个重点,都推动了儿童的心理健康。 3.活动反馈。(1)学生收获。六年级七班卢奕臻说:"当妈妈开启念经模式的时候,我笑不出来。那天,可以做自己喜欢的事情,我不由自主地就笑了。这个活动可以让我把心里话畅所欲言。"(2)家长反思:"当看到孩子做事拖拖拉拉,做功课时不集中注意力,边玩边学的时候,我就无名火三尺高,会很严厉地批评他,这个时候孩子笑不出来。那天,他生日的时候给他惊喜;休假的时候,带他一起去旅行,和朋友一起玩耍的时候,孩子不由自主地笑了。看来,此次活动很有意义,帮助家长了解孩子的内心想法,拉近了孩子和家长的距离。"(3)老师收获。南区一年级六班班主任周天岭这样发现:班上有一个特别爱哭闹的孩子,如果不管他,他能哭一节课。什么事情能让他停止哭闹,开怀大笑呢?那天,英语课结束后,他见我来到教室立马跑到我的面前,开心地说:"周老师,我英语课表现很好,英语老师奖励我了一颗小星星!"看着他手上贴着的贴纸,我顿时明白了:原来他的快乐这么简单,一张小小的贴贴画也能让他展开笑颜。受到这件事的启发,当他上课坐端正、积极举手回答问题,吃饭不发脾气时,我都会当着全班同学表扬他,并送他一张贴贴画,这时他会对我开心地笑。" 4.活动推广。江北区教委以"你笑起来真好看"为主题,连续两次在学校召开全区中小学心理健康教育节。友好学校泰国潘基文范南霍帕坦学校小学校长 Mongkut Chamnongnit 博士指导泰国儿童开展活动。"你笑起来真好看"正在成为越来越多学校和家庭的教育行动。

项目式学习已在学校学科教学和德育工作中开发并形成了很多经典课程和案例,实现了学生学习从知识获得到实践参与、从散点学习到整体建构、从被动接受到自我创生、从基础发展到高阶发展,有效推动了学生核心素养的实现,提高了学生的综合素养和能力。在接下来的教育教学中,学校将深化项目式学习,推动学校课程改革,塑造更多的精品项目,实现学校内涵发展,切实推进学校学科与生活融合育人的教育主张。

第三节　自主参与：培养有能力生活的责任担当

生活是人的存在场域，只有在生活中才能反映和实现人的自由、自觉和自主，也只有在生活中的人才能不断丰富和超越自身，实现人的本质意义。学生是学习的主体，引导学生在成长发展的全过程中养成自主习惯，培养自主能力是教育人的基本任务。因此，我们把"自主参与"作为学科与生活双向融合的主要育人方式之一，通过搭建自主平台、指导自主学习、激励自主进取等方面，培养学生在学科学习与生活实践中的自主能力和担当意识。

一、自主参与的体系结构

我们认为，自主参与是一种以学生为主体，在学习生活过程的自主学习形式。作为一种育人方式，自主参与必须围绕学生主体发展，建立一个完整的方式结构，引导自主参与有载体、有方法、有实效，形成有效的育人策略，达成育人目标。在实践中，我们探索出了"1+2自主参与"（1个全面要求，2个实施策略）育人方式。

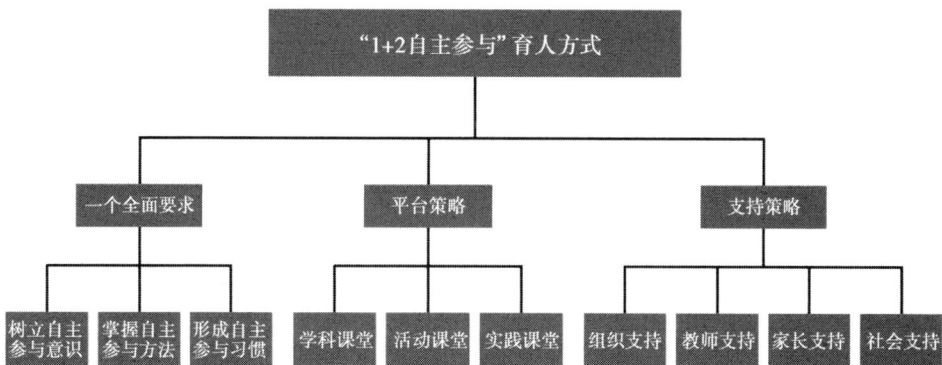

1. 建立自主参与育人三维要求

在学习生活中，学生的自主参与从哪些方面得到体现呢？老师们普遍认为，就是在学习中引导学生自己学知识，在活动中要求学生自己组织活动等。我们认为这还不够，自主参与方式培养学生要体现在三个方面：一是自主参与意识的建立，二是自主参与方法的掌握，三是自主参与习惯的养成。也就是说，在采用自主参与育人时要将这三个方面有机融合，形成整体，实现目标。如在给学生布置自主参与任务时，要给学生强调自己的任务自己完成，要树立担当意识和精神，今天的自主是为了明天自己更独立和强大。又如创设情境，提供学习资源包，通过学生自主合作探究，激发自学动机，引导学生将外部活动逐渐内化为自身内部的智力活动，获取知识，发展智力，以更积极的姿态自主参与学习活动。

2. 搭建自主参与育人多层平台

在教育教学中，教师普遍喜欢采用包揽式，学生自主参与的平台少且流于形式。作为自主参与育人方式的运用，很重要一个行动就是为学生搭建自主参与的平台。经过几年实践，我们的教师解放思想，大胆创新，为学生自主成长搭建了多层次多维度平台，让自主参与落细落实。

搭建学科课堂平台：在学科教学中，教师指导学生自主参与知识学习，自主参与作业设计，自主参与学科评价。如在科学课堂教学中，通过学生模拟一名轨道交通工程师的职业，自主提出修建穿楼而过的轨道交通站特别需要解决的问题，在交流中分析问题，提出解决问题的方案，并对方案进行自我评价。

搭建活动课堂平台（校级活动、班级活动社团）：自主参与活动设计，自主参与活动组织，自主参与活动评价。如学习达人巡讲活动，学生需要自主选择各学科学习的某一方面进行学习方法分享，设计自己的演讲内容、演讲形式，学生在班级、年级、年会层层选拔，在多方面的评价中提升能力。

搭建生活课堂平台（家庭生活、社会生活）：自主参与实践体验，自主参与实践探究，自主参与实践评价。如学校种子课程通过学校提供的"种子"资源，借助自然笔记，引导学生自主、积极地参与观察，并拓展到生活中了解各种各样的种子，锻炼学生各方面能力的同时，帮助他们体验并创造更美好的生活。

3. 创建自主参与育人多元支持

自主参与体现在学生学习的全过程，为学生提供多元的支持是学习活动有效开展的重要保障。在几年的实践中，从教师、家长、社会各方面对学生的自主学习给予了支持。组织支持表现在学校通过特色课程，开展特色活动，给学生搭建各种自主参与平台，如通过十元钱千分爱、我的第一本自编书、学习达人巡讲、自主作业设计等活动实现多方面育人。教师支持表现在课前提供预习方法和自学要求，课中给予方法支架自主探究，课后提供多元评价。家长积极配合学校各项育人活动，放手让学生自主参与，并及时提供各项保障。社会对学校活动提供各方面支持，如超市、轨道交通、银行、社区等生活真实平台，为学生自主参与提供各方面的帮助。

二、自主参与方式的实施案例

（一）学科课堂自主参与

1. 案例：探秘李子坝轨道交通站

学习主题	探秘李子坝轨道交通站
达成目标	1.通过模拟一名工程师的职业体验过程，自主了解家乡的特色轨道交通站——李子坝轨道交通站。 2.能根据生活实际，自主提出修建穿楼而过的轨道交通站特别需要解决的问题，在交流中分析问题，提出解决问题的方案，对方案进行可行性论证。 3.通过小组自主学习、讨论的方式，学会对信息进行提取和梳理，尝试通过已有信息寻找解决问题的方法。 4.通过自主探究的方法，体验工程师的思维过程，学会查询资料、访问专家、搭建模型的方法解决工程问题。 5.通过了解李子坝轨道交通站修建过程，学会用辩证的角度看待问题，树立不畏困难、勇于创新的科学精神，同时了解家乡的发展过程，培养热爱家乡、热爱祖国之情。
自主学习流程	**1.创设情境，导入课题**。通过创设"向游客推荐最具特色的轨道交通站"这一真实生活情境，思考"对李子坝轨道交通站有哪些想要了解的"这一问题。 **2. 探索——小小工程师体验。** **活动一：身份模拟，任务驱动。**（1）创设情境，引导学生模拟李子坝轨道交通站设计师，设计除了穿楼的解决方案外的其他方案；（2）根据提供的地形图等信息，自主对比分析方案没有被选择的原因，讨论发现确定工程方案需要从安全、地形、成本等各方因素综合考虑。 **活动二：确定任务，问题分析。**（1）小组合作：对噪声问题进行分析并提出解决方案，再根据所提供的信息对方案进行优化；（2）播放视频，了解真正的李子坝工程师对噪声问题的处理方法。 **活动三：搭建模型，方案呈现。**（1）提供轨道交通模型和居民楼模型，引导学生自行搭建穿楼而过的结构，体验搭建站桥分离和站桥一体的模型房屋振动传递的影响；（2）播放轨道交通站设计师叶天义老师对采用站桥分离方案解决振动带来的安全问题的讲解视频，了解这种方法的作用。 **3.总结方法，价值提升。** **4.拓展生活，方法运用。**展示李子坝轨道交通站的发展，通过展示，学生自主领悟探究"李子坝轨道交通站修建"的方法。将所学到的方法迁移运用到生活中，去实践探索更多关于李子坝轨道交通站的秘密。

续表

学习主题	探秘李子坝轨道交通站
自主参与策略与亮点	**1. 自主参与策略。**通过李子坝轨道交通站这一真实平台，以及学校第一站轨道交通课程，联系生活实际，引发学生自主思考。提供学习资源包，学生探究过程中通过自主查询、询问、实践操作等方法，带动学生了解更多李子坝轨道交通站的秘密。 **2. 自主参与亮点。**综合实践活动课程强调学生亲身经历各项活动，在"动手做""实验""探究""设计""创作""反思"的过程中进行"体验""体悟""体认"，在学生全身心参与的活动中，自主发现、分析和解决问题，体验和感受生活，发展实践创新能力。在这节课的教学过程中，教师能从学生内驱力出发，尊重学生认知发展规律，将"教过"变成"学会"，训练了思维能力，提升了核心素养。

2. 案例：自主作业设计

学习主题	自主作业设计
达成目标	推动学生作业从内容到形式由"他主"走向"自主"，促进学生做学习和生活的主人，帮助学生学会学习，学会有效学习，学会深度学习。
自主作业流程	1. 根据个人兴趣和个体需要，明确作业设计意图。 2. 查找相关资料，精心设计作业。 3. 完成作业，进行评价。
自主参与策略与亮点	**1. 自主参与策略。**学校紫荆学本、学科与生活拓展作业、寒暑假作业等多类别作业设计都给学生提供了自主设计作业的指导平台，打开学生的设计思路，可以从自身需求和兴趣出发设计适合自己的作业。所有家长和老师鼓励、支持并信任学生开展作业的自主设计并完成，不加以干预。作业的内容、形式、完成时间和地点完全自主，可以更丰富多元。由学生、家长自主对作业设计及完成情况开展评价，并在班级或年级组织开展展示交流。 **2. 自主参与亮点。**学生根据个人兴趣和个体需要自主设计作业并完成。让学生在作业的自主设计、自主管理、自主评价中形成自学能力。自主作业既减轻了学生学业压力，又增强了学生自我规划能力，满足了学生的个性化和差异化发展需要，真的由"他主"转向了"自主"。这一举措受到学生极大喜欢，家长们也纷纷支持。

（二）活动课堂自主参与

1. 案例：大队委选举

活动主题	大队委选举
达成目标	培养少先队员民主能力和主人翁思想，落实少先队员的民主权利，构建"自己的活动自己搞、自己的阵地自己建、自己的事情自己管"的少先队工作新局面，从小培养少先队员参与自主管理，提高少先队员的工作能力。
自主参与流程	第一阶段：初选，各班少先队员自主报名，自己写演讲稿，然后参加海选。选出 15 名竞选者，15 名竞选者利用午会课走班演讲，把在班级里得到的紫荆花票数，贴在自己海报上，根据投票排名选出最终候选人。 第二阶段，参训。候选人自动进入演讲训练营，进行训练。 第三阶段，终选。候选人再进行竞选演讲，二、三、四、五、六年级各班派 1 名少先队代表参与投票。统计票数后，听取各任课老师意见，在学校竞选评审小组的监督下产生补选的大队委员。
自主参与策略与亮点	1. 自主参与策略。选举采用个人自荐与同学选举相结合的方式，通过走班脱稿演讲、自我宣传、自我特长展示等方式为自己拉票，再通过自评、同学评，最终产生候选人，对学生个人才能的展示，对学生的组织管理能力和语言表达能力更好评价。 2. 自主参与亮点。大队委的选举树立了学生自主参与学校事务管理的意识，提高了学生自主管理能力和为集体服务的意识，同时也为学生提供了一个展示自我的平台，激发了他们积极参与学校管理、担当学校小主人的决心和勇气。

2. 案例：学习达人巡讲

活动主题	学习达人巡讲
达成目标	围绕"学习力的提升"这一要点，针对各学科学习的某一方面，通过学生的学习方法分享，用"榜样的力量"营造互相学习的氛围，提高学生学习的积极性，提升学生的学习力，促进学生多元发展。
自主参与流程	1. 班级选拔。按照年级组不同学科人数分配的比例，各科老师协调，在班级进行演讲选拔，推选出一名学生参加年级巡讲。 2. 年级选拔。各班推荐的学习达人利用课后服务时间（10 分钟内），年级组各班巡讲。根据巡讲班级学生和老师的评价，再推荐 2～3 名学生分低、中、高学段跨年级巡讲。 3. 校级选拔。各年级推荐的学习达人，参加学校年会演讲的选拔。 4. 年会演讲。推荐的学习达人将在学校一年一度的年会上进行演讲，制作"学习达人"海报进行宣传。

续表

活动主题	学习达人巡讲
自主参与 策略与亮点	1. 自主参与策略。班级内演讲、年级巡回演讲、跨年级演讲、年会演讲、学习达人海报、学校紫荆学本摘录等形式，给演讲学生提供了多次自主展示平台。所有学生均需在自己多学科发展的基础上，自主认真反思总结，提炼出可供别人"提升学习力"的方法。学习达人演讲过程，专家、老师、家长、同学给予多元支持，让演讲内容丰富多元、演讲效果精彩纷呈。 2. 自主参与亮点。树立自主参与的意识，引导学生在家长、教师的帮助和支持下，围绕"学习力的提升"进行反思总结，搭建多样化的活动平台进行展示，做到内容多元、形式多元、评价多元，以榜样的力量，提升学生学习力，促进学生多元发展。

（三）生活课堂自主参与

1. 案例：种子课程

行动主题	种子课程
达成目标	种子课程在于减缓学生从幼儿园到小学之间的发展坡度，帮助学生通过精心设计的暑假生活，引导学生自主参与实践活动，为小学入学适应奠定良好的基础。课程针对幼小衔接所需要的身心、生活、社会、学习等四个方面的适应，聚焦于健康、语言、社会、科学、艺术等五大领域的能力，关注并培养学生全面发展。
自主参与 流程	第一阶段：学生自主了解种子袋的封面和卡片，看一看种子袋，读一读上面的文字，了解玉带山小学的校园文化；量一量袋子的长度，数一数种子袋有几粒种子，量一量种子的长度，认识到种子袋中蕴含着数学知识。 第二阶段：听一听自然笔记的介绍，知道自然笔记需要记录的具体内容（如时间、地点、天气等），了解参赛流程，欣赏其他参赛选手的作品。 第三阶段：学生实践调查，了解花盆的不同材质，自主选择网购、实地购买或亲手制作，再和爸爸妈妈一起获取土壤。 第四阶段：学生在播种前先观看播种视频，了解播种过程，能说一说、画一画或写一写植物生长需要哪些条件。 第五阶段：在等待发芽的过程中读一读诗歌《等待》，或创编诗歌，等种子萌芽后用直尺量一量植物生长的高度并记录，同时和小伙伴一起分享种子的生长。 第六阶段：随着植物一天天长大，由学生自主创作属于自己的自然笔记。 第七阶段：看视频了解种子在土壤里的变化，观看胎儿在母体中孕育的视频，了解生命孕育的神奇，学会耐心等待。 第八阶段：学生通过自主填写劳动记录表、阅读记录表、运动记录表记录自己各方面的健康成长。

续表

行动主题	种子课程
自主参与流程	第九阶段：在父母带领下学生到超市或菜市场认识蔬菜、水果、主食等不同类型的种子，比较它们的大小、外形，尝试自己做饭、熬制豆浆，尝试种植水果种子。 第十阶段：开学后学生带上自己种植的植物，和同学交流自己的种植经验。没有栽种成功的同学，学习面对不成功的体验，在家人帮助下，提炼出自己面对类似经验的可能应对策略。
自主参与策略与亮点	1. 自主参与策略。种子课程通过学校提供的"种子"资源，借助自然笔记，为学生搭建了一个自主学习、独立思考的平台。以"种子"为载体，让学生体会一粒种子的生长需要土壤、阳光、雨露，需要爱心、耐心和陪伴，引导学生在培育生命、陪伴生命成长的过程中，获得蓬勃向上的生命自觉，并学习如何面对失败。 2. 自主参与亮点。通过游戏化、活动化、生活化的方式，学生自主、积极地参与其中，并掌握一定的自主参与活动的方法，在锻炼学生各方面能力的同时，帮助他们体验并创造更美好的生活。还采用自评、家长评、班级展示等方式，充分考虑每个学生的个性化和差异化，对学生在各阶段的表现进行灵活多样、多元有效的评价，从而引导学生更好地认识美好生活、体验美好生活、展现美好生活、创造美好生活。

2. 案例："十元钱千分爱"爱心公益劳动实践

行动主题	"十元钱千分爱"爱心公益劳动实践
达成目标	小行为，大影响。每年国庆，通过"十元钱千分爱"爱心公益劳动实践，引导学生用低成本完成一件爱心公益劳动实践。引导学生在自主实践中提升对他人、对社会的爱心观察能力和解决问题的实际创造能力，让学生感受到自己作为一个公民的社会责任，感受爱心公益的力量，感受创新创意的魔力，享受实现创意的成就感。
自主参与流程	第一阶段：发布任务，让学生带着"用十元钱如何能更好地帮助别人"的问题自主展开调查，引导学生观察发现身边需要帮助的人或事，作为小学生，他们能够做什么。 第二阶段：项目设计，引导学生以个人或小组为单位，创作作品，并用于爱心公益。 第三阶段：展示成果，由学生在本班自主展示所创作成果，在老师的帮助下将优秀成果结集成册，特别优秀者将在班级、年级或者校级开展巡回演讲。 第四阶段：开展专项培训。创意突出、成效突出的学生，可作为"十元钱千分爱"爱心公益创意劳动实践种子训练营成员。完成培训后，将在全校范围内展示训练营成员的爱心公益创意劳动实践培训成果。

续表

行动主题	"十元钱千分爱"爱心公益劳动实践
自主参与策略与亮点	1. 自主参与策略。学校为学生搭建实践锻炼的平台，引导学生做生活的有心人，通过低成本创意劳动实践，指导学生在家长、老师、社会的支持下来帮助他人，去实现最美的心愿，去呈现比"用钱"更重要的"用心"。 2. 自主参与亮点。以不超过十元的成本，引导学生关注生活，走进生活，创新实践，并积极思考如何用有限的资源，创造无限的感动。学生在每一次的发现、实现与呈现中，逐渐形成自主参与社会实践的习惯，成为创新思维的感受者、践行者和传播者。

自主参与在学科与生活双向融合中起到积极的推动作用和育人作用。学生在老师的带领下做到了五个自主参与：自主参与学科学习，做学习的小主人；自主参班级管理，做集体的小主人；自主参与各种活动，做学校的小主人；自主参与家庭建设，做家庭的小主人；自主参与社会实践，做社会的小主人。几年来，学生们的自主能力得到很大提升，自主精神在校园激荡飞扬，他们就像一只只扬帆启航的帆船，自信满满，驶向美好的未来。

第五章　学科与生活融合育人的评价探索

2015 年，学校曾出现这样的一幕：一位一年级的小学生因为怕期末考试成绩不好，担心受到家长的责备而不敢进学校。类似的情况还有"背试卷"现象，一位四年级的家长为帮助孩子冲刺期末复习，让其背了一张又一张试卷，耽误孩子休息，孩子因为疲倦经常上课犯困。基于以上两个事例，学校展开了一场关于"试卷分数是否等同于学生素质"的大讨论。发现那时的学校教育在学生评价上普遍存在四类现象：一是"一张试卷"定终身，这种评价方式只关注学习结果，不关注学习过程；只关注知识技能的掌握，不关注学习习惯的培养和学科素养的提升；只重视评价者的评价，不重视学生的自我评价；二是评价机制"见分不见人"，抽离的评价机制看不见完整的人，更看不到人的全面性和差异性；三是评价机制与生活脱离，评价封闭在抽象化、概念化的学科世界中，看不见鲜活的、丰富的、复杂的、真实的生活是检验学生能力、夯实学生能力的"肥沃土壤"；四是评价结构不完整，大多只是高度关注学业评价，对作业评价、综合素质评价缺乏设计、思考和实践，更缺乏对一个完整的人的发展所需要的学业评价、作业评价、综合素质评价的贯通一致的思考、设计与实施。

学校学科与生活融合育人课程和教学的不断推进，催生了与之相匹配的评价方式变革。新的评价改革通过对小学生学业评价、生活化学习评价、基于真实生活情境的小学常态化作业实践研究等领域的综合研究与实践，逐步形成"1+1+1"学业评价制度、作业减负评价、综合素质评价等学生综合评价系统。新的评价改革，将儿童还原到具体情境中，观察他们的日常学习生活，进入他们的生活世界，通过关注并评估儿童与其所处情境的具体互动呈现"活生生"的儿童学业现状，改变过去"一张试卷"所产生的"冷冰冰"的分数评价。

第一节　创设生活情境考核学生学业水平

玉带山小学的教师团队结合学校的实际情况，对学生学业评价体系进行调研，确立评价标准、决定评价情境、设计评价手段、利用评价结果，逐步建构形成与生活融合的"1+1+1"学业评价体系，将学科与生活双向融合，全面了解学生的学习状况，激发学生的学习热情，促进学生的全面发展。

一、与生活融合的学科协同学业评价

（一）与生活融合的学科协同学业评价的校本阐释

基于系统论理念，学校改变评价系统内的主体、客体、工具要素，即促进评价指标、评价形式与评价主体的改变，以此提升评价系统功能，在实践中探索出"1+1+1"学业评价模式（以下简称"1+1+1"学业评价模式）：即"以'一张试卷'完成知识技能评价 + 以实践操作抽测完成一项核心能力评价 + 以过程表现展评完成一个学习习惯养成评价"，为推进小学学业水平评价提供了有益探索。

1. 基于系统论的"1+1+1"学业评价模式

当前小学学业水平评价改革虽已取得很多突破，但在激励学生学习、改进教师教学这两个核心功能的保障上还需着力思考并化解以下两个矛盾。一是"一张试卷"的评价与促进学生学业水平全面发展的矛盾。从检测内容看，"一张试卷"主要考查学生的知识与技能，弱化甚至忽视了学生在学习过程中所体现出来的情感、态度、价值观及学习习惯等。而以纸笔考试为主的评价，更是少有指向学生操作能力、应用能力的考核。基于大部分教师惯常的"不考核则不教学"的原则，这些学生发展所必需的能力和习惯没有得到充分的重视和培养。从评价主体来看，"一张试卷"表明评价权还是在教师手中。从评价结果使用来看，仅凭一个分数并不能全面呈现学科发展的优势和不足，评价结果使用缺乏精准、有效。二是单一评价与教师被动成长之间的矛盾。对大部分普通教师而言，由于没有优秀教师所具备的优质高效的教学策略，为了在期末"一张试卷"取得好成绩，教师往往以被动应试的姿态面对考试，大多以拼时间、拼题量的方式应考，不愿过多思考研究"如何更好地帮助学生在更多方面更好地成长"。

在小学生评价系统这个相对封闭的系统中，如何改善要素和改变结构，以此优化系统功能呢？我们的做法是：首先，重新认识学业水平评价系统的客体和主体。我们发现，过去传统的以"一张试卷"为中心的评价模式，把学生仅仅置于评价客体地位，不利于学生学业水平发展提升。

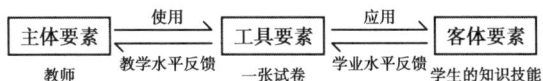

教育评价系统

我们认为，学生不仅是被评价的对象和价值客体，更应是评价的价值主体。在客体要素上，除了一张试卷所呈现的知识技能，还应该有与核心素养培养密切相关的学科核心能力与学习习惯。在工具要素上，对评价主体、客体的改变也将决定工具要素即评价方案（模式）的相应改变。我们发现，仅仅"一张试卷"的工具要素不能涵盖学生学业水平评价。当学生学业水平评价客体、主体、工具要素得到全面改变，自然导致评价系统结构的相应变化，使评价系统从过去单一、平面、单向的评价关系，演变成了立体、多维、多元、更稳定的评价模式——"1+1+1"评价模式。

"1+1+1"学业评价模式结构平面图　　　**"1+1+1"学业评价模式结构立体图**

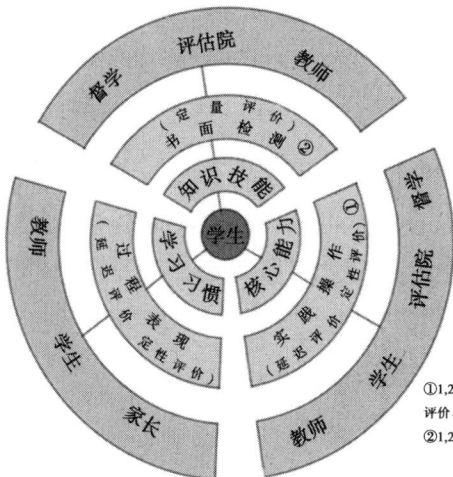

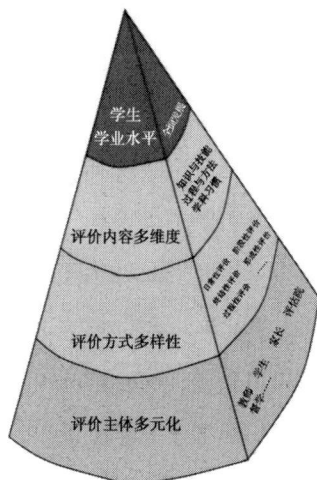

（1）基本内涵：以三个"1"完成三个目标

第一个"1"：以"一张试卷"完成知识技能评价。三一六年级，第一个"1"是书面知识，重点在于知识落实，总体形式还是一张试卷。一、二年级，第一个"1"

则进行全面改革，去掉"一张试卷"的评价方式。

第二个"1"：**以实践操作抽测完成一项核心能力评价。**这里的核心能力主要针对第一个"1""一张试卷"中无法检测的，但又是新课程标准中学生核心素养形成所必备的，学校结合各学段学生的发展需求梳理出各学科学习的核心能力，每个学段有针对性地聚焦学生当前阶段的学科核心能力。

第三个"1"：**以过程表现展评完成一个学习习惯养成评价。**这里的学习习惯，主要针对大多数教师容易忽略的但与学生学业水平最终形成有密切相关的学习习惯、学习兴趣、学习方法。

我们认为，在一个封闭系统内，三个"1"相互影响，有机融合，三个"1"形成的三维评价构建了一个良性循环体系，通过三维目标的整合，必然更大程度地促进系统功能提升，即学生的全面发展。

（2）基本操作：改，做，养

"**改**"：**检测学生的形式。**三—六年级的"改"，重点在优化"一张试卷"。首先是优化"一张试卷"的目标，即项目组组织人员梳理所有年级和所有学科的评价标准，把学科评价标准提前公示教师，听取教师意见和建议，修订后形成各学科本学期的评价标准，在学期开学前告知教师，组织教师学习领会，让教师们把日常教学和期末评价有机联系，做到日常教学有的放矢，期末检测心中有底。其次是优化"一张试卷"的命题方式，命题力求体现科学性、人文性和趣味性，不出偏题、怪题和难题，激发学生成就感。一、二年级的"改"，重点在去除"一张试卷"的书面检测，将以前一张综合性试卷改为"乐评"，以过程性评价和阶段性评价为主，实行延迟评价，学生可以参加多次评价。

"**做**"：**学生能力的培养。**首先确定核心能力，根据不同年级学生的年龄特征和知识基础，结合课标、学科素养、能力、教材和生活实际，项目组组织专人选取各年级各学科学生现阶段最需要培养的学科核心能力，一般 3 ~ 5 项不等。由各年级各学科负责人每学期根据本年级学生阶段性要求确保核心能力的训练落地，教导处聚焦年段发展目标进行抽测。抽测形式选择面试、能力测查、情境测试，以书面与实践操作结合的形式，主要由教师组织中高年级学生或本年级家长等实施抽测，实施延迟评价，以等级形式呈现能力达标结果。如果所选核心能力已经达标，可继续选择其他核心能力，开展新一轮的培养、抽测。

一—六年级学业评价中，特别增加"第一站"综合实践课程所蕴含的综合实践能力的测评。"第一站"课程，即学校根据基于项目整合的综合实践课程。其综合能力主要根据学生年龄特征，结合教材和现实生活、学科素养和综合实践所需要的核心能力，在测评中以过程性评价和参与性评价为主。

"养"：学生习惯的形成。首先，根据各学科在不同学段的学生发展所需培养的学科学习习惯，项目组甄选出各学段最重要的学习习惯（3～4个），制订相应的评价标准。各年级的各学科组自行选择、申报一项学习习惯，制订相应的培养习惯方案以及考核评价方法，组内教师根据年级制订的习惯培养方案有针对性地培养学生。每月根据学生学习习惯的养成情况予以总结反馈，教导处予以考核评价。学生学习习惯的评价主要采用定性评价，以自评、互评、他评的形式，对学生各类学习情感、兴趣和学习习惯进行定性描述，力求表现出学生的个体差异，从而让教师在教学过程中，重点关注学生学习习惯的培养。第三个"1"由年级组申报自己确定考核项目，教导处根据考核量化表予以认定。基于学科学习习惯对学生发展学业水平影响巨大，第三个"1"不只采用延迟性评价，还要求人人达标，人人合格，达标实践不限于一个学期。

（3）基本原则

一是坚持目标导向。本次实践紧紧围绕改善和提升系统功能这个目标开展工作。由于系统要素和结构的变化，对师生宝贵的时间和精力做了合理的分配和调整，特别是把我校优秀教师多年研究切实可行的自主教学行为，变成全校教师都能完成且极具操作性的有效教学策略，特别是注重过程和结果使用，这些都很好地改善了教师的教和学生的学。**二是坚持延迟性评价。**实践证明，延迟评价改善了教师的评价观，不再为此开展简单的分数比较，不再刻意加重学生课业负担，而是把精力真正放在研究学生全面健康发展上。延迟评价减轻了学生的学业负担和心理负担，促使学生开展学习反思，持续获得学业成就感，学习动力得以保持。**三是坚持实践导向。**本模式改革所形成的实践方案3个、教学指南2个、学科素养评价表 27 个、学科情感与习惯评价表 2 个，均反复征求意见，结合新课程标准，在反复实践中逐渐完善升级，具有很强的操作性和实效性。

2. 观照学生生活的"1+1+1"学业评价

学业评价内容和方式的生活化，彻底改变了以往采用纸笔测试的传统，注重学生在日常生活中的实际行为表现，考查学生在实际生活中运用在学校所学的理论知识分析问题、解决问题的能力，从而实现对综合素养全面客观的评价。由于这一评价方式具有日常化、生活化的特点，日常生活的诸多环节可作为评价活动的素材。选择具有典型意义的生活场景表现作为评价方式，培育学生有效地运用知识解决问题的能力。

例如，学校教师将购物这一常见的生活场景引入评价中，为低段学生设计了期末学业评价"为朋友挑选礼物"，设有三个环节，第一关"糖果屋——挑选礼物"，要求同学们帮乐乐挑选一类糖果寄给远方的朋友欢欢，并和小伙伴组成二人小组，合作完成今天的任务。第二关乐乐快递——打包付费，要求同学们不仅能正确填写快递单，还要包装礼物，根据挑选的糖果数量和大小选择合适的包装盒进行包装，再根据包装盒大小和寄往的地址正确算出应付的总价钱。第三关乐乐快递——装车派送，要求同学们利用数学知识正确解决装车问题。一共要寄出 48 个快递，每个大袋子只能装 5 个快递，那么同学们要寄出的快递可以装满几袋呢？还差几个能再装满一袋呢？在此过程中，同学们以打电话这一常见的生活场景，扮演快递小哥联系顾客收取快递，锻炼了口语交际能力。

3. 指向学科协同的"1+1+1"学业评价

评价学科协同旨在通过生活化命题、创设生活化情境，让学生在熟悉的模拟生活场景中检验知识和技能的掌握情况。真实的生活事件、生活任务、生活现象，往往蕴含着跨学科知识的运用，是学生学业评价的重要资源和素材。由此，选择学生在家庭生活、社会生活中最常见的一些场景，有机融入跨学科评价，成为我校近年来学业评价的亮点。即通过生活化命题、创设生活情境，实现跨学科学业评价，让学生在完成相关生活任务过程中，不知不觉就完成跨学科知识和技能的检验。

（二）与生活融合的学科协同学业评价案例

1. 案例：六年级语文试题中创设生活情境的学业评价

①2020年1月1日，某地一高层居民楼发生火灾，几乎从楼底烧到楼顶，救援车辆却因路牌被遮挡，找不到方向，请你们把路牌补充完整，为救援争取时间。（1分）

②大火无情，人有情。当地消防救援总队共调派7个支队，10个中队，38辆消防车，197名指战员赶赴现场处置。群众也自发地将占用通道的轿车抬走。请你展开想象，运用点面结合的方式，描写当时的救援场面。（4分）

③预防火灾，人人有责，请你用"条款式"为某小学6.2中队补充倡议书。

2. 案例：一年级"乐评'第一站'"实施方案

2019年秋季学期一年级学业评价，基于学校"走向世界的第一站"办学理念和"培养创造未来中国的学习者"的育人目标，遵循一年级学生身心发展特点、活动学习认知规律和心理需求，通过创设生活情境实现学生本学期跨学科学业评价。

（1）评价目标

①能大声正确地读出评价表上购物清单内容、计算限时抢购时长、在购物情境中口语交际、正确购买相应糖果。（自主）

②帮助他人优化购物方案、协同伙伴共同购买货物、凭购物小票参加赠书有奖问答活动、计算购物总价并支付货款、妥善处理钱包遗失或商场火灾等突发问题。（合作）

③提升在真实生活情境中运用跨学科知识、解决生活实际问题的综合能力。

（2）评价内容与方式

①语文。以2011版课程标准的学段目标与内容为纲要，以2019统编版一、二年级语义义务教育教材的知识为基本内容，分为"识字、口语交际、课外阅读"几个方面，学生手持任务卡，到所在场地参加活动，根据情境要求完成评价。

②数学。以2011版课程标准的学段目标与内容为纲要，以人教版一、二年级数学教材的知识为基本内容，分为"计算能力、动手操作、解决问题、综合能力"几个方面，学生手持任务卡，到所在场地参加乐评活动，根据各模块要求参与评价。

③综合学科。以 2011 版课程标准的学段目标与内容为纲要，以一年级道德与法治、音乐、美术、科学等学科知识为基本内容融入本次乐评，学生手持有机融合了跨学科评价的任务卡，到专门创设的乐评场地参加活动，根据任务卡要求参与评价。

（3）评价情境设置

可爱的乐乐，你会在超市买东西吗？你知道怎样挑选需要的商品吗？你想成为"购物小达人"吗？瞧，"盘溪超市"开业了，认真完成任务就可以集星，获得的星星越多，就越有机会获得"购物小达人"的称号哦！你还可以参加"购物送书"的活动哦！赶快去体验一下购物的乐趣吧！

（4）评价过程

项目	评价内容	评价目标	操作方法
第一关领任务	**道德与法治**：能根据自身需要，在家长协助下，制订切实可行的购物计划。 **语文**：识字，明确任务。能根据购物清单，读懂要求，明确要完成的任务。 **数学**：能在原有时间基础上推算出接下来的时间，或推测之前的时间，并能正确拨出相应时间。	**道德与法治**：做事有计划性、条理性，力求节约不浪费。 **语文**：能正确读出购物清单上所有内容。 **数学**：能正确推断时间并按要求正确拨出相应的时间。	**语文**：学生随机抽取评价表，在家长义工处大声正确读出评价表上购物清单内容。 **数学**：在半小时前，蔬菜开始打折，说出蔬菜打折时间，并在钟面拨出时间。一刻之后，水果区有限时抢购。说出买水果最划算时间并在钟面拨出时间。
第二关购物	**道德与法治**：能做到文明取拿商品，如果有不要的商品，主动归还至原处。 **语文**：口语交际。有合作意识，能根据情境，有礼貌、有条理地向别人寻求帮助，说清楚自己要解决的问题。 **数学**：能用 25 元钱购买 3 斤糖。	**道德与法治**：文明拿取商品，主动将商品归还原处。 **语文**：有合作意识，有礼貌、有条理地向别人寻求帮助，说清楚问题。 **数学**：考查学生发现和提出问题的能力、分析和解决问题的能力。 **科学**：关注商品出厂日期、保质期等信息。	**语文**：在购物情境中根据需要进行口语交际。 **数学**：能正确购买相应糖果。

续表

项目	评价内容	评价目标	操作方法
第二关 购物	**科学**：关注商品出厂日期、保质期等信息。 **体育与健康**：能选购营养搭配均衡商品；参与投篮游戏，获取优惠券。 **艺术**：能欣赏超市音乐，在工作人员的提示下重复节拍。	**体育与健康**：养成良好生活习惯，考查学生运动能力。 **艺术**：感受音乐强弱、速度与力度变化。	
第三关 结账	**道德与法治**：能文明排队结账，与收银员礼貌沟通，结完账后主动归还购物篮。 **语文**：课外阅读。能根据题目要求谈阅读体会。考查学生本学期共读书目和自读情况。 **数学**：会算总价并解决生活促销问题。	**道德与法治**：排队结账并与收银员礼貌沟通。结完账后主动归还购物篮。 **语文**：大方、清楚地说出读书体会。 **数学**：正确购买相应数量的物品，计算价钱，与同学合作找出最优购买方案。	**语文**：结账后，凭购物小票到赠书活动处转大转盘，回答转盘问题，回答正确获赠书。 **数学**：算出购物清单总价，算出满减后实际支付费用。
第四关 反馈 突发事件处理	**语文**：用文字反思。 **美术**：能选择工具、材料，采用画、撕、剪、贴等形式表现。 **道德与法治**：能面对突发事件选择正确应对方式。（钱包遗失、火灾、停电或地震。）	**语文**：勇于表达。 **美术**：用喜欢的材料和方式把所见所闻、所感所想表现出来，体验造型乐趣。 **道德与法治**：在突发事件中，选择下蹲行走、抱头移动等方式逃生。	1.学生根据随机抽取事件情境模拟处理办法。 2.学生回到教室，合作完成反思任务单，反思评价过程，提出建议。

（5）评价表

关卡	学科素养	内容	学业评价	自评
计划	**道德与法治**：做事有计划性、条理性，力求节约不浪费。 **语文**：口语交际（认真倾听）、拼音（能正确拼读音节并能正确书写音节）、识字（学习独立识字，能借助拼音认读汉字）、写字（掌	选一选	1.能按要求独立圈出并正确分类。（3星） 2.能按要求独立圈出，但分类有误。（2星） 3.在大人帮助下能按要求独立圈出并正确分类。(1星)	

续表

关卡	学科素养	内容	学业评价	自评
计划	握汉字基本笔画和常用的偏旁部首，按笔顺规则写字，字写得正确、端正、整洁）。 **数学**：数数（数数时按一定的顺序数，从1开始，数到最后一个物体所对应的那个数，即最后数到几就是这些物体的总个数）、书写（能把数字写正确，写美观）、整时的书写（写成几时或电子表数字的形式，建立时间观念）、在生活中仔细观察，获取信息。	估计价格	完成预估价格并记录下来。（2星）	
		估计用时	完成预估时间并正确记录下来。（2星）	
实施	**道德与法治**：文明取拿商品，如果有不要的商品主动归还原处。 **语文**：1.口语交际（与人交往文明有礼，注意说话音量，认真倾听）。2.生活中识字（借助图片、物品识字，喜欢学习汉字，主动识字）。3.在生活中获取信息。 **数学**：1.认识钟面、时针、分针（钟面上一共12个数，有时针和分针，时针短、分针长）。2.认识整时，并能正确书写（写成几时或电子表数字的形式）。3.位置（上下前后左右，参照物不同，相对位置也会发生变化）。4.解决问题（从不同的角度观察、分析，找到不同解题方法）。 **科学**：在选购商品时关注商品的出厂日期、保质期等信息。 **体育与健康**：健康、安全地生活，养成良好的生活习惯；考查学生的运动能力。 **艺术**：感受音乐强弱、速度与力度的变化。	我是小小观察员	1.能正确记录进入超市的时间。（1星） 2.能关注超市布局等信息（如收银台位置、商品分区等）。（1星） 3.能关注商品相关信息（如包装、价格、口味儿、生产日期、保质期、重量等）。（1星）	
		我是文明购物员	逛超市时，我做到了这些： （1）挑选商品轻拿轻放，取高处物品请人帮忙。（1星） （2）不要的商品放回原位。（1星） （3）不大声喧哗，不追跑打闹。（1星） （4）不推购物车玩。（1星） （5）能文明排队。（1星） （6）其他_____。（1星）	

关卡	学科素养	内容	学业评价	自评
结账	**道德与法治**：文明排队结账并与收银员礼貌沟通，结完账后主动将购物篮归还到超市指定位置。 **语文**：识字（在生活中借助实物猜读、求助他人等方法增加识字量，同时增强识字动机，提高识字兴趣）。 **数学**：减法（从总数里去掉一部分，求还剩多少，此关计算差额超出一年级知识范围，但在生活中经常运用，能根据生活经验完成此项任务可获得额外加星）。	准备结账	1. 能够选择人少的结账通道。（家长观察）（2星） 2. 选择人多的结账通道。（1星）	
		预估价格和实际相差	1. 能独立比较价格差异，并能把价格差异原因说清楚。（2星） 2. 能在帮助下比较价格差异，基本能把价格差异原因说清楚。（1星）	
		预估时间和实际相差	1. 能比较与预估时间的差异，并能说清楚理由。（2星） 2. 能比较与预估时间的差异，但不能说清楚理由。（1星）	
总结	**道德与法治**：看到自己的成长和变化，并为此感到高兴；能欣赏自己的优点，并以此激励自己不断进步，初步具有整理和反思生活的意识。 **语文**：1. 口语交际（把自己的想法表达清楚，乐于表达与交流）。2. 识字（在生活中借助图片、物品识字）。3. 写字（写字姿势正确，书写规范、端正、整洁） **数学**：1. 数数（把物品数量数清楚，数数时从前往后数也就是从小往大数）。2. 比大小（按照数的顺序，后面的数总是比前面的数大）3. 正确、美观书写数字。 **美术**：尝试以图文并茂的形式表达此次超市购物的计划，在生活与艺术互动中，获得用艺术的方法美化和表现生活的意识。	理一理	1. 能准确说出一共购了多少样商品。（1星） 2. 能准确说出水果类、蔬菜类和其他类商品的数量。（1星）	
		聊一聊	1. 能正确说出实际买的东西和任务表上的是否一致。（1星） 2. 能说出实际购买东西和任务表清单不一致。（1星）	
		分一分	1. 能正确分类，并能根据小票或者商品名称准确在任务单上书写出来。（2星） 2. 能正确分类，不能正确在任务单上书写出来。（1星）	
		画一画	1. 能根据观察将购买商品的大概位置画正确。（3星） 2. 根据观察能将部分商品的大概位置画正确。（2星） 能在家长帮助下将部分商品的大概位置画正确。（1星）	

续表

关卡	学科素养	内容	学业评价	自评
完成任务，盘点收获	语文：1.写字（写字姿势正确，掌握汉字的基本笔画和常用的偏旁部首，能按笔顺规则写字，把字写得正确、端正、整洁）。2.写话（对写话有兴趣，写自己想说的话，写出自己对周围事物的认识和感想）。3.口语交际（能把想要表达的意思说清楚，乐于表达）。美术：创造（选择自己喜欢的美术工具、材料，通过画、撕、剪、贴等不同形式表现出来）。	画一画	能用图画表达。（1星）	
		写一写	能正确写出自己的想法：1.能正确使用拼音。（1星）2.写字姿势正确。（1星）3.语句通顺。（1星）	
		其他方式	其他方式_____。（1星）	
额外加星	逻辑思维力、应变力、表达力等。		发现自己值得鼓励和点赞的地方。（星级由家长自评，最多5星，写明理由1星1条。）	
合计				

二、与生活融合的学科协同作业评价

（一）与生活融合的学科协同作业评价的内涵与特征

中共中央办公厅、国务院办公厅印发《关于进一步减轻义务教育阶段学生作业负担和校外培训负担的意见》，要求全面压减作业总量和时长，减轻学生过重的作业负担。作业是学生每天面临的日常性学业微评价，通过对作业内容、特征、形式、设计方式、评价方式、评价主体、激励方式、指导方式等多方面改革，提升与生活融合育人的整体教学质量。

1.作业设计回归生活经验

作业的内容和形式应该来源于学生的真实生活。只有当学生从"脱离情境的作业"到"融入情境的作业"，才能实现生动活泼而富有创造性的生命实践，才能推动学生的身体、社会、情感和智力等方面健康发展。作业自然成为一项充满无穷魅力的生活内容，这种生活是以意义生成与澄明为基本旨趣的。

为了能让学生通过学科联系生活夯实学生的学科素养和能力，并通过学科在生活中的运用来检验学科，学校各学科教师开发了学科和生活融合的拓展作业，推动学生更好地认识生活、理解生活、热爱生活、改善生活和创造生活。例如，三年级数学教研组长黄忆生带领老师设计数学拓展作业：跟家长一起逛超市，先预估购买物品的总价，再算出准确金额，正确付款；调查收集超市、商场、购物网站的优惠方式，理解买几送几、满减、打折的意思，计算购买时哪种方式最划算，用数学日记或手抄报呈现；让学生制作年历、月历，利用所学的年、月、日的知识猜猜生日，制作生日贺卡等；调查身边的人每天工作和做家务时间，并绘制复式统计表；调查自己家周围的主要建筑物，按照"上北下南，左西右东"绘制一幅示意图，用文字描述出这些建筑物分别在什么位置；在认识面积单位的基础上，制作若干面积单位，在家中选择物体，先预估被测物体表面积，并选择合适单位进行测量。还有很多教师结合劳动课程，设计"我是小厨师""小鬼当家"等体验式作业，在这个过程中，学生既要用到跨学科知识，又要结合生活小常识，这就把课本上的"死知识"变成了生活中的"活知识"。

为了把作业实施场地拓宽放大，使作业不局限于家庭，而是包括学校生活、家庭生活和社会生活等所有能够落实学科育人的场景，学校教师深入积极探索学生生活中的各种丰富的教育资源。例如，向思洁老师设计的综合实践活动作业"盘溪农贸市场的历史与变迁"，就需要学生走进学校附近即将搬迁的一个农贸市场开展调研才能完成。周园老师设计的道德与法治作业"十元钱千分爱"作为一项低成本创新项目，鼓励学生以不到十元的价格完成一项公益爱心活动，作业需要学生细致观察校园生活、社区生活才能完成。谭秀玉老师设计的道德与法治作业"劳动情况记录"，需要学生在家庭生活、社区生活中实际参与才能完成。

2. 作业实施注重学科融合

作业改革是教学改革的重要组成部分，作业不仅是学生达成认知目标的过程，更是学生生命意义的发展和创生的过程。而生命意义的丰富性，绝不只是单一、少数学科可以涵盖的，也绝不只是客观知识的获得、技能和策略的熟练化，还要获得生存智慧，如体验、交往、感觉、态度以及兴趣等。在玉带山小学，作业学科不仅有大家最常见的语文、数学、英语，还很可能是道德与法治、体育、音乐、信息技术、科学、综合实践、劳动技术作业的有机适量融合。

例如，吴红艳老师设计的"第一站"综合实践"轨道交通"课程作业"设计重庆不得不来的轨道交通旅游路线"，就涉及道德与法治（认识家乡）、语文（设计旅游路线、撰写游记）、数学（绘制方位图、比例尺）、英语（地名、方位、颜色）、美术（设计、制图）、信息技术（查询信息）等跨学科融合，这样的作业为学生在跨学科的综合素养培养提供了更多可能。再如，四年级的语文老师在《我学会了……》的习作中布置"学习一项家务劳动，记录劳动过程，发表劳动感悟"的作业，让学生带着任务参加劳动，带着思考参加劳动，带着情感参加劳动，将语文与劳动课程紧密结合。不仅让学生在亲身体验中完成了习作，还对提升学生的劳动观念起到积极作用。数学教师将比例知识与劳动结合，布置了一个"按比例调和佐料炒菜的作业"，即：按 1∶2∶3 的比例调和酱油、醋、糖佐料，为家人炒鱼香肉丝。

3. 注重多元开放

（1）评价主体开放

根据作业的难易程度和学生掌握情况，学校鼓励教师把作业评价的主体扩大。例如，有的作业，学生自评就可以，学生之间互评也可以，家长评也可以，社会人士评也可以，甚至不评价也可以。评价主体既开放给了学生、家长评价自主权，又减轻了家长负担。

（2）评价时间开放

学生根据作业的完成情况，和老师商议评价时间及是否需要延迟评价。如吴星柳老师结合三年级数学教材第一单元《位置与方向》以及第一站课程"轨道交通"绘制"重庆不得不来"的轨道交通旅游线路图，让学生根据重庆某一线的轨道交通路线图，指出地图上的东西南北四个方向，再说一说 A 站在 B 站的哪个方向，最后说一说从任意一站出发到另外一站的行车路线。吴星柳老师给出了"优秀""合格""待合格"评价，对于待合格和合格的学生可以给予第二次测评的机会。

（3）评价方式开放

根据作业的不同类型，可采用不同的评价方式。例如，学校教师对作业进行分类。基础性作业是教师全部批改，适当时可让学生互相批改，以利于教师全面了解学生掌握情况和学生深刻认识自己错误的原因。思维训练型作业采取的是部分学生将自己的思维方式和思维过程展现出来，为其他学生打开思路，激活思维。实践性作业采用集体交流反馈、家长或社区反馈意见相结合的方式。张华军老师设计的语文数学融合作业，就是一年级学生在超市中完成一次购物作业，接受家长和社会人士的现场评价。学生自主作业则是学生自主评价和小组的同伴评价相结合，教师适时点评，收集成册做今后的示范。

（二）与生活融合的学科协同作业实施案例

1. 寒暑假作业

个人的世界是由科学世界和生活世界有机组成的。这两个世界需要打通、平衡和融合。当学生离开学校的学科世界后，学生需要在家长的带领下参与真实的家庭生活、体验真实的社会生活。只有在真实的生活世界中观察、思考、实践，孩子才能热爱真实的生活，才能成就未来的美好生活。为此，学校最近几年坚持为各年级学生量身定做寒暑假作业，以此保障学生在长达 3 个月的家庭生活和社会生活中也能取得学科育人的成效，德智体美劳全面发展。

例如，吴晓容、陈英等老师设计的五年级《寒假生活》的内容，就是聚焦家庭生活与社会生活，包含学科拓展、科学、劳动教育、公共服务、科技制作、艺术审美、体育锻炼等，引导学生在真实的生活中解决真实的问题，使学生的学科素养在真实生活中得到体现和提升。如《寒假生活》共五个部分：第一部分——运动与阅读篇（必选每天打卡），每日运动记录、每日阅读记录。第二部分——劳动与安全篇（任选 3 项完成）：与父母一起大扫除、添置一次家庭年货、开展一次感恩行动、包一次新年汤圆、当一次消防小卫士。第三部分——文化与艺术篇（任选 3 项完成）：完成一次身临其境、发表对一次重大事件的看法、观看一部影片、学玩一个老游戏、贴一副春联、编制一张家庭编年史、为重庆打一次广告、完成一次调查、一个春节记忆。第四部分——科技与创作篇（任选 1 项完成）：编一个中国结、制作一个灯笼。第五部分——研学旅行篇（任选 1 项完成）：开展走亲访友活动、开展一次户外旅行。这些作业内容的设计，全都是围绕着学生离校之后的学科协同育人成效在家庭生活和社会生活的有效落实来进行的。

2. 自主作业

为了促进学生做学习和生活的主人，帮助学生学会学习，学会有效学习，学会深度学习，挖掘学生的学习潜能和创造个性，学校尝试将作业设计、实施、评价等领域向学生开放，赋予学生自主设计、实施甚至评价作业的权利，每月第二周的星期三，教师不布置作业，学生根据个人兴趣和个体需要自主设计作业并完成。为此，还制订了专门的自主作业指导纲要。学生针对本人独有的学习情况开展分析和研究，自主设计符合自己发展需要的作业，自主完成并自主评价，从而推动学生作业从内容到形式由"他主"走向"自主"。

自主作业包括学科类作业（如语文、数学、英语等学科作业）、跨学科作业（打破学科界限，不局限于单一学科作业，如数学与科学，语文与美术……体现学科融合的综合性作业）、学科与生活融合作业（鼓励学生观察生活，将设计的作业与生活建立联系）、实践性作业（如手工、实验、唱歌、创作……）、合作式作业（可与同学、伙伴、家长等合作完成）。

3. 学科拓展作业

学科拓展作业的实施，让作业不再是单一枯燥的，而是富有色彩、充满情趣的多元复合体，激发学生多方面的感官体验，在愉悦合理的情境中获取知识，培养学生可持续发展的学习能力，让学生知、情、意、行得到协调发展，能够自觉、主动、积极地完成作业，享受作业带来的成功与快乐。

第二节　真实生活情境中考查学生综合素质

研究表明，一个人在不知不觉中流露出来的行为是最真实的。因此，充分利用现实当中的真实具体情境，选择学生行为的观测点，去捕捉学生的无意识行为信息，是实现学生素质评价真实性的捷径。设置情境，只是把情境引入学校，但是和现实生活中对真实问题的处置仍然不是一回事，其中学生所经历的立场视角和态度体验完全是两回事。而教师评价、学生评价、家长评价还有社会评价等都对促进学生综合素质的形成具有重要意义，需要有机地将各种评价结合起来，形成一种促进学生素质形成的合力。

学生综合素质评价是全面实施素质教育、促进学生全面发展以及推动新时代育人方式和评价系统综合改革的关键。习近平总书记在全国教育大会上指出，要坚持把立德树人作为根本任务，扭转不科学的教育评价导向，要在增强学生综合素质上下功夫，教育引导学生培养综合能力，培养创新思维。我校综合素质评价上，经过不断迭代更新，学校构建了面向全体学生的、促进每一个学生德智体美劳全面发展的、"基本素质＋特色素质"的综合素质评价系统。同时，一、二年级取消纸笔考试，通过"乐评"的方式，尝试展开对低段学生学科综合素养评价的探索。

一、与真实生活融合的学生综合素质评价

学校的育人目标是"培养创造未来中国的学习者"，它具化为"六会""三力"，即"会生活、会思考、会阅读、会表达、会健体、会审美"，"创造力""领导力""自省力"，这是学校实施素质教育行动导向。长期以来，学校进行了不懈的评价改革探索，经过不断迭代更新，学校构建了面向全体学生的、促进每一个学生德智体美劳全面发展的、"基本素质＋特色素质"的学生综合素质评价系统。

（一）与真实生活融合的综合素质评价探索历程

对学生综合素质评价我们并非一蹴而就，而是经历了不断探索的过程。

1. 建立以综合学科为路径的评价思路阶段

"1+1+1"学业评价是针对语文和数学等各学科的学生学业评价。2016年，当学校启动学生综合素质评价改革时，首先想到并依托综合学科开展评价。事实上，这样是陷入了综合学科评价等于综合素质评价的误区。因为，各综合学科其实都有自己独立的评价标准，这些既定的标准被限定在本学科范围内，无法在同一个学生的身上得到有机贯通。

2. 尝试建立以学生模糊评价为路径的评价思路阶段

围绕学校"培养创造未来中国的学习者"的育人目标，学生处牵头制订学生综合素质评价标准。这个评价标准加上原有的"1+1+1"学业评价组成了学生评价体系。但是，在实际运行中发现存在以下问题：一是评价内容模糊，缺乏支撑，属于模糊评价；二是评价主体单一，仅有教师主体，缺乏学生、家长主体；三是评价形式单一，只有教师期末一页甚至几行点评等纸笔评价方式，这与多元、立体、多维的评价原则相悖。

3.尝试以活动为载体，搭建综合素质评价思路阶段

学校常年开展丰富的育人活动，这些活动极大地推动了学生的各项素质发展。以此为切入口，学校开展了从活动入手推进学生综合素质评价体系改革的探索。

学校以第38届田径运动会作为改革契机，聚焦国家五育目标和校本育人目标，制订了运动会学生综合素质评价表。评价表以本次运动会活动内容为载体，促进学生不仅个个参与、人人展示，还有评价反思。活动结束后，每个学生都需要完成运动会综合素质评价表。

评价表分为三个部分：一是评价内容，包括本次运动会的所有项目，开幕式展示、田径竞赛、大手牵小手、学生志愿者、啦啦队表演；二是育人目标，包括国家德智体美劳五育目标，学校"六会""三力"校本育人目标；三是量化评价，采取自评、他评、师评和家长评，得星赋值等多主体、多样评价方式。2019年，学校汇总当时的2 800份评价表，对紫荆之星总数进入前300名者授予紫荆金星，总数300～900名者授予紫荆银星，并颁发奖状。加上单项奖状、集体奖，本届运动会全校发出1 200多份奖状。

玉带山小学第38届田径运动会项目及育人思考

活动内容	参与人员	五育目标	校本育人目标
开幕式展示	每一位学生	德育、智育、美育	审美、创新创意、表达
田径竞赛	各班选拔运动员	德育、体育	会健体、团结协作、公平意识
大手牵小手	高低年级结对，人人参与	德育、劳育	会表达、领导自己，服务他人
学生志愿者	没有参加运动项目学生	德育、劳育	会表达、领导自己，服务他人、创造能力
啦啦队表演	特长班级	美育	创新创造力、会审美
自制帽子	所有学生	美育、智育、劳育	创新创造力、会审美、动手实践能力

通过这次评价，学生发现了自己过去被忽略或被隐藏的能力，展现了自己独有的精彩。学生获得紫荆奖状时非常惊喜，特别是田径运动并不擅长的学生，他们对自己的收获感到意外而欣喜，眼神中藏不住的自豪。一位六年级学生家长看到孩子获得的紫荆金星奖，激动地说："我的孩子快毕业，田径竞赛是他不自信的地方，以前运动会上从来都是默默无闻，这次竟然在运动会上获奖，拿着奖状回家高兴得手舞足蹈。"这次在学生日常校园生活中开展学生综合素质评价改革，让我们对学生综合素质评价的改革路径有了更清晰、更坚定的认识。

（二）与真实生活融合的综合素质评价体系构建

学校不放过在每一次活动中开展学生综合素质评价的机会，不断完善顶层设计，让活动成为学生综合素质评价的良好载体。尽管以活动为载体的综合素质评价取得了良好的效果，长此以往，完全以活动为载体的综合素质评价缺乏与真实生活的融合，宽泛的"五育目标"和"校本育人目标"表达过于模糊，缺乏具体评价的精准。在此基础上，为了最大化评价效益，充分挖掘生活教育的价值，学校将综合素质评价表进行了校本化的改进。

1. 建立与真实生活融合的综合素质评价内容

将国家层面的五育，结合学校层面的"六会""三力"分两层设定评价点。综合素质评价结合学校育人目标校本化落实德智体美劳全面发展目标，建立起与生活融合的家校社协同综合素质评价体系。

重庆市江北区玉带山小学学生综合素质评价表

类别	国家要求	校本表达及具体项目		评价内容及标准	分值	总评
基本素养	德	爱国主义	爱党	1. 热爱中国共产党。	5、4、3、2、1	
				2. 了解党史，爱惜党旗。	5、4、3、2、1	
				3. 听党话，跟党走，做一名优秀的少先队员。	5、4、3、2、1	
			爱国	1. 爱家乡，爱祖国。	5、4、3、2、1	
				2. 升国旗、奏国歌中，保持肃静，立正，脱帽向国旗行注目礼，少先队员行队礼。	5、4、3、2、1	

续表

类别	国家要求	校本表达及具体项目		评价内容及标准	分值	总评
基本素养	德	爱国主义	爱国	3.以作为一个中国人为荣。	5、4、3、2、1	
			爱社会主义	1.了解社会主义核心价值观的具体要求。	5、4、3、2、1	
				2.能背诵24字社会主义核心价值观。	5、4、3、2、1	
				3.树立远大的理想和坚定的信念,努力践行社会主义核心价值观。	5、4、3、2、1	
		会生活	遵纪守法文明有礼	1.热爱学校,遵守校规、班纪,并落实到日常行动中。	5、4、3、2、1	
				2.遵守公共秩序、交通规则、消防安全。	5、4、3、2、1	
				3.尊敬师长,友爱同学,知错就改,答应别人的事努力做到。	5、4、3、2、1	
			乐观开朗健康向上	1.情绪稳定,积极乐观,遇到困难想办法。	5、4、3、2、1	
				2.时间管理恰当,能妥善完成基本学习任务。	5、4、3、2、1	
				3.人际交往好,能与人合作。	5、4、3、2、1	
	劳		热爱劳动生活自理	1.认真值日,做到踏实肯干,不怕脏,不怕累。	5、4、3、2、1	
				2.日常生活中自我服务,努力掌握小学生生活技能。	5、4、3、2、1	
				3.积极主动参与学校活动,参与社区服务。	5、4、3、2、1	
	智		会思考	1.课堂上能独立思考老师的问题,主动举手发言。	5、4、3、2、1	
				2.善于质疑,主动提出问题。	5、4、3、2、1	

续表

类别	国家要求	校本表达及具体项目	评价内容及标准	分值	总评
基本素养	智	会思考	3.会尝试利用掌握的学科知识来解释生活中的现象。	5、4、3、2、1	
		会阅读	1.每天能坚持阅读课外书。	5、4、3、2、1	
			2.能运用精读、泛读、浏览、速读等一定阅读方法进行阅读。	5、4、3、2、1	
			3.能利用图书馆、网络等信息渠道尝试进行探究式阅读。	5、4、3、2、1	
		会表达	1.能用书面和口头方式主动表达观点,并能顾及他人的感受。	5、4、3、2、1	
			2.普通话表达,态度诚恳,语言流畅,思路清晰。	5、4、3、2、1	
			3.书面表达书写工整,思路清晰。	5、4、3、2、1	
	体	会健体	1.认真上好体育课,做好眼保健操和课间操,积极参加体育节。	5、4、3、2、1	
			2.知道基本健康常识,合理安全膳食,体质测评合格。	5、4、3、2、1	
			3.有至少一项体育爱好,能长期坚持体育锻炼。	5、4、3、2、1	
	美	会审美	1.认真上好艺术课,达到课程标准要求。	5、4、3、2、1	
			2.仪表美,穿戴得体。	5、4、3、2、1	
			3.积极参加艺术活动,有一定的艺术表现能力,能自主创作艺术作品。	5、4、3、2、1	
特色素质	五育	个性特长实践创新	根据学校期末综合素质评价奖项设置,通过自主申报,同学互评,班级认定获得紫荆_____奖。	5、4、3、2、1	

2. 建立与真实生活融合的综合素质评价机制

（1）全程评价

学期初，学生自主申报"基本素质＋特色素质"项目；学期中，融入"生活＋学科融合育人实践"，自主实施、动态完善综合素质电子档案；学期末，通过学生自评、同学互评、家长和学生共评，贯通课内、课外、校内、校外，全面覆盖，为学生颁发综合素质测评"紫荆奖"专属奖章，学生综合素质测评奖状；在促进学生德智体美劳全面发展的同时，让每个学生都能找到自我进步的闪光点。

（2）多元评价

评价主体多元，评价将学生、教师、家长以及社会人士都纳入评价主体，建立起学校、家庭、社会"三位一体"的学生综合评价体系。以学生处全面牵头统筹学生综合素质评定工作，以班级为单位开展工作，每个班级成立由班主任和科任教师组成的评定小组，同时开展自评、互评、教师评、家长评价，甚至邀请社会人士参与评价。评价方式多元，综合素质评定小组以学生的日常表现为依据，如课堂即时评价、活动同步评价、成长全程评价，每学期结束时对每个学生进行阶段性评价，通过参考各种资料，经集体讨论，给予学生客观、公正的评价，利用能够反映学生学习过程和结果的有关数据和其他形式的行为表现来描述学生的综合素质情况。阶段性评价的结果形成每个学生都有的《小学生综合素质评价手册》。

（三）与真实生活融合的综合素质评价常态实施

1. 课堂即时评价

在课堂教学中对学生展开即时评价，各学科教师在日常教学中注意观察学生的进步和发展，收集学生在课堂中的学习投入、主动参与、认真程度等表现。教师在教育教学过程中采用多样的、开放式的评价方法，如口头评价、成果评价、访谈交流、行为观察、问卷反馈、情境测验等，及时评价每个学生"会阅读""会思考""会表达"等"智育"表现，满足每个学生的发展需要。评价体系中，"即时评价"看起来细小、琐碎，但却是最直接、明确、简易的评价方法，也是教育教学中使用频率最高、对学生影响最直接、最有效的过程性评价方式。

例如在一年级，不少教师用印有班徽的"积分"对学生的智育表现进行即时性评价，当学生有精彩表现时，随即给学生发放积分。在日常教学中，借助"积分"对课堂上积极参与学习、有精彩表现的学生给予鼓励。相应地，当学生有未完成学科作业、课堂上影响同学等不良表现时，也会扣除一定的积分，到了月末，班上进行"积分"兑换活动，学生用努力积攒的积分到学科教师那里参与抽奖，兑换心仪的学习用品、体育用品、图书、玩具等，每一样东西都"明码标分"，学生根据自己的积分和兴趣换取礼品，学生把自己的进步换成实实在在的礼物，是一种"看得见摸得着"的快乐。这整个过程充满仪式感，学生把它看成一个庄严的活动，是集体对个人进步的认可与嘉奖，虽然只是一个从非量化到量化的小小的改变，但是学生收获了对自己的肯定、对他人的欣赏、对集体的责任。

2. 活动同步评价

以活动为载体的评价是实施综合素质评价的主要路径之一。大到演讲比赛、发明创造、舞蹈体育等丰富多彩的活动，小到一次升旗仪式、班级大扫除，都是综合素质评价的载体。在真实的活动中进行评价，培养学生学习兴趣，多角度、多层次地发现学生成长的可能性，挖掘学生优势领域的潜力，实现学生个性特长的发展，促进学生德、智、体、美、劳全面发展。育人活动实施中，学校力求挖掘每项活动的育人内涵，依据综合素质评价的具体内容评价学生。

例如学校的"六一"庆祝，融合科技节与艺术节两大校园节日，就有机融入了具有德育、智育、美育、劳育内涵的学生活动。A-STEM 项目设置了丰富的自选挑战赛项目，让更多的学生拥有展示个性特长的机会，学生以个人或团体的形式，自愿报名参加，海选进入决赛。项目主要包括：一二年级纸飞机、三四年级橡筋飞机、五六年级纸火箭，此外，还设置了飞叠杯、魔方、铁丝陀螺等竞技项目。艺术展演中，舞蹈、器乐、声乐三项内容让有不同才能的学生任其所长，灵动优雅的古典舞、热情澎湃的情景剧、缤纷多彩的古风走秀等。毕业爱心义卖中，六年级学生开设了各具特色的义卖摊，如"解忧杂货铺""快乐星球"等，纷纷扮演"导购员""收银员"等角色，采取各类营销战术吸引顾客，积极售卖自制玩具、手工、美食等，为班级筹集善款。操场上，低年级学生三五成群、人头攒动，兴高采烈地拥到各个摊位，献出一份暖暖的爱心，一、二年级的"小顾客"也"不负所望"，给出了最真实的评价反馈。在丰富的活动中，学生"会审美""会健体""会生活"等素质得以体现。

3.成长全程评价

成长评价应收集能够反映学生发展提高的重要资料，包括学生的自我评价，来自同学、教师、家长的评价信息，学生在活动中的突出表现，学业评价的阶段成绩，学生的最佳作品等。学生是成长记录的主要记录者和管理者，成长记录要始终体现诚信的原则，教师、同学、家长等多主体开放性地参与，使记录的情况典型、客观、真实，便于展示。如高年级语文教师采用成长记录袋评价学生的阅读水平和阅读能力，能够有效反映出每位学生在阅读上的不断进步。先由师生共同参与，建立成长记录机制，设计出符合学生认知特点，以及个性特征的阅读记录卡，主要内容包括每个学生要阅读的目标书籍，经典词句的积累摘抄、朗读情况以及阅读后的感想等。阅读卡的颜色、装饰等，都由学生自由发挥。接着，教师指导学生分计划类、过程类、成果类与反思类四个类别记录阅读的成长。每一类别对应的具体项目不同。计划类主要是学生制订的阅读计划，过程类主要显示阅读的进程，这种卡片设置为陡坡形，学生每完成一个目标，便可以上升一级。成果类内容丰富，包括了阅读策略卡、好词好句积累卡、阅读感想记录卡、阅读创作卡等，学生记录自己阅读过程中运用或学会的新的阅读策略，积累的生字、生词以及优美句子，阅读过程中自己对文本的理解与感受等，以及阅读之后自己创作的阅读手抄报。反思卡主要是记录学生对自己阅读过程的自我评价与反思，通过收集阶段性阅读反思卡与阶段阅读评价卡，引导学生思考自己的优势与不足，促使学生养成良好的阅读习惯。另外，还设置了有相对应的评价指导的家长评价卡。当学生完成了部分内容后，班级内进行的成长记录展示，学生利用班会课互相传阅，让同班同学了解和知道每一个人的成长记录袋的情况。教师则根据每位学生的阅读卡完整度、精确度、坚持时间长度等各项条件评价优胜者进行表扬或奖励，引导学生回顾阅读过程，再次促成学生自我评价与反思，在调动学生积极性的同时促进其个体创造力的发挥。

二、考查学生学科综合素养的小学低段"乐评"尝试

学科综合素养作为学生综合素质的重要组成部分，也是学生综合素质评价的重要内容之一。"乐评"从学科整合的角度对学生进行全面评价，依据各学科课

程标准，借助主题情境，创设真实任务，通过观察学生完成任务的表现，展开学生学科综合素养评价。

（一）小学低段"乐评"探索历程

玉带山小学从 2016 年开始评价改革，低段年级取消"一张试卷"的评价方式，采用学科内分版块及时评价、学科间融合评价。2018 年，学校进一步取消学科纸质评价，推出无纸化评价——"乐评"。从创设生活情境的评价到在生活中的评价，玉带山小学的评价改革经历了如下历程：从 1.0、2.0 版的游戏闯关，分别评价语文、数学学科素养；到 2019 年 3.0 版的模拟生活场景，整合语数学科素养进行评价；再到 2020 年后，学校一、二年级所有学科综合素质素养评价，均已全部实现在真实生活情境中完成。评价场地回归到了家庭、社区、商场、交通枢纽等，通过全程录像、陪同观察、社区回访、家长访谈、线上调查、同学反馈、自我评价等形式，学生自己、教师、同学、家长、邻居甚至陌生人都有可能成为评价考官，学生综合素养在真实的生活中得以自然呈现，学生在不知不觉中接受学科检验。评价不再局限于教室，扩展到了家庭、社区及其他生活空间，形成校内校外连续、完整又全面的评价。学生学业水平从单一学科知识评价到多学科综合评价，从一次评价到全程评价，从定时评价改为延迟评价，从单一主体评价到家校社协同评价，评价在生活中接受检验，学生在评价中快乐成长。

玉带山小学"乐评"从创设生活情境到真实生活情境的发展

2018 年秋季学期	2019 年春季学期	2019 年秋季学期	2020 年春季学期	2020 年秋季学期	2021 年春秋季学期	2022 年春秋季学期
1.0 版	2.0 版	2.0 版	3.0 版	3.0 版	4.0 版	4.0 进阶版
1. 打通二年级分学科、分版块测试。2. 引入情境闯关形式考查语数学科核心知识和核心能	1. 结合第一站综合实践活动进行主题式评价。2. 扩大评价内容，提高开放性和选择性。	1. 生生合作。2. 学生自主参与命题。3. 学生、家长等全员参与。4. 学科综合。	1. 突出评价的差异性和层次性。2. 评价去形式化，突出学科本质。3. 指导家长。	1. 疫情背景下，以家庭生活考评为主。2. 反馈方式多样化。有视频、图片、手抄报。	1. 从模拟情境到真实生活场景，在不同的生活场景中展开真实任务评价与生活融合。	1. 梳理每个学科学期学科素养，让任务与学科素养对照起来形成评价，以核心素养为纲，让真实

续表

2018年秋季学期	2019年春季学期	2019年秋季学期	2020年春季学期	2020年秋季学期	2021年春秋季学期	2022年春秋季学期
1.0版	2.0版	2.0版	3.0版	3.0版	4.0版	4.0进阶版
力点。 3.学生在游戏闯关中完成评价。	3.设置必须参与项目、可选择项目、供挑战项目。	5.学科知识在生活中运用。 6.学生个性化1对1测试。 7.以学促教导向。	4.形式以操作和交流为主。内容突显情境化。评价功能上，更充分体现各类能力检测。		2.加强学科间相互关联，实现跨学科综合评价。 3.打通家校社多元评价。	评价更有据可依。 2.让评价者清楚评价目的。

（二）小学低段"乐评"实施策略

1.真实评价

一、二年级所有学科综合素养评价均已全部实现在真实生活情境中完成，结合学生社区资源，开发了四个评价主题任务："小鬼当家"之超市购物、"小鬼当家"之外出就餐、"小鬼当家"之地铁出行、"小鬼当家"之"我是小厨师"。学生在熟悉的生活中开展评价，学校的评价改革方式一经推出，就受到了广大学生、家长的认可，由此成了学校评价改革的精品项目。

（1）任务真实

如2022年春季学期一年级"乐评"——"小鬼当家"之外出就餐，在评价任务之前给了学生一个真实而具体的任务：今天是一个特别的日子（比如进步日、表扬日、纪念日、生日……），我和家人准备庆祝一下！重庆可谓是美食之都，小面、火锅、串串、中餐等应有尽有。爸爸妈妈决定让我这个"小鬼"当家做主，和他们商议确定美食、用餐时间和地点等，带领他们寻找美味，体验美食之旅。2022年春季学期二年级"乐评"——"小鬼当家"之"我是小厨师"：又是一个"乐评季"，我要用学科知识完成任务，并锻炼和展示我的劳动能力！这个周末，我要特地给家人做一道菜。通过一段完整的描述，学生和家长都能明确要完成的主要任务是什么，在怎样的真实生活情境中去完成。

（2）过程真实

评价以闯关的形式推进，每个关卡都力求还原真实生活的过程。如2022年春季学期一年级"乐评"——"小鬼当家"之外出就餐，真实生活中一个人要请客吃饭，都要经历"精心选餐厅—与餐厅预约—选择菜品—品尝美食—支付费用—进行评价"这一系列流程。2022年春季学期二年级"乐评"——"小鬼当家"之"我是小厨师"，真实生活中一个新手做菜往往都要经历"做什么—怎么做—买食材—切菜、准备配料—煎炒—品尝"等一系列流程。因此，"外出就餐""我是小厨师"评价也是按照生活中这一真实流程推进开展。在真实生活的过程中展开评价，学生不会对所学知识的用途产生迷茫和疑惑，而是能够直接感受到过程的现实生活意义，他们不用绞尽脑汁思考"标准答案"，而是更专注于过程本身，尝试用自身已有学科素养积极解决问题，也更能真实评价。

2. 跨学科评价

根据2013年6月《教育部关于推进中小学教育质量综合评价改革的意见》（教基二〔2013〕2号）中提出要建立健全中小学教育质量综合评价体系，[1]建立综合评价指标体系、健全评价标准、改进评价方式方法、科学运用评价结果。随着教育部《义务教育课程方案和课程标准（2022年版）》的颁布，各学科都积极倡导跨学科主题任务活动，加强学科间相互关联，而在真实生活中更能对学生素养进行综合性评价。解决真实生活中的问题，往往是多个学科、多种素养共同协作完成，而不是单一某一个学科、某一种能力就能解决的，因此跨学科评价更能全面考查一个学生的综合素养。

（1）跨学科梳理评价要点

2022年，新修订的义务教育课程方案明确了"聚焦核心素养，面向未来"的课程建设基本原则，强调核心素养作为育人目标的重要地位。这与学校一直探索实践的"乐评"不谋而合。在此背景下，当大多学校还停留在分学科模拟情境的评价阶段，玉带山小学通过研读语文、数学、道德与法治、美术等学科课程标准，基于教材，结合学情，梳理出了各学科的评价点，指导评价设计。

---

[1]教育部.关于推进中小学教育质量综合评价改革的意见[J].基础教育参考,2013(7).

2022 年春季学期一年级各学科素养及"乐评"评价点

学科	素养要求		评价点监测
语文	识字与写字	1. 喜欢学习汉字，有主动识字、写字的愿望。认识常用汉字 400 个，会写汉字 200 个。	√
		2. 喜欢学习汉字，有主动识字、写字的愿望。	√
		3. 认识大写字母，熟记《汉语拼音字母表》，学习使用音序查字法查字典。	
		4. 掌握汉字的基本笔画、常用偏旁，能按笔顺规则写字，注意间架结构。	√
		5. 养成良好的写字习惯，写字姿势正确，书写规范、端正、整洁。	√
	阅读	1. 喜欢阅读，感受阅读的乐趣。	√
		2. 用普通话正确、流利地朗读课文。	√
		3. 结合上下文和生活实际了解课文中词句的意思，在阅读中积累词语。	
		4. 学习借助读物中的图画阅读。	√
		5. 积极参加讨论，敢于发表自己的意见；与他人交流，态度自然大方，有礼貌。	√
		6. 通读儿歌、儿童诗和浅近的古诗，展开想象，获得初步的情感体验，感受语言的优美。	
		7. 认识课文中出现的常用标点符号。在阅读中体会句号、问号、感叹号所表达的不同语气。	
	口语交际	1. 学说普通话，逐步养成说普通话的习惯。	√
		2. 能认真听别人讲话，努力了解讲话的主要内容。对写话有兴趣，会写想表达的语言。	√
数学	数与代数	1. 喜欢数数，主动熟练地数 100 以内的数，会读、会；比较 100 以内数的大小，用 100 以内的数表示日常生活中的事物并进行简单的估计和交流。	√
		2. 口算 20 以内的退位减法，会计算 100 以内两位数加、减一位数和整十数，会用加、减法计算知识解决一些简单的实际问题。	√

续表

学科		素养要求	评价点监测
数学	数与代数	3.喜欢观察和发现，在生活中发现和探索数学美的意识，探索图形、数字排列中简单的规律。	√
		4.爱护人民币，经历从生活中发现并提出问题的过程，体验数学与日常生活的密切联系，感受数学在生活中的作用。	√
	空间与图形	主动认识，正确判断长方形、正方形、三角形、圆、平行四边形，观察仔细有条理。	√
	统计与概率	结合生活实际初步了解分类的方法，会进行简单的分类。	√
道德与法治	情感与态度	1.爱亲敬长；爱集体、爱家乡、爱祖国。	√
		2.珍爱生命；热爱自然。	
		3.自信向上；诚实勇敢；有责任心。	√
		4.喜欢动手动脑；乐于想象与创造。	√
	行为与习惯	1.初步养成良好的生活、卫生习惯。	√
		2.养成基本的文明行为习惯。	√
		3.乐于参加劳动和有意义的活动。	
		4.保护环境；爱惜资源。	√
	知识与技能	1.掌握自身生活必需的基本知识和基本技能。	√
		2.具有与同伴友好交往、合作的基本方法和技能。	√
		3.具有初步探究能力。	√
		4.初步了解生活中的自然、社会常识。	√
		5.做事有计划性、条理性，掌握自身生活必需的基本知识和基本技能。	√
	过程与方法	1.体验提出问题、探究或解决生活中的问题的过程。	√
		2.初步体验与社区和社会生活相联系的学习过程。	√
		3.学习几种简单的调查研究方法并尝试应用。	√
		4.健康、安全地生活，初步养成良好的生活、卫生习惯。	√

续表

学科		素养要求	评价点监测
美术	造型表现	尝试不同工具，用纸以及身边容易找到的各种媒体，通过看看、画画、做做等方法大胆、自由地把所见所闻、所感所想的事情表现出来，体验造型活动的乐趣。	√
	欣赏评述	观赏自然和各类美术作品的形与色，能用简短的话语大胆表达自己的感受。	√
	设计应用	尝试不同工具，用身边容易找的各种媒体，通过看看、画画、做做等方法进行简单组合和装饰，体验设计制作活动的乐趣。	√
	综合探索	采用造型游戏的方法进行无主题或有主题的想象、创作、表演和展示。	√
科学	概念	1. 物体：①物体的颜色、形状、轻重、厚薄、表面粗糙度等特征可以被我们观察和描述。②不同的物体之间有许多相同和不同的特征，我们可以根据这些特征对它们进行分类。③水和空气具有无色、无味、会流动的特征。④植物会生长和死亡。⑤能说出周围常见植物的名称及其特征。	
		2. 动物：①知道地球上生活着多种多样的动物。②知道不同的动物具有共同的特征，同一种动物也有个体差异。③知道动物是有生命的，是生物。④知道动物会运动、呼吸、生长、繁殖和死亡。⑤体会动物生活在适宜的环境中，他们需要空气、食物、水、阳光等。⑥知道动物可以通过眼、耳、鼻等器官感知环境。⑦说出周围常见的动物名称及其特征，知道按一定的标准可以给动物分类。	√
	探究	1. 能运用多种感官和简单的方法观察和描述事物间的相同之处和不同之处。	
		2. 能以讨论、绘画、书写等形式进行描述和交流。	√
		3. 尝试以图标的形式组织信息。	√
		4. 在教师的指导下，能够对信息进行整理和分类。	√
		5. 在教师的指导下，能够回顾和反思探究的过程和方法。	

学科		素养要求	评价点监测
科学	态度	1. 认同以图表形式组织和交流信息的重要性。	
		2. 乐于在情境中学习，保持对一个问题的好奇心和探究兴趣。	√
		3. 乐于小组合作探究，能主动参与合作学习活动。	√
		4. 愿意倾听他人的意见，乐于讲述自己的观点。	√
	科学、技术、社会与环境	1. 认识到水和空气是重要的资源，需要珍惜和保护。	
		2. 知道不同的物体有不同的特征，在我们的生活中发挥着不同的作用。	√
音乐	感受与鉴赏	1. 模仿自然界的各种声音。	
		2. 知道歌曲对应的情绪。	√
		3. 感受乐器的声音，辨别乐器的音色。	
		4. 感受音乐的强弱、速度与力度的变化。	√
	表现	1. 能够用自然、优美的声音演唱。	
		2. 能够用不同的速度、力度表现歌曲的情绪。	
		3. 能够配合歌曲做动作。	
	创造	1. 能够模仿自然界的声音。	
		2. 能在唱歌或者聆听时做即兴的动作。	
		3. 能够为歌曲二次编创歌词。	

（2）跨学科明确评价任务

一、二年级综合素质评价的设计基于梳理的学科素养，将学生要达成的目标内置于评价任务中，因此，大多任务都具有跨学科特点，学生要解决的是来自真实生活的问题。

案例：走进餐馆，享受美食

1.确认信息，会交谈。

（1）我能用以下方式读出菜品名称。（可多选，在对应括号里打"√"）

自己全部认识（　　　）　　　根据图片猜测（　　　）　　　根据偏旁猜测（　　　）

询问服务员（　　　）　　　请求家人帮助（　　　）　　　其他_____（请补充）

（2）我看到菜谱中最有趣的菜名是_____（记录下来），菜谱中有这些生字我不认识_____，回家之后我会查查字典了解它或马上手机搜索查询。

（3）询问家人对菜品口味、搭配等的要求。　是（　　　）　　　否（　　　）

（4）跟服务员表达点餐要求，完成点餐。　是（　　　）　　　否（　　　）

2.等待就餐，来观察。

（1）数一数：店里一共有（　　　　　　）张餐桌。

（2）估一估：店里一共能容纳（　　　　　　）人就餐。

（3）分一分：

　　　　　　　餐桌表面的形状　　　　　　　　　　　每张餐桌容纳的人数

正方形（　　　　　　）张。　　　　　　　（　　　　　　）人桌（　　　　　　）张。

长方形（　　　　　　）张。　　　　　　　（　　　　　　）人桌（　　　　　　）张。

圆形　（　　　　　　）张。　　　　　　　（　　　　　　）人桌（　　　　　　）张。

其他_____（　　　）张。　　　　　　　其他_____人桌（　　　　　　）张。

（4）观察餐馆的环境布置。（　　　　　　）（多选）

A.餐具摆放整齐　B.墙面张贴装饰　C.灯光搭配舒适　D.其他

（5）观察餐馆环境的清洁卫生。（　　　　　　）（多选）

A.桌面干净　　　　B.墙面干净　　　　C.地板干净　　　　D.其他

（6）其他观察_____。（请补充）

3.享受美食，养习惯

（1）记录用餐的好习惯，在对应括号里打"√"（可多选）。

餐前洗手（　　　）　　　使用公共调料勺（　　　）　　　说话音量适中（　　　）

不抢座位（　　　）　　　不只挑爱吃的菜（　　　）　　　不反复翻菜　（　　　）

注意餐桌整洁（　　）　　轻拿轻放餐具（　　）　　　其他_____（请补充）

（2）积极参与"光盘行动"，在对应括号里打"√"。

刚好够吃（　　　）

没有吃完（　　　）
{
剩余丢弃（　　）　原因：_____（请写明）

剩余打包（　　）　原因：_____（请写明）
}

2022年春季学期一年级"乐评"，第二关"走进餐馆，享受美食"设置的任务包含了本学期语文、数学、道德与法治等多学科素养：学生通过认读菜谱评价识字能力；通过观察餐馆环境、布置等，评价数学空间图形和科学颜色、形状分类学科素养；通过询问父母喜好、交谈用餐感受或和服务员沟通点餐，评价口语交际能力；通过用餐中如餐前洗手、使用公共调料勺、使用餐具时轻拿轻放、说话音量适中、注意餐桌整洁、适量点餐等习惯、态度，评价道德与法治学科中的文明礼仪。例如，仅"确认信息，会交谈"这一项任务，学生通过完成阅读菜单、询问家人点餐要求、与服务员沟通点餐等任务，完成对语文识字与写字、阅读与鉴赏、表达与交流，道德与法治"爱父母长辈，体贴家人"，科学"以讨论等形式进行描述和交流"等多学科的综合素养评价。

（3）跨学科制订评价标准

好的评价标准起着双重作用，一方面内置学科素养，另一方面提供评价依据。评价表中的评价标准不是只突出了单一学科素养，而是将各学科素养有机融合，并和评价任务一一对应。评价表中的"学科素养"能直接反映学生的所知所能，既便于学生认识自己，更能根据评价标准进行综合评价。

2022 年春季学期一年级各学科素养及"乐评"评价表

关卡	学科素养	关卡内容	评价等级	自评	家长评
计划	1.语文：生活中识字、写字、交际。	1.用餐信息，我来定。	（1）能正确记录用餐时间。（1星）		
			（2）能正确记录用餐人数。（1星）		

续表

关卡	学科素养	关卡内容	评价等级	自评	家长评
计划	2. 数学：运用100以内的数进行估计和交流；正确书写数字与整时。 3. 道德与法治：做事有计划性、条理性，掌握生活基本技能。	1. 用餐信息，我来定。	（3）能正确记录用餐类型。（1星）		
			（1）能记录餐馆店名。（1星） （2）能记录地点选择方法。（1星） （3）能记录地点选择理由。（1星）		
		2. 预算费用，我来估。	能记录预算费用。（1星）		
		3. 预订用餐，我来说。	选做：记录订餐电话；打电话或到店预定用餐时间、人数。（1星）		
		4. 计划出行，我来选。	（1）能查阅导航，记录餐馆离家距离。（1星）		
			（2）能自主选定出行方式并写明原因。（1星）		
用餐	1. 语文：生活中识字、写字、口语交际、阅读。 2. 数学：分类、整理，探索图形、数字排列中简单的规律。 3. 道德与法治：敬爱长辈，体贴家人；初步养成良好的生活、卫生习惯；养成基本的文明行为习惯。	1. 确认信息，会交谈。	（1）能用一定的方式读出菜品名称。（2星）		
			（2）能自主观察菜谱，记录最有趣的菜名，并记录菜谱生字回家查询。（1星）		
			（3）能主动询问家人对菜品口味、搭配等的要求。（1星）		
			（4）能主动跟服务员表达点餐要求，完成点餐。（1星）		
		2. 等待就餐，来观察。	（1）能数出店里餐桌数量。（1星）		
			（2）分一分：（每点2星）按照餐桌表面形状将店里的餐桌正确分类；按照每张餐桌能容纳的人数将店里的餐桌正确分类。		

续表

关卡	学科素养	关卡内容	评价等级	自评	家长评
用餐	4.科学：观察和描述物体特征，并进行分类，能以讨论、绘画、书写等形式进行描述和交流。	2.等待就餐，来观察。	（3）能估算店里同时容纳就餐人数。（1星）		
			（4）能观察餐馆环境布置。（1星）		
			（5）能观察餐馆环境清洁卫生。（1星）		
			（6）有其他观察。（最多2星，观察到一点即可获得1星）		
		3.享受美食，养习惯。	（1）记录用餐习惯。如餐前洗手、使用公共调料勺、说话音量适中等。（最多10星，做到一项即可获得1星）		
			（2）光盘行动或写明未光盘处理办法及原因。（2星）		
			（3）餐后，能用一句话记录用餐评价。（2星）		
结账	1.语文：生活中识字、写字 2.数学：100以内数的加减、人民币计算、比大小、解决生活实际问题。	1.用餐时长，我来记。	（1）能记录用餐时长。（1星）		
			（2）能记录支付的用餐费用。（1星）		
		2.费用支付，我来算。	（1）能使用现金支付，核对找零。（2星）		
			（2）能记录并比较实际用餐费用与预计用餐费用并写明差异原因。（2星）		
评价	1.语文：生活中识字、写话、表达与交流。 2.音乐：知道歌曲对应情绪。 3.美术：造型游戏，用纸、笔、手机记录。	1.用餐时光，我记录。	（1）能写一写活动中自己做得好的、需要改进的地方，或者印象深刻的事情及感受。（2星）		
			（2）能自主选择一种方式记录自己最喜欢的菜品或场景。（2星）		

续表

关卡	学科素养	关卡内容	评价等级	自评	家长评
评价	4.科学：能用绘画、书写等形式描述或交流。	2.记录完成，我展示。	能选择自己喜欢的方式展示这次的活动成果。（2星）		
统计得星总数星				___星	____星
				____星	

真实的生活事件、生活任务、生活现象，往往蕴含着跨学科知识的运用，是学生学业评价的重要资源和素材。从以上案例中可以看出，小学低段"乐评"不是对学科素养孤立的评价，而是在真实生活情境中进行跨学科融合评价，这样更能了解课堂评价中不能发现的学生的优点和不足，便于改进各学科的教学，同时，提升学生解决真实生活问题的能力。

3. 多元评价

一是评价时间、空间、地点的开放，促进学生个性和潜能的发展。二是评价方式多元，有自评、他评、互评等，通过访谈、问卷等多形式展开评价，以评价促进学生的发展。三是评价主体多元，让儿童自己、教师、同学、家长、邻居甚至陌生人都有可能成为评价考官。如在2022年秋季学期"乐评"中，主题是"小鬼当家"之超市购物，学生选择离自己家较近的超市完成评价，可以是大型超市，也可以是小型便利店。学生和家长可以在规定的一个星期内自选时间完成评价，有的学生选择自己独立完成评价，有的选择和班级同学一起完成评价，还有的选择和几个好友一起评价。有许多家长主动带着学生多次到超市参与评价，明显发现了学科素养不同程度的提高。

（三）小学低段"乐评"成效

1. 小学低段"乐评"评价效果

评价不仅是学生素养达成的检测，更是帮助学生实现生命意义的发展和创生。而生命意义的丰富性，绝不只是单一、少数学科可以涵盖的，也绝不只是客观知识的获得、技能和策略的熟练化，还要获得生存智慧，如体验、交往、感觉、态度以及兴趣等。通过低段学科综合素养评价的尝试，学生、家长、教师都发现了纸笔评价所不能发现的学生闪光点以及缺失点。

如发现有的学生在校做题没问题，但是与人沟通能力、临时反应力不足；则发现有的学生单一学科素养掌握不错，但在跨学科任务的完成中就显得吃力；而发现有的学生某学科素养掌握不太好，但是解决生活问题的能力较强……评价真实反馈了学生学科综合素养，学生、家长和教师可通过评价结果，阶段性地对学生进行帮助和提出问题解决方案，促进学生个性化发展。

全面走向真实生活的小学低段综合素养评价方式也给学生、家长、教师带来了全新的体验和感受。有家长反馈："在家练习，孩子明明什么都知道。但是一到现实中，孩子就不知道了。"有教师说："一个能在纸笔测试中分数突出的学生，当得知学业评价在真实生活中，躲在家里号啕大哭，一口咬定自己不能在教室外顺利完成测试，后来该生勇敢走出家门，圆满完成任务。"有参与评价的服务人员说："有家长先后两次带孩子来完成任务，明显可以看出，孩子第二次表现进步很大。"不难看出，"乐评"改变了"评价只能是在教室"，"学科只能是在学校里"的偏见，树立了"学科在生活中，生活中有学科"的理念。

2. 小学低段"乐评"抽样分析

除了家长、学生、教师的直观感受，评价还抽样选取了部分学生的作答数据，以进一步精准定位问题。如 2022 年春季学期一年级"乐评"，学校收集到 349 份有效样本，运用软件分析数据，计算克隆巴赫系数，结果表明评价项目之间具有较高的内部一致性，计算相关，则显示每一关都有良好的区分度，这两个数据充分说明"乐评"任务单编制科学。观察直方分布图和茎叶图，发现学生总体表现优良。计算独立样本 t 检验，结果则说明每个班级学生表现相对均衡。

此外，通过计算每个关卡的得分率，参照学生完成的任务单，进一步发现学生存在的问题，如"外出就餐"评价中，除了第一关 3 小题为选做题，得分率相对较低，对他们而言，第二关最具有挑战性。对应到评价任务，说明此任务考查的语文学科中回归真实生活情境的口语交际，数学学科中"整理与分类"，部分学生还存在问题。另外有趣的发现是，得分率出现了两个小高峰，对应的任务正是 2022 年春季学期一年级"外出购物"测评过的制订计划与统计支付。这次评价中学生表现突出，从侧面反映了乐评对学生素质的提升作用。评价数据不仅真实反映了学生综合素质，还充分检测了学校办学理念、课程开设、教学水平，也对今后学校的教学指明了改进的方向。

3. 小学低段"乐评"评价反思

学生评价的目的不是给予学生一个评定结果，评价原则的核心是让评价伴随学习过程、反映真实生活、引导学生更好地学习。其根本目的是促进学生素养提升，提高解决真实生活中问题的能力。通过家校社多元评价能够更为全面发现学生学科素养情况，以此促进教师、家长、学生的反思，更好地反馈到教学、教育、学习中，提高学生的学习积极性和主动性，更重要的是自我评价能够激发学生积极参与的热情。

虽然学校的评价已经取得了一些实践成就，但随着评价改革的不断革新与深入，如何从实践再回到理论，走上一条更为科学的评价之路，是学校面临的新问题。基于核心素养的课程改革驱动评价体系变革，促使超越传统只注重"双基"的纸笔测验，采用能较准确评价学生在真实情境中问题解决能力及相关素养的表现性评价。回望整个"乐评"，表现性评价的实践探索才刚刚开始，未来的评价中，如何聚焦核心概念，即单元或课程中的大概念，设计具有统整性的表现任务？又如何开发出与之匹配的高质量评价量规，指向核心素养，进一步提升评价的信度？如何强化培训，更加高效地保证评价实施？又如何利用评价结果更好地促进课程与教学？这些都是未来我们要进一步思考和改进的方向。

学校综合素质评价采取了多样化的评价方式，涵盖学生发展及适应社会的必备品格和关键能力，充分关注学生在校内、家庭、社会成长的各个方面，评价主体多元、评价方式灵活，能较为完整地关注到学生的全面成长。"走向世界的第一站"，这是玉带山小学的办学理念，学校的工作就是给学生搭建全面发展的平台，成为玉带山学生走向世界的第一站。

第三节　虚拟生活情境中考评学生核心素养

一、虚拟生活情境的定义与价值

1. 虚拟生活情境的定义

皮亚杰认为，小学生认知发展正处于具体运算阶段，此时的儿童认知结构具有抽象概念。但现有教材的静态、线性化，但易使课堂教学脱离学生的现实生活，阻碍学生思维的发展。创设一种虚拟的生活情境，变化教学内容的呈现方式，使学生的学习建立在一种生动具体的情境之中，充分调动学生多感官参与，更有利于学生核心素养的培养。在教学过程中，因为受时间、空间、经费等方面的限制，导致评价受限，需要借助技术手段生成虚拟生活情境来帮助评价。

2. 虚拟生活情境在教学评价中的价值

"虚拟"与"现实"早已是你中有我，我中有你。现实世界为虚拟生活提供源源不断的养料，虚拟生活又在激发和充实现实世界的活力。在文化生活领域，虚拟生活提供新的文化载体，各地博物馆纷纷通过数字化手段，将馆藏内容"搬"到互联网上，成为新的文化热点。

可见，"虚拟"不仅是对"现实"的一种必要辅助，在特殊的社会情境下，甚至能发挥及时的"补救"功能。虚拟生活情境能够将教学评价中无法展示的生活场景以直观的形式展示在学生面前，为学生提供更加逼真的学习资源，给学生真实的考评情境。虚拟生活情境可以不受时间、空间、经济的限制，还可以反复评价，让师生全身心地投入到相应的学习考评过程，提升评价效果。

二、虚拟生活情境考评学生核心素养的意义

在教育教学中创设虚拟生活情境的目的是将学科教学中的一些文字、数据、图表等以更加直观的方式展现出来，在学校教学时间、空间、经费等有限的情况下，节约教育成本，把学生在课堂中无法亲身体会到的一些场景变得可视化，在虚拟生活情境中考评学生核心素养。

1. 直观可视化

小学生的认知能力存在一定局限，常常以直观形象思维为主，对未曾见过、体验过的事物没有具体的想象框架，所以教师的教学过程就会受到阻碍，学生的

课堂参与积极性也不高。如果在课堂教学时虚拟生活情境，把教材中用文字描述的一些概念用一种直观可视化的方法展示出来，把抽象的公式、定理、模型可视化，学生对知识点的学习有了一个形象直观的认识过程，就能加深对知识点的认识、理解和运用。

植树问题是小学数学应用题中比较经典的类型之一，也是一种常见的数学模型。只要掌握植树这类解题方法，以后类似的数学问题都可以用这一类型的方法进行解决。但是现实的课堂中学生没有办法参与到真实的生活中去植树，所以虚拟植树情境让学生在屏幕中动手操作，更容易评价学生是否掌握解决实际问题的能力。

像这样需要虚拟生活情境的还有很多，比如水池注水排水问题，学生在理解题目时具有一定难度，不明白水池一边注水一边排水是如何进行的，而利用多媒体教学虚拟水池注水排水的情境，就将抽象的数学问题直观化，使数学问题变难为易，有利于评价学生对这一知识点的掌握情况。同样的还有相遇问题，两个物体从两地出发相向而行，还涉及时间、速度、路程等因素，导致学生在理解上就更加困难，如果虚拟一个相遇问题的生活情境，就能化抽象为具体，变静态为动态，有利于评价学生对相遇问题的真正理解、掌握。采用虚拟评价，在能够较好评价学生知识掌握情况的同时，还能让学生感受数学在日常生活中的广泛应用，尝试用数学方法解决实际生活中的简单问题，培养学生的应用意识。

2. 节约成本

在传统的课堂教学中，常常受教学资源不充分、时间限制、场地限制、经费限制等方面的影响，学生对学科知识的接受也大打折扣。而在虚拟生活情境不仅能评价学生学科知识学习，还能打破不利条件的限制，使教师能够随时随地、因地制宜地进行教学工作，还能节约课堂教学成本。

在科学"让小电车动起来"一课中，需要用垫圈作为重物，这个实验要做三次不同重量的情况对比，三次实验垫圈数量成倍增加才能取得明显的数据变化，但垫圈不容易购买，教师也没有上百个垫圈供学生分组实验，在此情况下虚拟生活情境，用生活中更容易获取的器材来进行科学实验，让学生对力的知识有更直观的理解，更好地评价学生对力大小与小车运动快慢关系的知识的掌握。

在学习语文《富饶的西沙群岛》《日月潭》时，教师无法做到亲自带领学生到西沙群岛、日月潭等地参观旅游，在这种情况下就可以利用移动平台端工具虚拟生活情境，让学生体验各地风土人情，甚至可以基于虚拟生活情境设计一系列灵活的教学活动，让学生在情境中自己来当小导游介绍景点，不仅节约了时间交通成本，还有利于评价学生的语言运用及沟通表达的能力素养。

3. 虚拟不可能

课堂教学是教学的主要方式，对于课堂中不能亲临的一些场景或不能呈现的一些问题，就可以虚拟生活情境，将不可能变成可能，有效评价学生学习。

科学课中对于学生无法触及的宇宙空间和特殊环境，就可以借助当今的 VR、AR 等技术虚拟太空环境，感受太空与地表环境的不同，甚至能体验在失重情况下的衣食住行，将课堂"搬到"太空，从而有效评价学生的科学探究精神。

班会课上讲解消防安全知识，需要让学生了解火灾带来的危害以及学会逃生自救的基本技能，提高防灾意识。但在课堂中不可能真实展现的火灾情况，这时可以虚拟生活中的火灾情境，再现特定场景下火星发生、蔓延形成较大火势的全过程，通过观察学生视觉、触觉、嗅觉等感官在虚拟火灾情境中的变化就能评价他们的防灾意识。

最典型的道德两难故事"海因兹偷药"，海因兹的妻子因病危在旦夕，未购买特效药，铤而走险选择偷药。教师在课堂中虚拟故事中的生活情境，提出一系列问题：这个丈夫应该这样做吗？为什么应该？为什么不应该？法官该不该判他的刑？等等。把学生生活中不可能或不一定会发生的情况带进课堂中共同思考，引导学生对两难故事中的问题作出回答，教师也根据得到的反馈评价学生的道德发展水平。

4. 多次反复性

传统课堂教学很多教学手段不能做到多次反复，不利于让学生深刻理解学习内容，也不利于学生的思维发展。虚拟生活情境教学能在课堂上把学生日常生活中的不可能变为可能，在节约时间、空间等成本的基础上，还能多次反复地创设生活情境，激发学生的想象创造能力。在我校"第一站综合实践课程"中的《轨道交通》的学习中，需要学生参与设计重庆轨道交通旅游路线图，规划出行路线，合理选择优化路线。学生有乘坐轨道交通的体验，但在课堂中却不能到访每个地方进行实地考察，而虚拟生活情境却能有效解决这一难题，利用多媒体展示重庆城区 3D 全景地图，使学生有置身现场的感觉，再根据城市规划来设计轨道交通旅游路线图。当第一次任务没完成时，还可以多次虚拟生活情境，在每一次任务中评价学生的独立思考、动手能力。

在美术《未来的建筑》中，需要学生对未来建筑艺术进行创作，美术课堂由于多种条件的限制，其展示的建筑作品也是有限的，这时教师就可以虚拟生活情境，呈现不同地区、不同类型的建筑，让学生置身于各种类型的建筑中，反复从中体会各种建筑的特点，利用多媒体进行想象创作，从而评价学生的审美创造、艺术鉴赏等能力。

三、虚拟生活情境考评核心素养的展望

1. 硬件基础

在虚拟生活情境中考评核心素养需要一定的硬件设备做基础，首先要建立可持续的教育信息化经费保障机制。教育信息化需要网络环境、设施设备、教育教学资源、技术平台等条件支持，但是信息产品和技术不断快速迭代，单靠一次投入不能完全解决问题，要明确每年投入比例，持续性地投入，维护升级。其次要提高教育信息化应用平台的准入门槛，做好统一规划。随着 5G 技术的发展，大量与之相关的系统、平台、软件众多，给学校、教师、学生、家长带来便利的同时也带来较大的困扰。统一规划后，将更利于教育资源的生成与使用。最后推进数据分析中心建设。如何将科技教育与生活更好地链接在一起，有效收集学生学习行为的大数据？每个学生的学习数据若能形成自己专属的电子档案袋，该档案袋可以作为学生评价的资料库，有利于在虚拟生活情境中对学生的学业表现做出准确、全面、合理的评价与反馈。

2. 内容保障

在虚拟生活中考评核心素养要立足各学科核心素养评价研究，要从学科知识

导向转向学科素养导向。各学科课程是教师对学生进行教育的内容，要结合学段特点和学生发展需要，对各学科内容进行整体规划和统筹设计，在教学过程中创设恰当的虚拟生活情境，从不同维度考评学生核心素养，更有利于促进学生的全面发展。学生生活在真实复杂的情境中，其生活具有完整性、不可确定性，所以教师教给学生的学科知识不能离学生生活太远，要在虚拟生活情境中让学生经历发现问题、提出问题、分析问题、解决问题的过程。不能只让学生见到知识的影子，而要让他们在真实情境中感悟知识、发现知识、创造知识、应用知识，这样才能应对现实生活和未来的不确定。在虚拟生活情境下，开展各学科及跨学科的核心素养评价，将更好地激发学生的探索动力和创造力。

3. 队伍保障

在互联网时代，基于互联网的教学内容在变，教学方式在变，教学评价在变。目前，学校的教学评价改革也才刚刚起步。在通往教育现代化的路上，教师不仅要针对核心素养研究出量化的标准以及评价的方式，还应大胆将新技术应用于课堂中，以真实生活为基础，在课堂教学中创设虚拟生活情境，改变教学理念，从而进一步提升教学成效。当然，我们也需要开发相关的家长、学生培训课程，让学生在课堂中可以积极地投入到教学互动中，甚至在教师、家长的帮助下有效利用平台参与教学、评价等系列学习活动。

第六章　学科与生活双向融合育人的机制建设

机制建设对教育改革发展有着重要的指导性和约束性、鞭策性和激励性、规范性和程序性，能够为教育改革提供一个稳定安全、和谐奋进的内部环境，提供所需的校园文化凝聚力、教师行动约束力以及立德树人向心力。机制建设也是玉带山小学落实学科与生活双向融合育人的现实需要和必然要求。学校扎实推进组织保障、资源整合、队伍建设、激励约束、协同推进、实验推广等方面的机制建设，全面促进学校教学建设、教学运行和教科研改革等方面工作，为教育改革创新提供了坚强的制度保障。[1]

一、组织保障机制

玉带山小学在改革创新中不断完善和发展学科与生活双向融合育人的组织保障机制，通过切实加强行政领导、建设研究组织、成立紫荆学院、实行项目推进等机制建设，明确学校教育内部机构，确定部门管理制度、人员岗位职责，完善组织体制和联动协作机制，保障了管理效益。

1. 加强行政领导

2014 年以来，学校对学科与生活双向融合育人从总体要求、主要措施和组织保障等方面做出整体部署和科学安排。《重庆市江北区玉带山小学章程》明确指出："在管理机构上学校设置办公室、教导处、学生处、总务处，分别承担相应的管理职能，各部门建立健全各类规章制度，细化和固化工作流程，分块管理、分工协作，共同推进学校规范化建设"。立足章程，结合实际，学校实施教育工作分级管理，由校长亲自牵头，所有校级干部全部参与。成立了以校长为组长，书记、副校长为副组长，教导处主任及各部门主管为成员的工作领导小组，各学科教研

---

[1]袁颖，黎聚才.机制创新引领中小学法治教育 [J].思想政治课教学，2020(12)：22-25.

组长和业务骨干为具体落实人，以教导处为主导，各教学单位为主体，教学基层组织为基础，对学校教学工作进行宏观管理。该工作组全面负责学校教学建设、教学运行和教科研改革等方面工作，分工明确，组员齐全，责任落实到位，并积极组织实施各项工作安排，将此纳入工作计划、日常管理和绩效考核，为学校学科与生活双向融合育人提供了有力保障。

2. 建设研究组织

2017年，学校成立课程与评价改革中心，公开竞聘中心负责人。课程与评价改革中心是学校实施学科与生活双向融合育人的专门研究组织，负责组织和指导教师教育研究工作，主要承担学校学科与生活双向融合育人专项调研、课程教学研究、评价改革试点、标准研制、教研指导等工作。同时，学校着力健全专家指导机制，成立学科与生活融合双向育人专家指导委员会，由重庆市教育科学研究院、重庆市教育评估院、重庆市教育学会、江北区教师进修学院以及其他城区教师进修学院等市区教研机构，重庆大学、西南大学、重庆师范大学、重庆文理学院、重庆第二师范学院等高校的教育专家构成，充分发挥其专业引领和学术指导作用，加强对课程、教材、教法、评价及教师培训等工作的咨询指导，推动教师树立职业理想，培育专业精神，做好职业规划，提升教师的专业理想、专业能力，促进教师角色从任务型向科研型转变。

3. 成立紫荆学院

2018年，学校成立紫荆学院，紫荆学院是学校的教师成长中心。通过紫荆学院，抓实教师队伍工作，综合提升学校办学水平。紫荆学院培养对象包括新入职教师、年轻教师、骨干教师、教研组长、全体教师，以及到校访学的市内外校长、教师团队。紫荆学院培训内容涵盖教育教学各个方面，主要包括师德培训、教学技能培养、班级管理、家校沟通、教育研究、心理健康、教育创意等。紫荆学院建立教师需求表达机制，多元发展通道为每一位教师提供多样职业选择，"两轮四步法"通过"1对1"谈话了解每一位教师发展需求；实行教师协同培养机制，成立新教师班，推动新教师成长，建立以目标为导向的考核机制，制订新教师三年"十个一"结业指标，成立"新西游记"新教师成长联盟，为教师们"牵线搭桥"，提供平台；成立名师工作坊，促进骨干教师的培养，强化课堂教学，促教师专业成长；建立教师成果提炼机制，举办学术年会，搭建成果展示平台，安排学术小秘书，指导教师提炼成果，建立人力资源库，确定人才培养目标。

4. 实行项目推进

根据学校教育教学需要，把各类改革创新工作、急难险重工作、临时重要工作，编制成一个个项目。项目形成前由各部门自主观察发布，或者学校发布并委托相关部门牵头联系，委托行政部门支持项目组工作，帮助解决、协调各类行政事务，力促项目按期推进。项目组由项目组负责人和项目组成员构成，项目组成员向全校教师公开招募。项目组负责人和项目成员分工，由项目组内部协商而成。项目推进期间，各项目组成员根据项目组负责人要求完成项目组工作，定期小结，适时发布阶段成果。项目进行时，其他部门和成员知晓项目工作，给予力所能及的支持。项目一旦完成，所有成员即取消项目任务，回到各自年级或者学科和部门。

2016 年来，学校在建项目组分为五类，共计 22 个项目组，涉及教育教学的各个方面。具体如下：

项目组类别	项目组名称
课程建设	"第一站"综合实践课程项目组（一、二年级课程建设、"家"系列设计、"校园"系列设计、"社区"系列设计、"世界"系列设计项目）
	"第一站"学科拓展课程项目组
	"留住盘溪记忆"综合实践活动项目组
	始业课程项目组、毕业课程项目组
	STEAM 项目组
	大课间体育自编操创编项目组
课堂教学	毕业年级语数学科素养提升项目组
	未来学校智慧课堂项目组
评价探索	"1+1+1"评价（含乐评）项目组
	作业设计项目组
德育建设	家校沟通项目组
	十元钱千分爱项目组

续表

项目组类别	项目组名称
德育建设	幼小衔接项目组
	校规校纪项目组
	特殊学生项目组
教师发展	学术小秘书项目组
	"新西游记"新教师成长联盟项目组
	学校教师出勤制度项目组
	学校教师期末质量奖励制度项目组
	学术认定项目组
	教研骨干培训项目组

项目组发挥着人才"吸铁石"的作用。一个项目吸引一批志同道合的人聚集一起，就大家感兴趣的内容展开深入的研讨，实现智慧众筹、组团发展。项目组属于学校内设学术组织，有效实现了跨部门、跨学科、跨年级，项目内容既有自上而下也有自下而上。项目组的运行特点是扁平化、自主化，能有效完成项目任务，大大提高项目效率，为学校教育教学攻坚克难做出了卓越的贡献。项目组实行教师自主参与、自主研发、自主管理。多年来，项目组不仅承担着完成任务的使命，还有培养人、培养一批人的责任。在玉带山小学，项目组实现了把学校的人才"炸"出来的效果，让学校那些隐形的人才现身，让那些多年潜水的人才跃出水面，让那些台下的人才转移到台上来。项目组自从实施以来，已经逐步成为教师专业发展的重要通道，成为干部教师快速成长的孵化器。在学校，一个项目积淀一个经验、取得一批成果、成就一个团队，项目组改变着个人和团队能力结构，促使个人和团队绽放出崭新的能力结构和教育教学成果，学校的干群关系也在项目组的组建、推进和切换中不断推向新的和谐。

二、资源整合机制

教育资源就是教育过程所占用、使用和消耗的人力、物力和财力资源。聚焦学校教育教学改革内在需求和关键要素，将教育资源外延适度拓展为制度资源、教学资源、教研资源和科研资源。科学建设、有机整合、高效利用制度资源、教学资源、教研资源和科研资源，将为学校教育教学改革全面赋能，促进学校教育质量和办学水平全面提升。

1. 制度资源整合

近年来，学校在高度重视学科教学工作的同时，更加重视学科与生活融合育人工作，建立健全了学校的教学管理制度，对学科与生活融合育人的目标定位、原则要求与实施路径做出系统规划和科学安排。为此，学校制定了《学科与生活融合育人实施指南》，落实推进学科课程和生活深度融合，有效解决课程目标、内容、结构、实施、评价和生活脱节问题。《玉带山小学校作业管理办法》立足学生家庭、社区资源现状，优化作业设计，开发校本作业资源，实现作业去教辅化，围绕"作业底线重坚守、作业设计重优化、作业管理重实效、作业评价提素养"四个方面开展实践，作业改革在减负实践中实现学科育人。

2. 教学资源建设

学校以校本研发精品课程建设为抓手，创新开展学科与生活双向融合育人课程资源建设，建立学科融合生活课程体系和生活融合学科课程体系，让学科走向生活，让生活走进学科。以优质课课例为抓手，建设教学资源库，确立各学科各学段的优质课教案、视频、微课等资源库，招募各年级学科教师汇编了学科教学手册；以专家引领为抓手，建设教师培训资源库，确立了师德修养与法律法规、教育教学常规与教材教法、教育科研与专业成长、心理健康等四个板块的教学讲义、教学课件、课程视频，主要用于对学科教师开展针对性地落实学科与生活融合育人培训，提升教师学科教学素养，推进学科与生活双向融合育人资源的互联互通、共建共享，辅助教师教学和学生学习，切实提升教育教学实效。

3. 教研资源建设

校本教研工作是办好学校，提高教育质量的关键。学校通过分层负责、专家引领等方式，系统化、全员化开展校本教研，逐步搭建学科与生活融合育人的特色校本教研资源库。一是内部主要采用分层分类负责制的管理办法，建立以校长为组长的校本教研工作领导小组，负责确定教研定向。在分管校长的领导下，教导处具体负责学校教育科研的组织、实施、管理、考评等工作，全面落实学校教育科研、课程改革及各学科教研等方面的建设工作，分工明确，责任落实，为校本教研工作提供了有力保障。二是外部依靠市、区教研科研单位、教师培训机构、教育学术组织，集聚专家智慧和力量，促进校本教研深入开展。

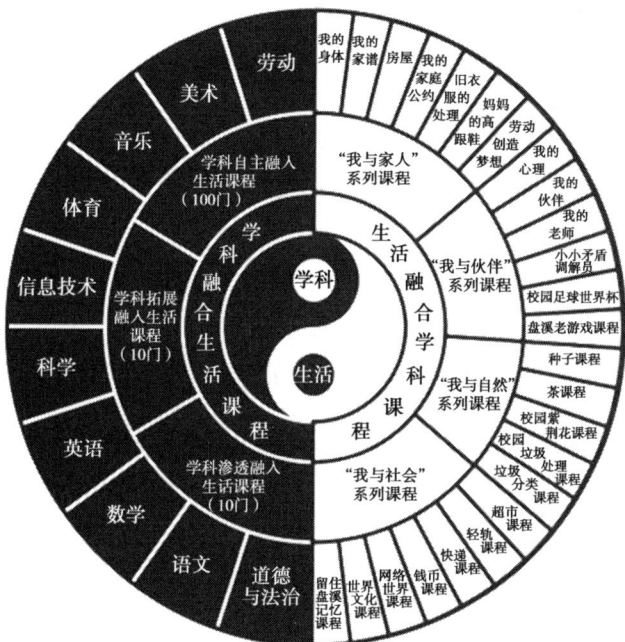

重庆市江北区玉带山小学"学科与生活融合课程体系"

4. 科研资源建设

自 2014 年以来，玉带山小学树立高质量科学研究的理念，以生活为基础、以学科为支撑、以融合为路径，提出了"让生活走进学科、让学科走向生活"的融合育人主张，依托中国教育学会教育科学规划课题、重庆市教育综合改革试点项目、重庆市社会科学规划课题、重庆市教育科学规划课题、重庆市教育评估研究课题等 20 个课题，道德与法治、语文、数学、英语、科学、心理健康等多学科从课程、教学、评价等多角度深入推进学科与生活融合育人科学研究创新实践，编著了《生活教育的 100 种可能》《小学生应该掌握的 100 种生活技能》《新时代爱国主义教育＋生活融合实践研究》《小学学科与生活融合育人探索》《小学爱国主义生活化研究》等 10 本著作，促进了教师从理念和实践层面解决"学科逻辑与儿童生活经验脱离"这一普遍存在而又始终没有解决好的教育难题。

江北区玉带山小学部分课题研究梳理

序号	时间	课题名称	课题来源	学科与生活融合育人的连接点
1	2022.9	基于真实生活情境下的小学常态化作业评价实践研究	重庆市义务教育质量监测结果应用重点课题	让学生在创设的生活情境中、模拟的生活情境中、真实的生活情境中不知不觉地完成学科作业，夯实学科素养。
2	2022.5	新时代小学生评价综合改革（正在结题）	重庆市教育综合改革试点立项（第八批）	构建与生活融合的作业减负改革机制、综合素质评价改革机制、构建以上评价改革之相配套的师生培训和激励机制。
3	2022.6	融合育人理念下儿童社会性发展的影响因素与培养策略研究	重庆市教育科学"十四五"规划 2022 年度青年课题	探究融合育人理念下儿童社会性发展，为儿童社会性情感与行为培育引导打开新局面。以生活引领教育，让教育回归社会需求，形成教育与社会、生活相生相长、彼此依存的良性互动。
4	2021.12	小学生生活化学习评价	重庆市规划办课题	把生活问题作为构建学生学习评价的基础，强调学生真实经验的重要性，强调教学对真实生活的适应，以建立起积极的生活化学习评价体系。
5	2021.11	基于生活融合的城市小学版画教学落实学科育人的策略研究	重庆市教育科学规划立项课题	探究与城市生活相关的版画主题，让孩子们在学习过程中感知生活，创造生活，思考生活，提高美术素养。
6	2021.6	基于生活融合的城市小学语文学科育人策略研究	重庆市教育学会第十届基础教育科研立项重点课题	通过建构整体化、序列化、系列化的语文融合生活课程群，将学校教育、家庭教育、社会教育有机融合，打破生活和语文学科的界限，构建语文学科育人课堂新形态。

续表

序号	时间	课题名称	课题来源	学科与生活融合育人的连接点
7	2021.6	基于生活融合的A-STEM教育实践研究	重庆市教育学会第十届基础教育科研立项重点课题	与生活融合的艺术、技术、工程、数学、科学的研究。
8	2021.6	小学心理健康教育"生活化"实践研究	重庆市教育学会第十届基础教育科研立项重点课题	设计生活化的心理健康教育课，力求教学目标融入生活化的理念与方法；课程形式强调体验，创设生活化课堂；课程内容要立足学生实际，从学生心理需求寻找切入点。
9	2021.5	新时代小学生学业评价改革试点（已结题）	重庆市第七批教育综合改革试点项目立项课题	改变过去传统的"一张试卷、一次考试"为中心的评价模式，在学生真实生活中提升学科能力与学习习惯。
10	2020.9	新时代城市小学爱国主义教育"生活化"实践策略研究（已结题）	重庆市社会科学规划项目立项课题	构建新时代小学爱国主义教育"生活化"实践课程体系。开展爱国主义教育"生活化"典型案例研究。
11	2020.7	小学生学业水平评价模式探索（已结题）	重庆市教育评估研究会立项课题	在创设生活情境中考核知识技能，在真实生活情境中考查问题解决能力，在多元生活情境中考评学习习惯，让学生的学习效果在生活中检验，并且经得起生活的检验。
12	2020.7	疫情背景下小学生生活教育课程资源的开发与利用研究	重庆市教育科学规划立项课题	以疫情作为背景，将疫情中的教育价值作为生活教育的课程资源进行整体化、序列化开发并与学科教学进行有机融合，促进生活教育的与时俱进。
13	2020.6	新时代小学爱国主义教育"生活化"实践策略研究（已结题）	重庆市教育协会基础教育学术研究协同创新项目立项课题	紧扣以生活为链接点的项目化、研究型、合作式实践活动，注重形成学校、家庭、社会协同育人，探索新时代小学爱国主义教育"生活化"实践模式，构建课程体系，形成评价方式。

续表

序号	时间	课题名称	课题来源	学科与生活融合育人的连接点
14	2020.6	新时代城市小学"生活化"劳动教育策略研究（已结题）	重庆市第六批教育综合改革试点项目立项课题	进一步挖掘国家与地方课程中的劳动教育内容，顺应课程整合的目标，加强劳动教育和德育、智育、体育、美育的融会贯通，将劳动教育贯穿于学科教育的全过程。
15	2020.6	新时代小学爱国主义教育"生活化"实践模式研究（已结题）	重庆市2020年度教育综合改革研究立项课题	在学科教育中渗透爱国主义，在常规教育活动中感受爱国主义教育，在实践活动中深植爱国情怀。
16	2020.4	新时代小学生活教育的校本研究（已结题）	中国教育学会规划立项课题	学校教育、家庭教育、社会教育有机融合，打破生活和学科的界限，让教育从学科走向生活，帮助学生得到最大可能的发展。
17	2019.11	基于跨文化意识的小学英语校本课程开发与实施（已结题）	重庆市教育科学规划立项课题	从生活中，体验感知文化异同，正确认知理解不同文化，不断增强文化自信，形成民族自豪感。
18	2018.12	第一站综合实践活动课程校本开发与实施（已结题）	重庆市教育科学规划课题	根据学生真实生活和发展需要，从生活中发现问题，以此转化为活动主题，通过探究、服务、制作、体验等方式，培养学生综合素质。
19	2018.5	小学数学折纸与拼图校本课程开发与实践（已结题）	重庆市教育学会基础教育科研重点课题	数学折纸的奥秘在于思考，在于体验，在于创造，这种细节的变化与体验带来的满足与愉悦之感可以改善生活，提升生活幸福感。
20	2015.3	重庆盘溪文化版画校本课程的开发研究（已结题）	重庆市基础教育重点课题	挖掘与学生生活密切相关的盘溪文化开发成版画课程，让学生在学习版画课程的过程中提升热爱家乡之情，培养爱国情怀。

三、队伍建设机制

教师是教育改革的最大变量。在队伍建设中，作为教师共同体，学校力争发挥每一个成员的作用，实现进阶发展。为进一步提高教师队伍专业水平，促进学校可持续发展，学校形成结构合理、行之有效的教师队伍建设机制。

（一）促进年轻教师组团发展

2022 年 9 月，学校现有 35 岁以下教师 171 人，占全校教师比重的 70%，其中三年内新入职教师 112 人，2022 年入职 59 人。如何帮助新教师快速获得职业成长、适应学校管理，紫荆学院特别为新教师成立了新教师班。新教师班安排一位教导处副主任担任班主任，按照班级建制方式开展管理，选拔优秀学员作为班级管理干部，由小组长开展小组建设，所有新入职三年内老师都需经过三年新教师班学习，经过考核合格，准予毕业，进入新的一轮成长。以下为新老师班的培训特色项目。

1. 模拟情境，专项培养

一是结合常见问题开展情境式演练。通过"课堂生成演练""家校沟通现场演练"等活动，让教师在合作中充分预设教育教学中可能遇到的问题，在活动中通过"自导自演"，提高家校沟通、教学实操的能力。二是结合当下教育热点话题展开辩论。通过在新教师中开展"小学生家长辅导作业是利大于弊还是弊大于利"辩论，引发新教师对家校沟通、协同育人的深入思考。通过开展"新时代小学新教师是否需要手写教案"辩论，对新教师是否需要在多媒体和信息化教学兴起和盛行的新时代延续手写教案的传统开展思考与论证。

2. "新西游记"助力新教师

在新教师能力培养上，学校发现了这样的三类现象：一是新入职教师面临众多困难，急需尽快适应环境，但不知从何入手，不知找谁合适；二是很多有经验的教师因不是"师徒"关系而帮不上忙；三是即使是师徒关系，也容易出现匹配不够、能力单一的现象。为解决以上问题，学校启动"'新西游记'新教师专业发展联盟"项目。"新西游记"的意思是，要取教育道路上的真经，需要各种类型的师徒紧密团结，最终人人获得教育真经。具体的操作方式是：在传统师徒结对的基础上，学校建立了一个"问题和解决策略"交易平台，以学术贡献值券为流通"货币"，新教师就自己急需得到帮助的教育教学问题，通过线上、线下自主请教或有组织地请教等多途径寻求资深教师帮助，经过新教师试验后的解决策略被提供出来，最终形成学校在某一领域的"问题解决优化策略库"，再供给新一轮教师参考使用。

2018年以来，学校约230名新教师通过"新西游记"教师发展联盟实现了快速成长。以下是新"西游记"教育联盟的实践五环节：

（1）环节一：搭建平台，建立供需市场

服务需求方——新教师（三年以内教龄的青年教师）就自己入职以来遇到的问题进行梳理，项目组梳理、汇总，形成当年的《问题解决策略需求名录》。服务提供方——资深教师结合自己教育教学中的专长，提供教育经验服务，项目组分类整理并形成当年的《问题解决策略供给名录》，主要从课堂教学技能、班级管理艺术、家校共育经验、特殊儿童教育、科研论文写作、其他方面才能等领域对新教师给予指导帮助。

玉带山小学新教师问题解决策略需求名录

姓名	需要解决的问题	姓名	需要解决的问题
向丽	教学语言如何做到言简意赅，少说废话？	李姝颖	小学英语高段教学中如何做好应试与兴趣之间的平衡？
彭峻	作业如何布置得简而精，让家长和孩子有效率地完成？	雷宇	中段过渡高段学生的英语教学策略？
谭林松	一年级的学生，如何适应学情而教，真正做到站在学生角度去思考？	袁珍珍	有学生经常在课堂上出神，管一下好一下，应该怎么管理？
袁珍珍	如何让学生上课更加踊跃地举手？	陈成	如何面对学生在课堂上注意力不集中，或只能集中十几分钟，上课小动作比较多？
杨柳	如何在教学中有效地指导学生有感情地朗读课文？	姜友伟	如何开展有效的小组合作交流学习？
丁涵	如何指导朗读？	李欣睿	如何开展有效的小组合作交流学习？
姜友伟	怎么培养二年级学生的数学习惯？	李雨亭	美术课堂纪律该如何维持？
李红安	体育课堂中如何将技能学习和趣味性更好地结合？	蔡腊梅	如何提高学生课堂注意力和专注度？
刘睿	语文教学中板块与板块之间如何完美地衔接？	胡博	低段课堂上如何做到收放自如？
田敏	如何提高学生的朗读能力？	李洁	对综合学科的教师而言，应当如何有效维持好课堂纪律，如何处置上课捣乱的学生？

续表

姓名	需要解决的问题	姓名	需要解决的问题
丁晗	如何让课堂更生动有趣？	王晨迪	如何帮助学生上信息技术课集中注意力？
吴怡	如何指导二年级学生提高积极性？	周小晴	如何在课堂中鼓励学生积极举手发言？
杨小林	如何创造高效课堂？	朱文娟	如何管理课堂纪律？
陈暖	如何判断知识点的落实度？	杨欣	英语活动游戏后如何让学生迅速收心到课堂学习中？
胡静	三年级的阅读教学跟一、二年级区别很大，如何在过渡阶段让孩子能自主阅读且收获阅读体会？	罗婷	如何提高练习课的效率？
黄忆生	如何上好练习课和整理复习课？	马宇霞	如何避免学生绘画只模仿教师？
李婧	如何调动学生积极性？	唐显婷	如何进行作文教学？
李悦	教师如何提高自身解读文本的能力，提升对教材的解读能力？	杨欣	如何更好地用语篇带动词汇的学习？
陈雪萍	科学课堂如何保持课堂纪律？	李欢丽	怎样在班级里树立班规？
陈雪萍	组织小组活动如何更有效率，更能让学生能完成任务？	李欢丽	如何在一年级更有效地实行组织教学？让课堂知识落到实处？
陈小琴	如何培养小干部？	刘莉	如何进行有效的班级管理，使学生认真听课，改正东摸西摸的小动作？
陈小琴	当教师不重复口令时，学生开始随意讲话，注意力无法集中到课堂？	刘奕	班上活泼的学生太多我该怎么办？
彭峻	一年级学生行为规范还没养成良好的习惯，如何组织教学，让一节课能有效地上完？	逯典娟	我们班上有 7 ~ 8 个学生影响了整个班级的班风，如何整顿？
佺春岷	课堂上如何避免学生随意讲话？	张晓芳	如何培养小干部？
向丽	如何正确合理地把班级小干部用起来？	张晓芳	如何有效组织教学？

续表

姓名	需要解决的问题	姓名	需要解决的问题
周天岭	如何进行课堂管理，让班上的学生较快地静下心来听课？	高曼	如何统筹兼顾全班纪律问题？
肖俊杰	如何培养小帮手？	李欣睿	如何规范早读习惯，提高早读管理效率？
肖婷	如何培养小干部？	陆敏	如何管理上课不完成画画的学生？
项玥	上课需学生起立唱歌跳舞，他们会过于兴奋而导致课堂纪律混乱。	肖婷	刚开始学生听课劲头很足，听到后面许多学生注意力就开始分散，这种情况该怎么办？
吴怡	如何让学生自觉遵守班规班纪？	袁严励	如何高效组织课堂？
袁严励	如何培养数学课代表？	胡博	如何培养课代表？
毛敏	如何让班上"出挑"的学生守规矩？	李洁	如何对学生进行适当的奖惩？
刘莉	如何帮助学困生？	李婧	如何处理任务和时间之间的矛盾？
陈成	如何更好地帮助学困生？	周小晴	如何在班上建立有效的奖励机制？
蔡腊梅	学困生上课、作业不认真，自己玩自己的，家长不辅导，交流效果不佳。	唐显婷	如何处理学生之间的小矛盾？
项玥	如何管教不听话的学生？	李佳丽	如何指导优等生协助老师进行辅差活动？
杨悦	如何高效辅导学困生？	毛敏	如何与家长有效沟通，促进家校配合？
杨悦	班上有一个自闭症学生，很难与人沟通，而且经常打扰其他孩子。	周天岭	如何与家长交流，让他支持老师工作，特别是一些与自己性格不合的家长？
胡钟灵	如何管理非常好动的学生？	朱文娟	如何与学困生家长进行有效沟通？
黄忆生	如何在有限的时间里辅导班上的后进生，如何辅导容易被忽视的中等生？	邵九洲	在短期内尽快适应教学岗位，专业水准上迅速胜任教师角色。

续表

姓名	需要解决的问题	姓名	需要解决的问题
祖扬扬	怎样管理好动的学生？	李念	如何对中差生辅差培优？
李姝颖	如何培养小干部？		

（2）环节二：启动市场，建立交易关系

项目组指导新教师使用手册完成信息对接，实现线下自主交易。首先，每学期为新教师发放一定数额的校园货币——紫荆券，用于购买问题解决策略产品。新教师针对自己在教育、教学方面存在的问题，通过问题解决策略供给手册，在供需市场寻求问题解决策略。问题策略买卖双方就指导方式商讨价格后，建立交易关系。新教师针对一个或多个问题自主比较、选择一个或多个策略供给方，联系对方，商讨交易细则。

（3）环节三：宏观把控，了解成长动态

项目组通过交易记录表了解教师们的交易状态。新教师在线下交易取经过程中，填写问题解决策略交易记录表，项目组定期收集记录表并对其进行统计、汇总，了解交易动态。

新教师问题解决需求（列举）

问题7

名称：如何在教学中有效地指导学生有感情地朗读课文

具体描述：学生在课文朗读上喜欢拖读，或者一字一顿地读，即使教师示范但效果仍然不理想。

问题解决策略需求方：杨柳

联系方式：QQ：**********　　电话：***********

问题8

名称：如何指导朗读

具体描述：请学生单独朗读时还觉得可以，但是当全班一起朗读时，朗读就变得很拖，总是朗读不好，指导后要好一点，过段时间又继续拖，如何指导好学生的朗读，想要得到一些好的方法。

问题解决策略需求方：丁涵

联系方式：QQ：**********　　电话：***********

资深教师问题解决策略产品（列举）

产品1

名称：如何有效钻研教材

功能简介：读懂教材，领会编者意图，是每位年轻教师快速成长为教学熟手最急需的、最重要的业务素养，它是备课的基石、推手和方向，我将结合概念课、计算课、解决问题课等不同课型的课例，重点根据教参，教材，从编者，教师和学生三个角度，与你深度钻研教材，领会教参意图，分解教学设计流程。

运用方式：沟通交流，指导不同课型课例备课，指导展示课，示范课，赛课

产品售价：200 点

供给方：陈英

联系方式：QQ：**********　　电话：*********

产品2

名称：如何进行有效教学策略指导

功能简介：策略指导是合作探究下的具体做法，是指导学生完成探究具体细化的方式方法，探究前，探究中，探究后都需要教师对学生有明确清晰的策略指导，我将结合课例中的片段，指导你有效地设计教学策略，从而较好地完成合作学习。运用方式：沟通交流、案例分析、听课评课

产品售价：100 点

供给方：陈英

联系方式：QQ：**********　　电话：*********

玉带山小学新教师问题解决策略交易记录表

问题提出者	赵子苇：信息技术					
问题	面对学生参差不齐的水平，该怎样教学					
具体描述	学生的知识、能力和操作水平差别较大，如何设计教学和组织教学，能够更好地完成教学工作？					
问题解决	支出对应教师	名称	理念	操作方法	实施效果	优化思考（方案）
	向远超（150点）	课堂技巧	以学生为主导，让学生在"动"中学	听课及课下交流	效果较好：学生对课程充满兴趣，教学效果好，学生掌握技能较好。不足：个别学生不按照课堂教学环节进行电脑操作。	根据问题解决策略实施具体效果和不同方案效果之间的比较以及自己的思考，针对提升课堂管理能力问题，我得出以下具体优化

186

续表

支出 对应教师	名称	理念	操作 方法	实施效果	优化思考（方案）
问题解决					
陶娇恒 （100点）	推门 听课	有效调动学生积极性	听课及课下交流	效果较好：扎实的教学功底，学生上课积极性高，师生有效的互动。 不足：少数学生注意力容易分散，没能及时做出调整。	解决方案：无论是教学环节，还是课堂活动，都要以学生为主，充分调动学生的积极性。根据不同层次的学生，可设计初阶、中阶、高阶目标，针对学生情况，随时调整课堂进度以及课堂活动方式，尽量让更多的学生参与其中，让整节课富有弹性和生命力。

（4）环节四：汇报交流，相互学习

新教师采用多种形式汇报交流，将自己取经的心路历程共享，让取经形式由"一对一"变为"一对多""多对多"，让学习方式更加灵活，学习途径更加多样化，更有针对性地帮助新教师解决实际问题。如邓小容老师将自己取经过程整理成思维导图的形式进行汇报，呈现新教师的取经路。

玉带山小学邓小容的新教师取经路

取经方向	取经内容	取经对象	指导内容
教学	语文预习	张文静	熟读课文，标画自然段； 勾画课文生字，注音组词； 思考课后题。
	习作教学	黄红敏	日常积累字词； 段落仿写； 每周一主题小练笔。
	综合实践活动《我是小小超市推销员》	朱长刚	如何确立活动目标，根据目标和环节开展活动。
		吴晓容	设计方案，制作PPT，磨课指导。

续表

取经方向	取经内容	取经对象	指导内容
教学	综合实践活动《我是小小超市推销员》	罗伊	如何调动学生的积极性。
		朱叶彤	如何拉通各个环节，适时"搭桥"。
	综合实践活动《轨道交通出行路线设计》	吴晓容	围绕主题设计一堂综合实践课，从目标到教学过程。
		教研员文德英	围绕主题设计一堂综合实践课，从目标到教学过程。磨课发现问题，更改活动环节，直到最后定课。
		谭晓泉	围绕主题打造一堂综合实践课，从目标到教学过程，从常规课堂到展示课堂。
自我能力提升	硬笔书法	申智	"每周一练"现场指导。
班主任工作	家校沟通	吴晓容	日常电话、微信、家访、当面沟通等。
	家长会	吴晓容	每期定主题，针对具体问题解决。
		刘朝珍	如何让学生负责主持、讲解的经验交流。
	学生管理	张文静	制定一日常规：晨读、课堂、两操、午餐、课外阅读、课堂、作业等。
	班委管理	段美贵	帮助班委树立威望，职责培训，班委工作总结反思等。
	小组责任制	陶娇恒	课堂小组合作学习，课后小组作业收集、清洁卫生等。

（5）环节五：成果提炼，形成优化方案

项目组组织相关资深教师与新教师参与论坛。新教师通过问题撬动，深度挖掘全校教师的教育、教学优势经验，在借鉴、实施前辈经验的基础上，结合自己的实际情况和实施效果调整实施方案，提炼出能高效解决自己的问题的智慧策略方案。资深教师进一步评估、论证新教师策略实施优化方案，建成问题解决策略优化方案资源库，形成问题解决参考范本。

2018—2021 年玉带山小学"新西游记"——新教师成长联盟问题解决高效策略

问题 领域	问题 提出者	策略 提供者	优化方案（案例）
课堂 教学	杨旭	陈娟	如何指导一年级的拼音教学
	周天岭	段美贵	如何指导一年级的识字教学
	陈虹丽	李咏桃	低年级语文识字教学策略
	刘睿	万红云	小学低段识字教学如何实现生活化
	刘莉	胡保玲、李咏桃、谭秀玉	小学低段阅读能力该如何培养
	王绪琳	杨瑶	如何让一年级学生自觉阅读，爱上阅读
	李萍	刘朝珍	如何引导小学中段学生培养良好的阅读习惯
	罗婷	向思洁	小学中段课外阅读答题"小妙招"
	肖婷	胡保玲	如何初步带领学生阅读经典
	胡静	江丽丽	如何让语文阅读教学融入生活
	唐显婷	施朝梅	如何将小学语文阅读教学与生活有效融合
	谭林松	谭秀玉	如何带领学生初涉经典
	毛敏	段美贵	如何指导一年级的看图写话
	佺春岷	李咏桃	如何有效地进行二年级写话教学
	田敏	李咏、桃李洪	小学语文低段写话教学策略
	包真珍	刘朝珍	如何指导三年级作文起步
	谢青竹	曾华	小学三年级作文起步教学策略
	李悦	张华军	如何指导三年级作文教学
	谢青果	陶娇恒、王昌群、段美贵	如何提高小学三年级学生的习作水平
	李念	张文静	让生活成为习作的源泉
	杨旭	陈娟	如何提高二年级学生的朗读能力
	唐显婷	施朝梅	"一日之计在于晨"——小学语文早读课实施策略

续表

问题领域	问题提出者	策略提供者	优化方案（案例）
课堂教学	杨婧	李咏桃	如何用好语文课堂第一个五分钟
	李婧	包娟	新入职语文教师如何在一年级开展有效教学
	李念	朱叶彤	学语文低中段童话教学策略与方法
	李欢丽	李咏桃	如何激发和培养低年级学生的语文兴趣
	李婧	包娟	小组合作学习在三年级语文课堂教学中的有效实施
	李萍	杨瑶、曹辉武	在语文课堂如何有效开展小组合作学习
	李婧	包娟	如何提高小学三年级课堂活跃度和学生的积极性
	吴怡	陈娟	如何培养学生语文课堂的专注力
	谭林松	谭秀玉	如何在小学语文教学中做到因材施教
	佳春珉	李咏桃	如何有效地组织语文课堂教学
	王绪琳	向思洁、施朝梅	小学低段如何做好语文期末复习
	祖扬扬	王勇、余佳	如何提高低段学生计算能力
	蔡腊梅	陈英、黄丽华	如何提高学生的计算能力
	杨悦	陈英	如何在小学低段培养学生的读题能力
	黄忆生	余佳	小学数学课堂中生成性资源的应对策略
	刘奕	柯绍梅、卓伟	如何应对小学数学课堂中的生成问题
	袁严励	马娅	如何让学生在数学课堂上积极举手
	袁珍珍	陈英、马娅	如何让学生上课更加地踊跃举手
	袁珍珍	陈英、马娅	如何在数学课上吸引学生的注意力
	吴星柳	陈英	如何让学生主动积极地参与到数学课堂的学习
	彭峻	龙洪霞	如何有效地进行组织教学
	朱文娟	余佳	如何有效地进行数学课堂教学

问题领域	问题提出者	策略提供者	优化方案（案例）
课堂教学	祖扬扬	王勇	如何培养一年级学生数学课的倾听习惯
	刘奕	马娅、卓伟	数学课堂上活泼的学生太多怎么办
	朱文娟	余佳	如何上好一节数学公开课
	吴星柳	陈英、贺亚璞	在数学练习课上如何有效提高教学质量
	马芙蓉	谭晓泉、陈英、郑帧颖	如何分析数学教材中的重难点
	袁严励	马娅	如何培养低段学生的数学逆向思维能力
	杨欣	曹莉	如何进行小学英语词汇教学
	李姝颖	王灿霞	如何帮助学生感知和模仿语言内容
	李姝颖	王灿霞	如何利用情境教学法帮助学生学习英语
	李洁	史文平	如何调控小学英语课堂纪律
	李芳芬	蒋薇薇	如何创设高效的小学英语课堂
	李洁	王灿霞	如何提高小学英语课堂教学效率
	李姝颖	史文平、谢夕繁	如何通过作业设计提高英语学习效率
	杨欣	曹莉	如何在小学英语课堂培养跨文化意识
	刘一	田海燕	小学音乐课歌唱教学方法
	蒋亚男	田海燕、罗莎	如何利用小学课堂上的音乐律动来提高教学质量
	蒋亚男	田海燕、罗莎	如何提高小学低段学生在音乐课堂上的学习兴趣
	项玥	杨颖	怎样管理好小学音乐课堂纪律
	刘颖	曾余菊、黄岚	如何提升小学生版画技能教学
	陆敏	余书	如何在美术课堂上开展版画教学
	逯典娟	余书	如何在低年级美术课堂中把奖励机制与口令相结合
	刘颖	曾余菊、张静	美术课上如何调动学生的注意力

续表

问题 领域	问题 提出者	策略 提供者	优化方案（案例）
课堂 教学	马宇霞	张静	如何在美术课堂中提升学生审美
	罗世维	唐莉、周园	如何有效地上好小学科学实验课
	陈雪萍	俊锋	如何在科学课上培养学生思维能力
	陈雪萍	周园	如何在科学课上激发学生的探究欲望
	罗世维	周园	小学科学课上如何管理好课堂
	曾静	陈军	小学体育课堂趣味性教学策略
	曾静	曹阳	小学体育课堂纪律管理策略
	赵子苇	向远超、周园、陶娇恒	如何进行有效的课堂管理，让每个学生注意力集中
	赵子苇	向远超、周园、李咏桃、周娟（小）	如何在小学科技课堂开展小组团队建设
	邓小容	朱长刚、吴晓蓉、朱叶彤、罗伊	"超市"课程中的一堂课设计
班级 管理	胡静	江丽丽	如何培养小学班级干部
	王绪琳	段美贵、吴秀梅	怎样培训小干部，成为教师得力的小助手
	陈成	陈英	如何对一年级新生进行有效的始业课程
	李念	张文静	如何在"严"与"爱"之间做好班级管理
	周天岭	段美贵	班主任如何与学生进行有效沟通
	邓小容	吴晓蓉、刘朝珍、张文静、段美贵	新班主任如何搞好班主任工作
	李欣睿	史文平	如何做到真正地了解孩子、走入孩子的内心
	牟晓霞	吴秀梅	如何解决学生之间的矛盾
	马宇霞	张静	如何在小学低年级培养学生团队责任感

续表

问题领域	问题提出者	策略提供者	优化方案（案例）
家校共育	毛敏	段美贵	如何与家长有效沟通
	张晓芳	谭秀玉	如何进行有效的家校沟通
	祖扬扬	王勇、余佳	如何让家长助你一臂之力
特殊儿童教育	周小晴	付廷英	如何对行为习惯差的特殊学生进行帮助
	胡钟灵	张华军、吴晓容、刘东洋	如何转化班级中的学困生
	丁涵	钱黎红	如何和问题学生建立良好的沟通方式
	胡钟灵	张华军、吴晓容	如何对待班级中的学困生
	李佳丽	余佳	在课堂上如何关注学困生
	杨小林	陈英	如何帮助数学"学困生"
	周小晴	付廷英	如何帮助特殊学生改正不良习惯
	周小晴	付廷英	人际交往障碍学生如何才能转"危"为"机"
	胡钟灵	张华军、吴晓容、刘东洋	你是最美的紫荆花
其他方面	李欢丽	李咏桃	如何在小学低段培养良好的学习习惯
	杨柳	刘东洋、曾华、杨瑶	如何培养小学生上课的良好习惯
	谢青竹	曾华、朱叶彤	如何让好的学习习惯成为孩子学习进步的助力
	李沙沙	马娅	小学低段应该培养怎样的数学习惯
	牟晓霞	吴秀梅	如何在小学低段提高孩子的书写
	李悦	李咏桃	如何在小学低段促进学生身体素质提升
	李雨亭	曾余菊	如何培养提升学生审美素养与综合能力
	马芙蓉	谭晓泉	如何让错题"美丽"起来

3. 目标导向

为激励青年教师快速成长，建立以目标为导向的全面考核机制，学校制订新教师三年"十个一"结业指标：一堂课展示、一个作业或试卷、一个后进生辅导案例、一个活动策划及实施案例、一项学生比赛辅导、一个家校交流案例、一项学生比赛辅导、一项创意实施（"十元钱千分爱"）、一项问卷调查反馈、一项自主发展项目。三年培训期满，综合三年过程性评价，进行终结性结业评价，评出优秀、合格、待合格，并颁发结业证书。待合格者需继续参加"新教师"培训及考核，至合格为止。

（二）加强骨干教师引领作用

目前，学校有区级以上骨干教师 59 人，其中市级骨干 8 人；各学科区级中心组成员 16 人。骨干教师队伍是学校教师队伍中的中坚力量，是学校最有潜力、最有生命力的教育资源。充分发挥骨干教师示范引领作用，是提高教师队伍专业能力的有效途径。

1. 骨干教师成长

根据《重庆市中小学骨干教师管理办法》精神，我校制订了《重庆市玉带山小学校培养学科带头人和骨干教师的措施和方法》，以市区骨干评选的相关要求作为标杆，助推学校市区骨干教师的培养和成长。鼓励有专业发展追求的教师以市区骨干教师评选标准为发展目标，通过教师自荐、资格审查、教学测评、综合认定等程序培养推荐骨干教师。学校成立"种子教师成长营"，通过公开招募，统筹责权利，让更多有想法、有创新、有冲劲的老师得以施展才华、发挥特长，为骨干教师梯队培养后备人才。

2. 骨干教师示范

发挥骨干教师示范作用，促进骨干教师发展，营造学校专业发展氛围。一是每年一次骨干教师示范课；二是每名骨干教师结对培养和指导青年教师；三是承担公开课、赛课、研究课、课题、参与课程评价项目组、外出经验交流等。

（三）提升教研组长管理能力

作为教研活动的组织者和策划者，教研组长起着举足轻重的作用。为加强教研组长队伍建设，培养和造就一批思想素质好、业务能力强的教研组长，学校制订《玉带山小学教研组长专项提升计划》，为教研组长提供权益保障：优先提供外出学习培训、听课观摩、经验分享、执教展示等机会；优先购买学习书籍、教学资源、工具材料等权利；优先接受市区专家尤其教研员的针对性指导等。提升计划的实施，推动教研组长的组织能力和专业指导能力得到提升，学科教研组加强团队建设，解决学科教学难题，发挥先行研究、交流研讨、示范引领的作用，重点做好课题研究、教师培养、示范辐射等工作，教研共同体的活力和创造力得到彰显。

（四）优化管理干部培养储备

为落实学科与生活融合育人实践模式的学科教学管理，学校创设制度化的中层后备岗位培养机制，制订中层后备人才培养方案，赋予权限，让中层后备干部竭尽所能地参与学校各个方面的具体管理，让更多有能力的年轻教师充实到后备干部岗位，为学校储备和贡献大量有发展潜力的行政管理人才。

（五）激励全体教师共同发展

1. 多元发展通道提供多样选择

学校实行的多元发展通道为"行政、教学、德育、教研、特长、常规"六大发展通道，学校为每一个通道的教师设计发展路径、开放发展通道、创造发展机会、提供展示平台。

2."两轮四步"谈话法了解发展需求

"两轮"指学期初、学期末，"四步"指：第一步，约谈。一对一见面，单独约谈。校级干部约谈中层干部，全体干部约谈教师；第二步，梳理。梳理愿望，了解问题；第三步，指导。确定方向，解决问题；第四步，反馈。回顾整理，鼓励成长。谈话法为每一位教师疏解情绪、指导方向、解决问题，让每一位教师的发展愿望被看见，不仅促进了教师专业发展的螺旋式上升，更促进了干群关系的和谐发展。

3."十元钱千分爱"激活教育创意

教育体现于细微，教育的智慧蕴含于生活的每一个细节中，学校通过"十元钱千分爱"行动，鼓励教师在教育教学的各个方面从小处着手，用心观察十元钱能有什么"低成本"甚至"零成本"的爱心创意活动，如用2元钱购买的胶带指导学生如厕"节约用纸"、废弃纸盒搭建流浪宠物爱心之家、创设班级爱心站放置雨伞、陪空巢老人聊天、用发芽的红薯做盆景、准备一套班级备用餐具……教师以独特视角捕捉教育契机，通过"低成本"教育创新行动，影响身边每一位学生也能在生活中创新创意创造，以此发现爱、创造爱、表达爱、传播爱。

四、激励约束机制

针对学校学科与生活双向融合育人存在的问题，学校逐步建立完善以推进科学评价、落实责任制度、参与重大活动为一体的激励约束机制。

1. 推进科学评价

教育评价事关教育发展方向，有什么样的评价指挥棒，就有什么样的办学导向。2020 年中共中央、国务院印发《深化新时代教育评价改革总体方案》，该方案着重提出"改革教师评价，推进践行教书育人使命"。2021 年 3 月，教育部等六部门颁布了《义务教育质量评价指南》，在"教师发展"重点内容中提出"健全教师激励机制"关键指标，要求树立正确激励导向，完善校内教师激励体系。"双减"政策强调了教师的作业设计能力，改变了教师的工作内容，延长了教师工作时间，突出了课堂教学质量。在实践中，学校只有将教师评价的出发点定位于对其工作各环节的多元评价，激发教师的生命自觉，才能顺应育人方式的转变，促进学生全面发展，从而激发学校的办学活力。

为此，学校严格落实《义务教育学校管理标准》，制订《玉带山小学作业管理办法》《玉带山小学学生自主作业设计并实施指导性纲要》《玉带山小学学科"1+1+1"评价体系改革实践方案》《玉带山小学学科"1+1+1"评价体系改革教学指南》《玉带山小学教师综合考核方案》《玉带山小学期末教师质量考核意见》《玉带山小学教师教学常规免检制度》《玉带山小学免检班主任方案》等统领性文件，以艺术创作、科技创新、德育工作、劳动教育、评价改革、课程建设、作业减负为学科与生活双向融合育人的高质量经验样本。通过改变原有单一的评价方式，加强多元评价，设立月考核、学期考核、专项考核等多种考核机制，结合学校考评、教师自评、学生测评、家长共同参与等多元评价方式。

此外，发挥科学评价的杠杆作用，充分发挥评价促进学生成长、教师发展和改进教学实践的功能，学校开展紧密联系生活实际的"1+1+1"学生学业评价生态评价改革，把学科评价标准提前公示老师，听取老师意见和建议，修订后形成本学期的评价标准，在学期开学前告知老师，组织老师学习领会，让老师们把日常教学和期末评价有机联系，做到日常教学有的放矢，期末检测心中有底。同时实施延迟性评价，不仅减轻了学生的学业负担和心理负担，促使学生开展学习反思、持续获得学业成就感，学习动力得以保持，还给老师留出时间和空间及时查漏补缺，增加教师的职业幸福感。

2. 落实责任制度

通过明确职责来激励和约束学校领导、教师做好学科与生活双向融合育人工作。分别建立校级领导、部门分管领导、部门负责人、学科主任、教研组长、一线教师的责任制度，明确各自岗位职责。将每年的评价结果作为有关领导和教师年度工作考核的重要依据，对学科与生活双向融合育人工作突出的集体和个人予以表彰。一是加强师德师风评价，厚植教师教育情怀。明确教师的育人职责和师德规范，建立师德建设长效机制，学校成立师德考核领导小组、师德考核工作小组，结合党支部、工会的不同特点，分别开展丰富多彩的活动和各类评价，以此来熏陶与浸染每一位教师，签订师德建设承诺书，从思想观念上开始自我约束；同时，邀请家委会成员和家长参与教师的师德师风评议，对师德评议聚焦的主要问题进行汇总与梳理，并向教师本人反馈主要问题。二是依托多种专项评比，针对不足，加强重点指导，提高教师各个板块的专业能力。如"兴玉杯"课堂教学竞赛、教案设计比赛、粉笔字比赛等。以考核小组成员为核心，教师共同参与全校性评比，考核小组成员对评比结果进行统计分析，找出共性问题，并通过集体教研、年级组会议予以反馈，总结优点，梳理问题，进行重点指导。

3. 参与重大活动

运用激励手段引导广大教师和学生参与学科与生活双向融合育人的重大活动。学校形成了学科与生活双向融合育人办学特色，先后承办了第五届中国未来学校年会、重庆市小学生活教育观摩活动暨综合实践活动课程研讨会等市级及以上学术会议15次。学校参加市区小学各学科优质课竞赛活动、征文评选活动，打造学科与生活双向融合优质示范课，总结凝练教育教学经验论文、创新案例、教育故事、为教师提供成长平台。定期举办学科与生活双向融合育人活动，推进区域学科与生活双向融合教育教学研究，推动生活教育进校园、进课堂、进头脑，营造学科与生活双向融合育人环境，提升学生综合素养。

五、协同推进机制

协同机制是指系统内部的诸多子系统与要素之间以信息、资源、能量或者其他形式为媒介，通过共享、沟通、协商、组织、调配、合作等协同途径，所共同达成的能够实现系统功能最大化、效益最高化、实效最强化的特殊运转方式[1]。学科与生活双向融合育人的机制建设由校内外协同多主体统整、推进、实施。

（一）校内外多主体协同育人

学校主动与社会、家庭联系沟通，整合多方教育力量，多主体密切配合，形成三位一体协同育人。

1. 加强学校与家庭协同

建立家校联系机制，设立家委会，完善家委会制度，举办家长学校和"家长开放日"。开展如"新生入学典礼'自带光环'""种子课程""国旗下讲话""你笑起来真好看"等多种形式的实践活动，让家庭和学校协同推动学生发展。

2. 加强学校与社区协同

依托社区，开发社区教育资源，拓展课程空间，开展社会实践活动，促进学生发展，为学生创造社区服务和实践体验机会。如学校"留住盘溪记忆大型课堂综合实践课程"中的"留住盘溪记忆·茶文化"综合实践活动、"走进盘溪市场认识算盘""未来的盘溪市场"等课程。

（二）校内多主体协同育人

学校各部门、各年级组、各学科内部协同合作，跨部门、年级组、学科相互配合支持。

1. 同部门、年级组、教研组协同育人

定期开展校务会、行政会、部门例会、年级组例会、教研组例会等，做到及时沟通、梳理、分享、反思、优化，形成合力。

2. 不同部门、年级组、教研组协同育人

跨部门协同：为确保学校工作安排顺利、有序开展，学校周工作安排表是由各部门领导通过例会，由各方协商后，在确保各部门涉及的工作互不冲突，能够合

---

[1]肖薇薇.高校思想政治工作协同机制研究[D].武汉：华中师范大学，2017.

理、高效开展的前提下，按照工作时间、紧要程度进行排序从而制订实施。跨年级组协同：各年级组之间打破年级壁垒，资源共享，资料传承，年级与年级之间采取"过来人"指导帮助、"后来人"学习借鉴的互助工作模式（如刚教完三年级、即将进入四年级的教师，对即将进入三年级的教师，通过上示范课、开展分享交流会等方式传授经验）。各年级根据本年级实际情况对获取的经验方法进行适当修改，确保做到精准落地。同时，学校相关部门提前介入、全程督导、参与总结并提出建议，使年级工作得以顺利开展。

六、实验机制推广

9 年来，玉带山小学持之以恒地突破学科和生活的壁垒，突破学科和学科之间的壁垒，打通学校教育、家庭教育和社会教育的堵点，充分发挥学科走向生活、生活走进学科的双向互动作用，为学生取得全面发展，做生活和学习的主人奠定良好的基础，推动了生活教育论在新时代的继承创新、落地生根，其实践成果在市内外产生广泛影响。

（一）推广原则

学校始终贯彻"先立后破、边实验边推广"的工作原则。试点工作坚持小范围代表性、案例典型性和可操作性的原则，选定某一学科在其中一个年级先行探索试点，试点内容围绕学科与生活双向融合育人，经历"学科试点项目申报—部分试点年级参与—试点成果初步总结—全校参与—成果总结与市内外推广"，通过不断修订完善试点工作方案，明确试点工作目标、工作内容、组织领导、任务分工和预期成果等，督促指导试点年级实施方案、务实创新推进试点、注重预期成果物化。试点工作经验由一个学科到多个学科，一个年级到多个年级推广，逐步建立由点到线、由线到面、由面到体的实验推广机制，系统解决"学科学习与儿童生活经验脱节"的问题，形成了课程开发、教学实施、学业评价、作业改革等方面的典型案例，建设了一批学科与生活双向融合育人的教育课程资源库，为整体提升小学学科育人成效开创了一条行之有效的道路。

（二）推广路径

学校建立健全教学成果提炼机制，帮助教师不断总结工作经验，凝练教学教研感悟体会，以高质量的科研课题、研究论文、学术专著等增强教师职业获得感和成就感。

1. 承办市级以上学术会议

自 2014 年以来，学校承办了第五届中国未来学校大会、重庆市卓越课堂现场会、重庆市小学生活教育观摩活动暨综合实践活动学术研讨会等共 16 次大型学术会议，接待来宾人数 3800 余人次。

序号	会议名称	人数	时间
1	基础教育协同创新发展研讨会暨教育部邹红名校长工作室启动仪式、玉带山小学第六届学术年会	600	2023
2	重庆市教育学会名师大讲堂暨玉带山小学第五届学术年会	270	2022
3	新时代城市学校生活教育研讨会暨玉带山小学第四届学术年会	260	2021
4	重庆市中小学科技创新研讨会	250	2020
5	重庆市中小学劳动教育教学观摩会	250	2020
6	重庆市小学生活教育观摩活动暨综合实践活动学术研讨会	270	2020
7	重庆市教育现代化学术研讨会	230	2019
8	重庆市新时代教师价值追求和责任担当研讨会暨江北区玉带山小学第二届学术年会	450	2019
9	重庆市综合实践活动课程赛课赛场	220	2019
10	中日儿童版画巡展暨新时代小学生美好生活专题版画展	230	2019
11	第九届全国中小学特色学校发展论坛	110	2018
12	第五届中国未来学校大会	130	2018
13	重庆市中小学绘画大赛	260	2017
14	重庆市小学"卓越课堂"现场会议暨江北区深化区域课程改革展示交流会	230	2016
15	重庆市学生艺术活动月系列活动启动仪式暨江北区玉带山小学班级艺术科技活动展示	600	2016
16	重庆市校园足球联赛启动仪式	110	2015

2.举办教学成果学术年会

自2018年以来，学校共举办六届教学成果学术年会，邀请市内外相关专家学者、友好学校校长教师、学区成员学校全体教职工、学生及家长代表参与，总结整理玉带山小学全体师生在过去一年里全面推进课程建设、课堂建设、评价改革、教师发展、学生发展所积累的教学成果，形成玉带山小学教师群体的教育共识和发展愿景，推进学校教育教学研究纵深发展，实现教师专业发展、学生全面发展、学校优质发展。

年会的操作方式是：每个教师通过一张海报发布自己一年来的教学成果，并为其赋值，即他（她）认为自己这张学术海报价值多少紫荆券（紫荆券是学校内部流通货币，可以兑现）；其他所有教师在规定的时间内，每人拿着学校教导处发放的200点紫荆券，对所有海报贴上自己认可的紫荆券；参观评审结束，教导处对全体海报进行统计。统计排位前10的教师即可准备圆桌论坛；每个参与圆桌论坛的教师都不是一个人在战斗。教导处为每个圆桌论坛老师搭配1位干部主持统筹全部准备工作，搭配几位支持者协助完成所需事务，确保圆桌论坛演讲者在不到一天的时间里，以尽可能完美的方式呈现在当天到场者面前。圆桌论坛的10个演讲设在学校教学楼一楼的10间教室里，10个论坛同时举行。由负责论坛的干部做好圆桌论坛的会场布置和会场协调（学术主持一般由邀请校外的专家担任），当天，来自校内外的教师、专家依据自己的兴趣走进任意一个圆桌论坛。一旦圆桌论坛开始，每个走进论坛的教师就被自动赋值，教导处会根据每个圆桌论坛的参与人数，统计出每个论坛演讲者的排名；根据排名，前5名教师将参与本届学术年会的最后一个项目，也是压轴年会演讲。

6年间，共计有977人次教师参与教师海报，71人次教师参加项目发布，50人次老师参与圆桌论坛，41人次老师参与年会演讲，32人次班主任参加班主任论坛，30人次参加家长论坛。6年学术年会实践，年会的内容从教师每个人发布学年个人学术海报、项目阶段性成果、10人圆桌论坛、5人年会演讲，增加了10人班主任论坛和10人学生论坛，5人家长论坛。年会的形式增加了直播形式，学生论坛采用直播，这是整个年会最受期待和最受欢迎的内容。年会的范围一直坚持以展示校内老师为主，邀请重庆市内外友好学校参与，和校内老师华山论剑，邀请市内外各类专家对学校教师学术水平进行指导，见证成长。

（1）2018年第一届学术年会

项目类别	具体内容
教师海报	124份
项目发布	1．"1+1+1"评价（曹辉武） 2．"1+1+1"评价（陈英） 3．"第一站"课程——社区（谭晓泉） 4．"新西游记"新教师成长联盟（王玲丽） 5．十元钱，千分爱（周园） 6．二年级"合作交流"、"学科思维"模式（黄丽华、张文静、吴红艳） 7．毕业年级语数学科素养提升（万红云）
圆桌论坛	1．让"错题"起来（谭晓泉） 2．以行动引导行动（史文平） 3．小练笔"点"的定位策略（曹辉武） 4．我们的数学游戏24点（张之源） 5．提升低年级管理效率的策略（曾华） 6．隐形课程在小学校园文化建设中的开发 7．心心知我心——让语文教学得心应手的策略（段美贵） 8．低段孩子家庭学习习惯养成（朱叶彤） 9．少儿高尔夫之启蒙训练（刘红） 10．项目式校本课程开发与实施初探——以盘溪记忆为例（王灿霞）
年会演讲	1．让"错题"起来（谭晓泉） 2．小练笔"点"的定位策略（曹辉武） 3．我们的数学游戏24点（张之源） 4．隐形课程在小学校园文化建设中的开发（罗伊） 5．项目式校本课程开发与实施初探——以盘溪记忆为例（王灿霞）

（2）2019年第二届学术年会

项目类别	具体内容
教师海报	136 份
班主任论坛	1. "小霸王"就医记（包娟） 2. 把"事故"变"故事"——关于教育契机的思考与实践（张华军） 3. 让我参与你生命的成长——班主任工作体会（江丽丽） 4. 奖励，低年级班级建设的魔法棒（周娟） 5. 荣耀之班主任段位晋级赛（宋丹） 6. 运用生生合作方式改进低段学生学习习惯养成的策略研究（蒋译莹） 7. 说说中途接班那些事（胡保玲） 8. 急性子老师的慢动作（段美贵）
学生论坛	1. 我是小小旅行家（甄佑嘉） 2. 在绚丽的"世界"里学习和成长（朱祺暄） 3. 我的"悦"读之旅（邹雨桐） 4. 我的空中之王（彭语成） 5. 吊脚楼调查报告（邓睿珂） 6. 好奇宝宝的科技梦（胡桢黎） 7.FPSPL 未来问题解决—反校园欺凌（罗展鹏、姚懿恒、向锦怡） 8. 古筝——我成长中的伙伴（瞿靖珊） 9. 我的足球之路（杨安祺） 10. 我的演讲之路（潘思成）
项目发布	1. 始业课程项目（李婧） 2. 毕业课程项目（李咏桃） 3. 智慧课堂建设项目（黄丽华） 4. "1+1+1"学业水平评价改革项目（张文静） 5. "乐评第一站"语数一、二年级学业水平评价改革项目（余佳） 6. "新西游记"新教师成长联盟项目（包真珍） 7. 学生综合素质评价探索项目（曹辉武） 8. 徐悲鸿版画工作坊校本教研项目（曾余菊） 9. 折纸数学校本教研项目（吴星柳） 10. 语文名师工作坊自培项目（向思洁） 11. 班主任名师工作坊自培项目（付廷英） 12. "十元钱、千分爱"师生创意项目（周园） 13. 每天 200 字"OTP"计划项目（周小晴）

续表

项目类别	具体内容
圆桌论坛	1. 小学语文拓展阅读的运用（唐洪） 2. "三备""八要"，做轻松快乐的老师——提高数学课堂有效性的策略（陈英） 3. 用边界解决边界——对小学高年级几种常见问题的处理智慧（史文平） 4. "西洋镜"里看什么——"走向世界"之"跨文化意识养成"（王灿霞） 5. 如何提高小组合作学习的有效性？（吴红艳） 6. 追字源，教汉字，学文化（吴晓容） 7. 修改病句教学探微（张鑫） 8. 以名师为鉴，明教学得失（黄忆生） 9. "懒老师"的修炼秘籍（蒋译莹）
年会演讲	1. "三备""八要"，做轻松快乐的老师——提高数学课堂有效性的策略（陈英） 2. 用边界解决边界——对小学高年级几种常见问题的处理智慧（史文平） 3. 追字源，教汉字，学文化（吴晓容） 4. 修改病句教学探微（张鑫） 5. "懒老师"的修炼秘籍（蒋译莹）

（3）2020年第三届学术年会

项目类别	具体内容
教师海报	140份
教学论坛	1. 引兴趣之源，拓识字之渠——小学低年级生活中识字策略探究（一、二年级语文组） 2. "单元整组教学"下"教"与"学"的转变（三、四年级语文组） 3. 整本书阅读指导策略刍探（五、六年级语文组） 4. 源于生活的小学数学结构化教学（一、二年级数学组） 5. 小学数学问题解决策略指导研究（三、四年级数学组） 6. 习题设计与生活数学知识的优化整合（五、六年级数学组） 7. 基于生活化形态的合作学习有效性的研究（体育、科学组） 8. 基于生活起点的学生自主学习能力的研究（英语、信息组） 9. 教育回归生活为导向的学生特长培养的策略（美术、音乐组）
教育论坛	1. 疫情复学时期始业课程的实施 2. "宅而有序"：疫情背景下的生活教育 3. 我们都是"疫"路人：疫情下毕业年级的走心教育行动

（4）2021 年第四届学术年会

项目类别	具体内容
教师海报	155 份
班主任论坛	1. 快速变"老"的艺术指南——班级管理初探（李欣睿、杨旭） 2. 高年级学习兴趣激发技巧（谢青竹） 3. 科任老师与班主任之间的那点事（谭秀玉） 4. 以班干部为支点撬动班级管理策略（卓伟） 5. 放权，给予一年级学生高飞的翅膀（佺春岷） 6. "班级奖励制度"变变变（何莎莎） 7. 让你看到我的爱（童静） 8. 一年级学生良好行为习惯的养成（陈虹丽） 9. 深化"三自"培养　实现平稳过渡——小学中段学生成长策略（周小晴） 10. 我与博乐（刘朝珍）
学生论坛	1. 未来船舶工程师项目组（姜雨涵、田玲可、王然、毛政霖） 2. 多功能鞋设计项目组（胥正杰、邓辰逸、杨映曈） 3. FPSPI 未来问题解决"社区问题解决"项目组（崔嘉豪、何媛艾、程厚毓、龙奕帆） 4. 积极运动，健康身心——我的马拉松（蒋祯晨蕊） 5. 轻松学习很简单（付子瑜） 6. 我的足球梦（蒋炜鸿） 7. 我的数学生活（王泽霖） 8. 光的行走者——我的公益之旅（李坤阳） 9. "新时代好少年"成长记（张艺涵） 10. 我的魔术之路（程子轩）
项目发布	1. 以课程　创未来——玉带山小学 A-STEM 课程建设汇报（张俊锋） 2. 学之初，生之始——玉带山小学一年级始业校本课程成果汇报（李咏桃） 3. 耶！嗨翻毕业季！——丰富多彩的毕业课程（陶娇恒） 4. 扬帆起航　走向世界——四年级免考学生弹性学习汇报（曾余菊） 5.24 点课程展示（张之源） 6. 电子音乐编程展示（谢志刚） 7. 评价改革阶段展示（余佳） 8. 作业改革阶段展示（向思洁） 9. 单元重构阶段展示（谭晓泉）

续表

项目类别	具体内容
圆桌论坛	1. "登门槛效应"在教育教学和管理中的应用（史文平） 2. 教室里的"衣橱"学生的快乐源泉（李玉兰） 3. 在体育学科中用优秀教学提高学生的注意力（陈军） 4. 深耕阅读这样做（冯艳） 5. 当音乐教学遇上数字化（谢志刚） 6. 孩子们的数学游戏：24点（张之源） 7. 小学低段音乐律动游戏的有效利用（杨颖） 8. 紧扣课后习题落实语文素养（郑静） 9. 小学数学课堂教学导入技巧（朱文娟） 10. 盘溪文化原版擦色纸版画创意表现（曾余菊）
年会演讲	1. 小学低段音乐律动游戏的有效利用（杨颖） 2. 深耕阅读这样做（冯艳） 3. "登门槛效应"在教育教学和管理中的应用（史文平） 4. 当音乐教学遇上数字化（谢志刚） 5. 孩子们的数学游戏：24点（张之源）

（5）2022年第五届学术年会

项目类别	具体内容
教师海报	202份
班主任 论坛	1. 打造金牌小管家，培养卓越的紫荆少年（周娟） 2. 脱敏——典型胆汁质学生的教育尝试（张鑫） 3. 感恩团队　共育花开（谭林松） 4. 健康的心理才有人生可能（曾华） 5. 萌新班主任中途接班的成功法则（王婧怡） 6. 开发潜力促进发展（段美贵） 7. 言言有声，句句皆情（吴怡） 8. 读懂孩子，看见成长王（王天宇） 9. 新时代班级劳动的创新打开方式（李婧）
学生论坛	1. 如何成为英语学习里的superman（司若琳，南区5.7班） 2. 学会做时间的管理者（周子陌，北区1.1班） 3. 我和24点（杨映瞳，南区5.9班） 4. "紫荆科技好少年"成长记（詹沛霖，南区5.3班） 5. 我的英语习得之路（胡康甯，北区2.5班）

续表

项目类别	具体内容
学生论坛	6. 玩魔方，做永不言弃的好少年（王梓烨、马熙珂，南区6.9班） 7. 与舞为伴，逐光前行（冯议萱，北区2.2班） 8. 垫底女孩的成长之路（代沁灵，南区5.3班） 9. 插上科技的翅膀，在梦想的天空翱翔（刘熙，南区6.3班） 10. 用手绘心灵，用心灵绘画——我的国画旅程（解艾伊，南区4.4班）
项目发布	1. 幼儿园毕业课程（冷霞、蒋燕） 2. 暑假种子课程（朱文娟） 3. 小学始业课程（卓伟） 4. 毕业课程（黄丽华） 5. 新课标课例研究项目语文、数学、综合设计实践（吴晓容、吴星柳、陈雪萍） 6. 一、二年级乐评（胡保玲、丁茜） 7. 作业设计（陈英） 8. 教研组建设（宋丹、曾余菊、杨悦） 9. 学习达人（黎晨晨） 10. 从优秀到卓越（西南大学附中罗健）
圆桌论坛	1. 抓主题教研，促教学质量（郑祯颖） 2. "双减"背景下低段微写作与生活融合（刘朝珍） 3. 数学文化之"有题的货币"（余予橦） 4. "双减下与生活融合的美术课堂教学"案例设计《家乡的老房子——吊脚楼》（余书） 5. 科技助力"双减"创新促进成长（张俊锋） 6. 语文学习中的思维导图（包娟） 7. 跨学科任务式教学将"双减"进行到底（刘睿） 8. 走向生活的整体书阅读教学策略——以《鲁滨逊漂流记》为例（唐显婷） 9. 快乐体育，校园田径趣味化（李檬） 10. 重庆娃扬文化、行世界"双减"背景下英语学科教学与本土文化生活融合（王灿霞）
年会演讲	1. 抓主题教研，促教学质量（郑祯颖） 2. "双减"背景下低段微写作与生活融合（刘朝珍） 3. 科技助力"双减"创新促进成长（张俊锋） 4. 快乐体育，校园田径趣味化（李檬） 5. "双减下与生活融合的美术课堂教学"案例设计《家乡的老房子——吊脚楼》（余书）

（6）2023年第六届学术年会

项目类别	具体内容
教师海报	258份
班主任论坛	1.如果重新开始，我可以这样做（唐显婷） 2.家校沟通从心开始（陈晨） 3.守一份天真 护一颗童心（李念） 4.信息技术助力班级管理（马芙蓉） 5.尽其所长，做不一样的班主任（蒋亚男）
学生论坛	1.手机的心里话（刘恩僖，北区1.5班） 2.做自己的英雄（李胜安，北区3.2班） 3.为自己而战（钱安琪，南区2.5班） 4.炙热青春，何惧风雨（杨依朦，南区6.4班） 5.与绘本日记结缘（胡康乐，南区2.5班） 6.做时间的小主人（刘羿辰，南区1.5班） 7.我与无人机的不解之缘（祝一诚，南区4.11班） 8.学英语我是认真的（邵馨甜，北区2.4班） 9.我与贾岛过一天（陈韵宇，北区3.3班） 10.信息之路，强国之梦（杨洸文，南区4.4班）
家长论坛	1.孩子的成长离不开爸爸（邵希伟，北区2.4班） 2.读万卷书，行万里路，一同成长（李莹，南区3.3班） 3.二胎妈妈的智慧（赵杰，南区6.10、1.7班）
项目发布	1.学科与生活融合育人实践（刘睿） 2.低段语文教学改革（张文静） 3.作业改革实践探索（向思洁） 4.在生活中评价（莫存平） 5.紫荆学院新教师的成长（赵子苇、杨悦、肖婷、胥佩琳） 6.一个心理健康教师的成长（付廷英） 7.一个女教师的成长史（史文平）
圆桌论坛	1.激发儿歌"心"动力，创造童心"新"能力（何廷云） 2."数"的教学，"心"的教育——浅谈如何应用心理学进行小学数学教学实践（周畅） 3.设创新课堂，培英语新星（冉珊） 4.关爱不同的"他"，传递真诚的爱（周园） 5.语文课堂提升学生创新素养的四个小秘诀（丁茜） 6.为爱出发 向阳奔跑（陈虹丽）

项目类别	具体内容
圆桌论坛	7. 如何提高小学生，数学创新意识（李沙沙） 8. 篮球教学中的小学生创新素养培养（谭复生） 9. 新课标背景下如何促进学生素养提升——以诗配画课程为例（吴怡） 10. 基于美术核心素养思考儿童版画课堂教学实践（张静）
年会演讲	1. 设创新课堂，培英语新星（冉珊） 2. 如何提高小学生，数学创新意识（李沙沙） 3. 新课标背景下如何促进学生素养提升——以诗配画课程为例（吴怡） 4. 语文课堂提升学生创新素养的四个小秘诀（丁茜） 5. 篮球教学中的小学生创新素养培养（谭复生）

（三）推广方式

"海选项目负责人"开展学术研究。学校每次教育教学深度改革项目，都实行公开海选的项目制管理制度，即每次教育教学改革任务，不是把这些任务直接以行政命令的方式下发到各部门、各行政干部，而是在全校公开招募海选。干部、教师不分彼此，只要对相关领域感兴趣、自己又有能力，就纷纷从"隐形"走向"现身"，从"潜水"走向"活跃"，从"台下"走向"台上"。一个又一个项目团队，智慧众筹，组团发展，忘情投入，迸发出了让人炫目的智慧光芒。

"招募学术小秘书"助力成果物化。为加强科研与学科建设、人才培养工作的统筹，从不同学科、不同领域招募学术带头人，成立"学术小秘书"项目组，指导帮助有意愿的老师们提炼成果，提升教师科研水平，帮助老师们深入推进"学科与生活"融合育人科学研究创新实践。

（四）社会影响

9年来，学校受到人民日报、中央电视台、新华社等媒体报道363次，新华社《高管信息》《未来教育家》做了专题报道。学校2份资政报告被市教委采用。学科与生活双向深度融合育人实践获得重庆市政府教学成果特等奖。学校课程经验、评价改革、生活德育、作业减负、劳动教育等6项工作经验被当作重庆经验报送教育部，心理健康教育经验向全市推广。生活德育被教育部评为"一校一案"落实《中小学》典型案例。生活教育成果推广到内蒙古乌兰浩特市蒙古族小学、吉林省辽源市龙山实验小学等27个协同单位,全国23个省市7 000余名领导教师先后到校参观,泰国潘基文范南霍帕坦学校等学校先后组团来校考察交流。德国一电影公司持续3年到校追踪拍摄中国小学校里的教育故事。

9年来,学校整体发展进入良性轨道,教育教学综合品质不断提升,受到地区百姓好评,受到国内市区内学校参观学习。学校先后被评选为全国少儿版画示范校、全国体育示范学校、全国青少年校园足球特色学校、中国SETM教育领航学校、全国STEM教育实验学校、中国区DI模范学校、中国未来学校领航学校、重庆市文明校园、重庆市民族团结进步示范单位、重庆市民族教育特色学校、重庆市首批新时代依法治校示范校、重庆市农村领雁工程示范校、重庆市领雁工程课程创新基地、重庆市校园足球特色学校、重庆市艺术教育示范学校、重庆市十佳书香校园、重庆市教育改革试点单位、重庆市素质教育保障体系试点学校、重庆市智慧校园、重庆市校长培训基地、重庆市教师培训基地、重庆市美术示范基地学校、重庆市美育改革和发展实验学校等23项荣誉。

附 录

重庆市江北区玉带山小学 2014—2022 年媒体报道统计

年份	时间	媒体	报道内容
2022年 46篇	1.21	江北新闻	小朋友的"花式"期末考
	12.16	重庆电台	开学第一课，展示"双减"后第一个寒假的创新作业
	2.16	江北区融媒体	开学首日，"奥"妙生趣，"元"味十足
	2.16	华龙网	虎年开学第一天 | 削土豆、办年货、设计英语书……这个寒假让重庆娃们倍感有趣
	2.16	重庆发布	开学第一课！
	2.16	重庆日报	听党话、感党恩，感悟冬奥精神　我市中小学虎年"开学第一课"精彩纷呈
	2.16	江北新闻	读名著学艺术搞实践　寒假生活快乐又充实
	2.16	上游新闻	神兽归笼！江北区玉带山小学五个一点，助力学生快乐成长
	4.7	江北区融媒体	操场刮起"最炫民族风"　江北区这所小学举办别样运动会
	4.7	重庆日报	视觉重庆 | 江北区创新大课间深化校园阳光体育
	4.8	上游新闻	这所小学的运动会超好看！各民族服装齐亮相
	4.8	重庆发布	小学生运动会开幕式"刮"起最炫民族风
	5.7	人民网	江北区第二届中小学心理健康节启动
	5.7	上游新闻	心理游戏、艺术展演、空间体验……江北区第二届中小学心理健康节来了
	5.7	新华网	重庆玉带山小学创新"四维"心理健康教育体系　护航学生全面健康发展
	5.7	重庆日报	"你笑起来真好看"江北区中小学心理健康节启动

续表

年份	时间	媒体	报道内容
2022年46篇	5.7	重庆电视台	"你笑起来真好看"——重庆小学生这样迎接"世界微笑日"
	5.31	江北区融媒体	玉带山小学举行第七届A-STEM嘉年华庆祝六一活动
	5.31	重庆日报	多彩童年　向阳成长
	5.31	江北区融媒体	玉带山小学："艺"起过六一　爱心筑梦想
	5.31	上游新闻	着民族服饰，玩民族游戏，玉带山小学这样庆"六一"
	5.31	重庆电台	爱心义卖、文艺演出、民族游园会……江北玉带山小学多彩活动迎六一
	5.31	新华网	艺术展演、A-STEM嘉年华　看玉带山小学孩子们花样过"六一"
	5.31	重庆电视台	花式过"六一"　校园也是游乐园
	5.31	江北教育	叮！您有一份来自江北的"六一"礼包，请查收！
	6.14	重庆日报	打造"职业体验小镇"
	6.14	江北区融媒体	"双减"在行动　玉带山小学这样上"劳动课"
	6.23	新华网	做好幼小衔接　江北区玉带山小学为一年级新生及家长准备了特殊的入学礼物
	6.23	重庆日报	这所学校送"种子"作入学礼　让新生感受生命的美好
	6.23	江北区融媒体	玉带山小学送出特殊报名礼物
	6.23	重庆电台	这份特殊的新生入学礼让家长直呼"太有仪式感"
	7.1	江北区融媒体	重庆市教育学会名师名家大讲堂暨玉带山小学第五届学术年会开幕
	7.1	重庆日报	探讨学科与生活双向深度融合育人方法　重庆江北区玉带山小学举行第五届学术年会
	7.1	上游新闻	重庆市江北区玉带山小学第五届学术年会成功举办，推进学科与生活双向融合
	7.1	江北报	玉带山小学举行第五届学术年会
	7.1	江北区融媒体	玉带山小学：会聚名师名家　共话"双减"成果

年份	时间	媒体	报道内容
2022 年 46 篇	7.14	重庆日报	寻找家门口的好学校　|　玉带山小学邹红：构建心理健康教育体系，全"心"育人陪伴成长
	8.29	重庆日报	新生入学报到　聆听英雄故事汲取榜样力量
	8.29	江北区融媒体	交朋友换礼物　一年级新生开启入学适应
	8.29	重庆电台	开学第一课：玉带山小学邀请抗疫、救火英雄走进教室
	8.29	上游新闻	听重庆榜样讲故事　小学新生入学迎来别样开学第一课
	8.29	上游新闻	开学第一课，"小萌新"听重庆榜样讲动人的故事
	8.29	新华网	汲取榜样力量　江北区玉带山小学一年级新生上了一堂别样的"开学第一课"
	8.29	新华社	重庆玉带山小学以网播方式为学生上开学第一堂思政课
	8.29	重庆日报	开学第一天　新生萌娃带盆花去报到
2021 年 78 篇	1.8	上游新闻	动脑又动手　一年级小学生展示第一站课程教学成果
	1.8	上游新闻	手工、舞蹈、自画像、情景剧、小品……看这所学校的第一站课程
	1.8	重庆晚报	身体世界的秘密到底有多少？这群萌娃告诉你答案
	1.8	重庆之声	编制简易绘本、自编自演情景剧……这所小学的综合实践课让人耳目一新
	1.11	重庆日报	认识自己的身体　这所小学的综合实践课让学生从生活中学习
	1.20	重庆日报	期末考试居然是游戏闯关！
	1.21	重庆之声	寒假将至，我市学校筑牢校园"防疫墙"
	5.8	华龙网	守护亲子关系　江北区举行首届中小学心理健康节
	5.8	人民网	"你笑起来真好看"中小学心理健康节在重庆江北区启动
	5.8	上游新闻	你笑起来真好看！今天是世界微笑日，这些让孩子会心一笑的理由有没有感动你
	5.8	上游新闻	你笑起来真好看——江北区首届中小学心理健康节启动儿童微笑行动

续表

年份	时间	媒体	报道内容
2021年78篇	5.8	上游新闻	你笑起来真好看｜江北区首届中小学心理健康节启动仪式
	5.8	上游新闻	你笑起来真好看！原来家长这么做，孩子们最开心
	5.8	新华网	江北区首届中小学心理健康节启动仪式举行
	5.8	重庆电视台	世界微笑日：孩子的微笑是治愈的力量
	5.8	重庆之声	世界微笑日，江北区举行首届中小学心理健康节
	5.8	重庆发布	你笑起来真好看！重庆江北区首届中小学心理健康节启动
	5.8	重庆发布	"你笑起来真好看"江北区首届中小学心理健康节在玉带山小学启动
	5.8	重庆日报	小学生什么时候最开心？"世界微笑日"听听他们的心声
	5.28	华龙网	教妈妈唱歌、自编书……重庆这所小学让孩子们自己设计作业
	5.28	上游新闻	有兴趣 所以做起来不累——小学生自主作业设计五花八门
	5.29	上游新闻	多元自主作业，绽放卓越风采｜玉带山小学实施自主作业设计
	5.30	上游新闻	自己给自己布置家庭作业，这所学校把作业布置权交给学生
	5.31	重庆电台	这所学校的家庭作业都是由学生布置，其结果出人意料
	6.1	江北融媒体	玉带山小学举行六一庆祝活动
	6.1	江北新闻	六一儿童节 送你一张可爱笑脸
	6.1	上游新闻	玩cosplay角色扮演、淘宝集市献爱心……小学生这样迎"六一"
	6.1	上游新闻	玩角色扮演、玩淘宝集市……这样的"六一"给我来一打
	6.1	重庆电视台	这群萌娃的"六·一" 满满科技感

年份	时间	媒体	报道内容
2021 年 78 篇	6.1	重庆日报	放飞梦想、爱心义卖、音乐会……"六一"儿童节活动缤纷
	6.20	上游新闻	慢生活 ┃ 小学生报名季，这些孩子们收到了一份特别的入学礼物
	6.20	上游新闻	报名啦！这所小学给孩子和家长送上"意外礼物"
	6.20	新华网	小学生报名季，这所学校孩子们收到了一份特别的礼物
	6.20	重庆发布	报名啦！这所小学给孩子和家长送上"意外礼物"
	6.21	上游新闻	慢新闻·人物 ┃ 24 点比赛囊括大满贯　他坚持让学生把数学当作"玩"
	7.3	江北报	探索新时代城市学校生活教育路径
	7.3	上游新闻	学科与生活融合，转变育人方式
	7.3	上游新闻	穿衣搭配能帮助学好数学？专家老师说，可以！
	7.3	上游新闻	习惯是否真的难以养成？好老师应该具备什么样的能力？听听他们怎么说
	7.3	上游新闻	重庆新时代城市学校生活教育研讨会暨玉带山小学第四届教学成果学术年会举行
	7.3	新华网	多地教育专家学者齐聚江北区玉带山小学　共探学科育人和生活实际的有效融合路径
	7.3	重庆电视台	音乐、游戏……　学科与生活融合　他们这样做
	7.3	重庆发布	科学育人　重庆市新时代城市学校生活教育研讨会举行
	7.3	重庆日报	重庆市新时代城市学校生活教育研讨会举行
	7.15	新华社	学科与生活融合成城市学校生活教育新路径
	7.3	江北报	探索新时代城市学校生活教育路径
	8.29	江北报	新生开学典礼　图片集
	8.28	上游新闻	一年级新生入学，从如何认识同学开始
	8.31	江北报	准备好了吗？马上开学啦！
	8.30	江北区融媒体	江北区一年级新生迎来开学季　校园生活从如何认识新伙伴开始

续表

年份	时间	媒体	报道内容
2021年 78篇	8.29	华龙网	视频|你好！一年级校园生活从如何认识新伙伴开始
	8.29	上游新闻	开学首日走红毯！这个学校开学迎新仪式感满满
	8.29	重庆电视台	小学新生入学变大型社交现场？原来是"伙伴课程"
	8.29	重庆日报	新生开学报到，学校给家长送"大礼包"
	8.29	重庆发布	这所小学新生入学　通过认识新朋友开启小学生活
	8.29	上游新闻	一年级新生入学　从"找伙伴"开始
	8.30	新华网	入学第一天　江北区玉带山小学一年级新生"找"到了许多新朋友
	8.30	重庆电台	一年级萌娃报到第一天认识新朋友
	8.30	江北新闻	"神兽"回笼，他们这样开启新学期
	8.30	华龙网	开学快乐歌，一听就忘不了！哈哈哈哈！
	8.31	上游新闻	设置"作业公示本"、游戏取代考试……重庆中小学落实"双减"这样做
	8.31	江北新闻	会玩！这才是九万多江北学子的开学第一课！
	8.31	重庆发布	这里很重庆|开！学！啦！
	8.31	华龙网	关注"双减"落地|生活＋作业　新学期重庆这所小学为娃娃们减负
	8.31	上游新闻	开学第一天：一年级萌娃学了啥？
	8.31	上游新闻	开学季，这个小学迎来了特殊的报名礼物
	8.31	上游新闻	新学期　很愉快　玉带山小学减负增素质
	9.7	上游新闻	这所小学的教师节礼物你羡慕不？14位老师每人都获一句颁奖词，暖哭！
	9.10	上游新闻	致敬最美教师⑥|黄红敏　孩子们的每一点成长进步是对老师最大的欣慰
	12.16	人民网	江北：玉带山小学建校八十周年教育成果展举行
	12.16	华龙网	视频|重庆这所小学80岁了，它举行一场别开生面的成果展

续表

年份	时间	媒体	报道内容
2021 年 78 篇	12.16	上游新闻	砥砺追光 80 载！玉带山小学建校 80 年教育成果展奇趣横生
	12.17	上游新闻	制作物流历史变迁图、绘制环保包装袋……小学生这样为学校 80 "岁" 庆生
	12.17	新华网	重庆市江北区玉带山小学举行建校八十周年教育成果展
	12.17	江北区融媒体	江北区玉带山小学举行建校八十周年教育成果展
	12.17	重庆电视台	杏坛精华荟萃：江北区玉带山小学建校 80 周年教育成果展妙趣横生
	12.17	重庆电台	这所小学今天 80 岁了
	12.17	重庆日报	制作物流历史变迁图、绘制环保包装袋　小学生这样为学校 80 岁庆生
2020 年 60 篇	1.9	上游新闻	小学期末玩 "乐考"：孩子们逛超市买东西　语文数学一下子都考了
	1.9	重庆日报	逛超市买东西　他们的语文数学都考了
	1.9	重庆之声	从小写到大的《寒假生活》也变了
	4.27	上游新闻	重庆第二批中小学今日开学复课
	4.27	CCTV13	全国开学报道
	4.27	江北电视台	开学第一课　防疫小清单
	4.27	江北电视台	小学生迎来开学季　调整状态迎接新学期
	4.27	上游新闻	重庆市开学报道
	4.27	重庆之声	孩子书包里、教室门口墙壁上的 "小装备" 让家长很安心
	4.27	重庆日报	重庆第二批近 240 万中小学师生开学复课
	4.27	重庆之声	少年归来！重庆 240 万中小学生今天复课
	4.27	重庆日报	终于又可以见到老师和同学们了
	4.27	上游新闻	春回校园　重庆第二批中小学今日开学复课
	4.27	今日头条	重庆小学开学，孩子书包里、教室门口墙壁上的 "小装备" 让家长很安心

续表

年份	时间	媒体	报道内容
2020年 60篇	4.27	重庆日报	他们的"开学第一课"这样上
	4.27	江北电视台	开学第一课 防疫小清单
	4.27	上游新闻	春回校园
	4.27	上游新闻	少年归来！重庆240万中小学生开学复课
	5.8	江北报	萌娃们重启校园生活
	8.30	今日头条	江北：玉带山小学北校区投用 首批540名学生入学
	8.30	重庆日报	我市中小学9月1日开学，学校准备好了
	8.30	上游新闻	入学第一课
	8.30	上游新闻	完成这张"寻宝图"，你就是合格一年级新生啦！
	8.30	新华社	重庆玉带山小学组织"回到童年 回到玉带山"校园活动庆祝开学
	8.30	重庆之声	红地毯、大礼包、互动游戏……新生报到第一天"花样多"
	9.1	华龙网	重庆玉带山小学组织"回到童年 回到玉带山"校园活动庆祝开学
	9.1	人民日报	"光盘行动"进校园，"杜绝浪费"成重庆各校开学典礼关键词
	9.1	人民网	"光盘行动"进校园 "杜绝浪费"成开学关键词
	9.1	上游新闻	"茄子""南瓜""蘑菇"上阵 他们这样给一年级新生讲述"粒粒皆辛苦"
	9.1	重庆发布	"光盘行动""杜绝浪费"成重庆各校关键词
	9.1	重庆日报	开学第一天"光盘"成新风尚 重庆各中小学节粮出新招
	9.2	光明网	开学季·迎新日 一把伞背后的成长期待
	9.2	江北报	开学季：小餐桌 大文明
	9.2	新华网	玉带山小学开学典礼上老师用"三句半"、情景剧表演倡导光盘行动
	9.7	重庆之声	这所小学向家长发"聘书"，爸爸妈妈们的全新工作让同学们眼前一亮

年份	时间	媒体	报道内容
2020年 60篇	9.7	上游新闻	纳尼！家长到学校来给孩子讲会计！？
	9.7	重庆日报	重庆一小学家长课堂开讲　培养学生们做热爱生活的人
	9.7	上游新闻	小学邀请家长当老师　一堂别开生面的"家长课堂"
	9.14	上游新闻	慢新闻｜哪位老师让你印象最深刻？一群中年人的回答让人泪目
	9.16	华龙网	当萌娃遇上智博会脑洞有多大？　长生不老、飞天遁地、月球旅居……
	9.18	上游新闻	如何用肢体语言表达出生月份？玉带山小学的老师们这样做
	9.21	重庆日报	5G是什么？牙刷该怎么选？　我市一小学开设"学科·教育·生活"课程　引导儿童关注生活
	9.22	重庆发布	数字化音乐编程、3D打印——重庆举行科技创新教育学术研讨会
	10.18	上游新闻	向国旗敬个礼　和国旗合个影　来看这群小学生交出的作业
	10.30	上游新闻	萌娃趣味运动会　"海军""陆军""空军"都来了
	11.25	网易重庆	传承红色基因　缅怀先烈事迹　——重庆市江北区玉带山小学爱国主义教育"生活化"实践研究汇报
	11.25	新华网	传承红色基因　玉带山小学师生走进歌乐山烈士陵园缅怀革命先烈
	11.25	上游新闻	纪念"11·27"革命烈士　200余名师生歌乐山烈士陵园缅怀英烈
	11.25	重庆日报	重庆举行青少年纪念"11·27"革命烈士殉难71周年活动
	11.25	重庆之声	缅怀革命先烈，传承红色基因
	12.9	重庆发布	医生家长走进课堂
	12.10	重庆日报	假如生命还有7天……玉带山小学邀请家长进课堂，诠释生命意义

续表

年份	时间	媒体	报道内容
2020年 60篇	12.10	上游新闻	"请家长到学校来" 这个学校的孩子们拍手称快
	12.29	上游新闻	小学生们自编一本书 用创意创作开启新一年
	12.29	重庆发布	一本自编书
	12.29	上游新闻	科学家、警察、医生、老师……这群小学生自编人生第一本手绘书描绘梦想
	12.30	重庆晨报	小面、火锅、毛血旺……孩子们创作自编书迎接2021
	12.30	重庆日报	这所小学的学生们自编一本书 用创意创作开启新一年
	12.30	重庆之声	用诗歌记录成长,用插画展示美食……这群重庆小学生的"自编书"亮了
	12.31	新华网	编写属于自己的第一本书 重庆玉带山小学2020年读书节落幕
2019年 59篇	1.12	重庆晨报	学数学不靠刷题增分,小学开起折纸拼图课
	2.25	重庆日报	重庆中小学"开学第一课"丰富多彩
	2.25	新华网	玉带山小学唱响《我和我的祖国》 拉开新学期帷幕
	2.25	重庆日报	全市中小学顺利行课"开学第一课"各具特色
	2.25	上游新闻	开学第一课丨劳动最光荣!开学第一课的"劳动教育"
	2.25	上游新闻	开学第一课丨谁是你心中最美的劳动者?
	2.25	中国青年报	重庆"开学第一课",讲述"劳动最伟大"
	2.25	江北报	开学第一课:为国庆70周年献礼
	4.22	新华网	全员参与齐运动,玉带山小学第38届田径运动会开赛
	4.22	上游新闻	水果服、中国龙……小学生也开始玩运动会了
	4.22	上游新闻	壮观!小学生运动会开幕式上表演舞龙
	5.14	上游新闻	未来教育是什么样?看看这所小学的实践和思考
	5.11	新华网	推进教育现代化、探索未来教育——重庆市教育学会未来教育研究分会成立

年份	时间	媒体	报道内容
2019年 59篇	6.1	大渝网	重庆市江北区"六·一"庆祝活动暨玉带山小学科技艺术节
	6.1	江北区新闻中心	全区各地儿童欢度"六一" 视频
	6.1	重庆之声	江北区玉带山小学举行六一庆祝活动,让孩子们在玩耍中度过一个愉快的节日
	6.1	人民网	"六一"童趣, 重庆小学生的创意帽子
	6.1	重庆发布	江北区开展系列"六一"庆祝活动
	6.1	重庆日报	赛诗会、非遗展示 我市开展丰富多彩活动欢庆"六一"
	6.1	上游新闻	齐白石、徐悲鸿……一群"艺术大师"空降小学校
	6.1	新华网	江北区"六·一"庆祝活动暨玉带山小学科技艺术节开幕
	6.1	上游新闻	小学生装扮艺术大师,惟妙惟肖令人捧腹
	5.28	江北手机台	小学生给未来自己孩子写封信
	5.28	江北手机台	坐上时光机穿越到未来 小学生化身当父母
	5.29	江北报	写给未来子女的一封信!小学生的语重心长,笑点泪点全戳中
	5.23	大渝网	玉带山小学举行家庭教育会:从孩子的信件中读懂他们的内心世界
	5.23	新华网	玉带山小学举行家庭教育研讨会:聆听孩子心声 给予孩子需要的爱
	5.22	上游新闻	小学生给20年后的孩子写了一封信:希望你考一三八,别恨妈妈让你学这么多
	5.22	重庆日报	重庆小学生写给自己未来孩子的信 让家长深思……
	9.2	华龙网	滚动播报|开学第一天:一年级新生自制创意帽 你被萌到了吗?
	9.2	华龙网	滚动播报|开学第一天"以我的宝贝换你的喜欢"校门口前的环保科普受追捧

续表

年份	时间	媒体	报道内容
2019年 59篇	9.2	上游新闻	新生花式戴帽，从头开启新征程
	9.2	重庆日报	我是祖国娃，我爱我国家
	9.2	重庆日报	全市举行"我和祖国共成长"爱国主义教育主题教育活动
	9.2	重庆之声	江北区玉带山小学开学第一课——"我与祖国共成长"
	9.2	新华网	三代人共话祖国情　玉带山小学举行"我和祖国共成长"开学典礼
	9.2	大渝网	"我与祖国共成长"　玉带山小学举行2019年秋开学典礼
	9.2	江北报	开学季刷屏！看看他们的"花式"迎新典礼有哪些……
	9.2	上游新闻	开学第一课：十位老人来校园告诉孩子们幸福生活是什么
	9.2	江北电视台	开学第一天：听爷爷奶奶讲过去的故事
	9.2	上游新闻	社群热议丨开学第一课：10位老人走进校园讲故事
	9.9	重庆之声	学校请来"编外"老师来上课，江北区玉带山小学劳动成就梦想第一课今天开讲
	9.30	重庆晚报	小学生唱《声律启蒙》祝愿祖国繁荣昌盛　你还记得多少古代儿歌？
	10.1	上游新闻	小学生唱声律启蒙祝愿祖国繁荣昌盛
	10.8	重庆晚报	中日少儿版画展重庆开展，看看孩子们眼中的世界到底什么最美？
	10.8	重庆之声	中日儿童版画展重庆开展
	10.8	新华网	中日儿童版画巡展暨新时代小学生美好生活专题版画展在玉带山小学举行
	10.8	重庆日报	中日儿童版画巡展掠影
	10.8	上游新闻	中日儿童版画巡展暨新时代小学生美好生活专题版画展开展
	10.14	上游新闻	小学生致信30年后的自己，看看他们想成为怎样的人？

年份	时间	媒体	报道内容
2019 年 59 篇	10.22	重庆发布	桥梁设计师走进这所小学　开启"劳动成就梦想"课程
	10.22	上游新闻	慢新闻·人物|"事实证明黄桷湾立交经受住了考验"设计师刘帮俊：要让"中国质造"成为我们的骄傲
	12.27	重庆日报	玉带山小学举行"生活技能大赛"　系鞋带、收拾书包、叠被子都是学习课程
	12.27	重庆之声	让儿童走向生活！重庆江北区玉带山小学举行生活技能大比拼
	12.27	大渝网	学出新乐趣　重庆市小学生活教育观摩活动在玉带山小学举行
	12.27	上游新闻	穿衣服、系鞋带、梳头、整理床铺……小学生上演"生活技能秀"
	12.28	上游新闻	穿针引线缝衣服、修修补补钉凳子……这些生活技能你家孩子都掌握了吗
	12.30	上游新闻	生活课程让儿童走向生活
	12.30	人民网	穿衣、整理床铺……小学生现场 PK 生活技能
2018 年 39 篇	2.26	江北教育	开学第一天，江北 18 个法制副校长走马上任
	2.26	重庆日报	开学第一课讲述生命的意义
	2.26	江北教育	"开学第一课"学什么？重庆市教委主任寄语新生：要珍爱生命
	2.26	上游新闻	开学典礼上，老师为孩子们创作诗歌"孩子，我想对你说"
	2.26	华龙网	重庆江北 18 个法制副校长上岗　为 210 所中小学、幼儿园学生保驾护航
	2.26	华龙网	"开学第一课"学什么？重庆市教委主任寄语新生：要珍爱生命
	2.26	重庆教育	新学期，市教委落实多项举措确保 2018 年春季开学顺利
	3.15	华龙网	如何让新老师快速适应讲台？这所小学成立了"新教师成长联盟"

续表

年份	时间	媒体	报道内容
2018年39篇	3.15	上游新闻	为了让新老师快速玩转职场，这所学校蛮拼的
	3.15	江北教育	重庆一小学为新老教师分享教育经打造"校园淘宝"
	3.15	重庆晨报	让新老师快速玩转职场
	3.26	新华网	"新教师成长联盟"项目正式启动
	3.22	华龙网	这所小学的老师用十元爱心经费 收获无价师生情
	3.22	重庆晨报	这所小学的老师用十元钱做了这些事，你一定想不到
	6.25	重庆日报	不答试卷做游戏 我市部分学校用闯关游戏代替期末考试
	6.25	上游新闻	别人家的小学，期末考居然是"游戏通关"
	6.25	上游新闻	别人的学校！这所小学的期末考试居然是"游乐场"里玩闯关游戏
	6.26	重庆晨报	不一样的小学毕业典礼 创意作品义卖更有意义
	6.26	上游新闻	小学生别样毕业典礼，创意作品义卖会让你大开眼界
	6.26	重庆日报	小学生义卖拼创意 重庆各小学校开展丰富多彩的毕业活动
	6.30	第一眼	学校办教师"市集"，教学经验能"卖"钱
	6.30	重庆日报	教学方法干货分享！重庆一小学举办教学成果交流展
	9.2	上游新闻	特别开学季｜开学第一天，喜提"大礼包"
	9.2	华龙网	一年级小学生的"开学第一课"，这所学校为他们送上"大礼包"
	9.2	华龙网	开学第一天：一年级新生自制创意帽，你被萌到了吗？
	9.2	江北报	开学季刷屏！看看他们的"花式"迎新典礼有哪些……
	9.2	上游新闻	走"星光大道"、领学习大礼包，这个开学典礼不一样
	9.2	大渝网	"我与祖国共成长"玉带山小学举行2019年秋季开学典礼
	9.2	上游新闻	走红地毯领大礼包写梦想瓶，这些新学年的打开方式你有吗？

续表

年份	时间	媒体	报道内容
2018年39篇	9.2	重庆晚报	我市部分中小学新生开学报到，看看这些不一样的开学礼
	9.2	重庆日报	我是祖国娃，我爱我国家。
	9.2	上游新闻	开学第一课：十位老人来到校园告诉孩子们幸福生活是什么
	9.2	重庆日报	重庆中小学开始报到
	9.13	重庆晨报	小学成立教师读书联盟，上演《朗读者》
	11.12	江北报	未来学校：自立自强的精神、热爱生活的态度
	11.12	新华网	建设未来学校培养时代新人
	11.12	华龙网	打造智慧空间，专家点赞江北区玉带山小学"第一站"课程
	11.12	上游新闻	这就是未来学校的模样，你不要太羡慕
	11.12	重庆日报	第五届中国未来学校大会举行现场观摩活动　专家称：未来学校倡导多种学习方式
2017年16篇	1.26	青训	"鼎皇贺岁杯"
	3.14	华龙网	重庆市书画大赛举办　玉带山小学
	3.22	上游新闻	用10元钱创造爱的教育
	4.6	上游新闻	在重庆市第七届中小学生艺术展演活动获奖
	4.18	上游新闻	玉带山的足球男孩
	4.21	上游新闻	小学生设计制作鸟窝消防员帮忙挂树上
	5.12	华龙网	今天没有老师
	6.8	江北区政府	综合实践课程成果展
	6.13	重庆日报	寻找在"做"中"学"的奥秘
	7.18	红网	玛丽莱杯四强争霸
	7.19	湖南日报	第二届全国青少年足球精英赛闭幕
	11.13	人民网	玉带山小学上演教师版"非诚勿扰"

续表

年份	时间	媒体	报道内容
2017 年 16 篇	11.24	江北区 新闻信息中心	奇思妙想创意多
	12.12	人民网	缅怀于永正纪念活动
	12.15	新华网	全国特色学校建设现场会
	12.27	重庆文明网	让教育"玩"出别样精彩
2016 年 29 篇	1.5	重庆日报	新高考来了，不同阶段学生该培养啥能力？听听专家建议
	2.22	重庆晨报	全体教师开学工作会
	2.23	新华网	玉带山小学综合评价体系改革探索：不只看试卷成绩
	2.24	重庆日报	寒假新花样 ——玉带山小学的家长说要将这份寒假作业珍藏一辈子！这份作业是？
	3.1	上游新闻	招控聚集创新达人 玉带山小学建立"创客工作室"
	4.21	重庆日报	小学生自制"鸟巢"给小鸟安个家
	4.21	重庆晨报	小学生设计制作鸟窝 消防员帮忙挂树上
	4.25	重庆新华网	重庆市小学学生艺术活动月启动疯狂原始人、青花瓷混搭好洋气
	4.25	重庆华龙网	重庆市小学生艺术活动月启动 小学生穿草裙演绎世界风情
	4.26	重庆新华社	世界各大洲文化风情主题趴 我市学生艺术活动月激情启动
	4.26	人民网	学生艺术活动月启动
	4.26	重庆日报	全市中小学生艺术科技月系列活动启动
	5.19	华龙网	中华文化传承学校
	6.17	重庆时报	为邻里关系设计手势 小学生获全球大奖，左手掌放在胸上，右手握拳放在左手上，呼吁大家敞开心门
	6.29	重庆晨报	期末成绩单"变脸"
	7.1	华龙网	小学生毕业典礼 雨中穿越时光隧道（图）

续表

年份	时间	媒体	报道内容
2016年 29篇	7.1	重庆时报	小学毕业典礼　学生与家长穿越时光隧道
	7.5	重庆日报	走近这所少儿美术特色示范学校
	7.5	重庆日报	寻找"做中学"的奥秘
	7.6	重庆教育	全国体育示范学校就是这么"牛"
	8.23	重庆日报	办好教育，让百姓得到最大的实惠
	8.31	重庆商报	带学生走红毯
	8.31	华龙网	开学典礼好甜蜜
	9.1	重庆时报	一年级报名首日，有人开心有人怕被"套鼻子"
	10.4	海南日报	全国足球邀请赛
	12.21	上游新闻	小学生课程"玩"出新花样
	12.23	华龙网	巨型高跟鞋、找朋友——玉带山小学带领150余名教师走进"世界第一站"
	12.26	重庆商报	做妈妈的高跟鞋
	12.9	重庆商报	玉带山小学第一站课程"玩"出精彩
2015年 17篇	1.1	重庆日报	"生态教育"进校园学生版画被馆藏
	1.25	上游新闻	超长寒假就快来了，小伙伴们怎么过
	1.29	上游新闻	"平顶山足球乐园ISG杯"足球赛
	3.3	重庆晨报	少年颠球吉尼斯纪录诞生
	4.7	华龙网	足球联赛启动仪式
	4.8	重庆晨报	校园足球联赛开幕　前国脚魏新徐媛助阵
	4.28	上游新闻	让每一个孩子得到最大程度的发展
	5.7	重庆日报	老游戏进校园
	5.8	重庆商报	孩子与爸妈"切磋"老游戏
	5.28	重庆日报	不要以爱之名"侵犯"孩子的隐私
	7.30	华龙网	远赴巴塞罗那拜师哈维，重庆体育老师取足球真经

续表

年份	时间	媒体	报道内容
2015 年 17 篇	9.23	中国教育装备	重庆 300 所中小学成首批足球特色校
	12.8	华龙网	家长进校园当学生
	12.14	重庆时报	玉带山小学成立创客工作室
	12.14	重庆晚报	玉带山小学创客工作室诞生记
	12.16	书香重庆网	十佳书香校园
	12.25	重庆商报	贴对联、画年画、买年货,平安夜小学生这样过
2014 年 19 篇	9.1	华龙网	做一件家务活得一两元　这种暑假作业你怎么看
	9.2	重庆商报	跨越年龄段,我来了,我精彩!
	9.10	重庆商报	莫老师的一天
	9.10	重庆商报	开学"好声音":除了点赞,你转身了吗?
	9.22	重庆时报	近半家长与孩子的沟通是命令式的
	9.22	重庆商报	这所小学　家长每周要上一堂课
	9.26	江北报	玉带山小学家庭教育研究中心成立
	10.9	重庆晨报	给支笔,你会把孩子画成哪种动物
	11.10	重庆晨报	校长请喝下午茶,家长争说烦心事
	11.10	重庆商报	孩子在家不敢提问题?你得找找自己的问题
	11.10	重庆时报	孩子在家不敢提问,说明家庭教育有大问题
	11.10	人民网	家校教育面对面:挖掘孩子的潜质如同发现金矿
	11.10	重庆晨报	家长教育专家座谈
	11.11	江北报	喝茶聊天解开育子困惑
	11.13	江北报	玉带山小学儿童版画放光彩
	11.14	重庆商报	这所小学邀请家长教孩子学摄影做美食
	11.17	重庆晨报	父母走上讲台当老师,司机讲安全牙医讲护牙
	11.18	江北报	玉带山小学家长特色课堂精彩纷呈
	12.23	重庆日报	玉带山小学教家长做"智慧父母"

后　记

　　"不要妄自菲薄"，这句话是我在9年前对玉带山小学的老师们说的。那时，玉带山小学刚从城乡接合部学校成为城市拆迁安置学校，老师们普遍存在"小富即安、岁月静好"的状态。刚到学校担任校长的我鼓励老师们跳出教育看教育，站在儿童立场看教育，为了儿童发展看教育。

　　转眼间，9年过去了，随着学校开展的学科与生活双向融合育人实践，学校自身发生着很多的变化。

　　变化一：迭代思想成为老师们坚持教育改革的重要原则。其实，无论是课程建设还是评价改革、教学方式变革，不是每次改革都像"留住盘溪记忆"那样一次成功，一步到位。2016年春季学期结束，"第一站"课程1.0版，这个学校首次尝试开展系统性顶层设计的校本课程，在当年学期结束的论证会上遭遇到了几乎来自所有老师、同学的低评价。课程建设之路，是否继续？如何继续？面对不完美的结果，我和老师们一点也不气馁。当年暑假，我们公开招募10个课程设计师，课程之路继续走。重庆的夏天，天气炎热。我和设计师们几乎每天在一起进行思想碰撞，到处寻访专家。每每大家几乎觉得找到方向了，但是比对设计初心，我们往往又自己把自己给否定了。时间紧迫，课程建设之路如何走？我们没有在僵局中停滞，而是相互鼓励、相互支持，失败了又来。到了8月12日，我们才形成一套大家都认可的设计模板，从这之后，全体人员加大马力，全力冲刺，终于在9月1日开学前，完成了10个课程的设计。当年课程结束后的论证会上，暑假所设计的课程受到了老师、同学的高度好评，这极大鼓舞了后来的设计师们。

　　学校以后的教育改革的首次设计或许也存在不完美的情况，但是经过多年实践，我们对改革的定位是：做比不做好，改革在迭代中发展。我们认为，如果一定要有一个完美的预期结果才行动，那么，可能因为永远都等不来完美而导致永远不会有行动，永远不会有结果，永远不会有发展。由此，我们在改革实践中达成的共识是：宁愿接受并不完美的初次结果，但是必须开启宝贵的改革第一步探索，在迭代中发展，或许我们就在接近完美的路上。

变化二：不要低估儿童成为老师教育改革的重要前提。记得在设计一年级《伙伴》课程时，我提出要让一年级学生学习观察自己和他人的相同处和不同处，这种观察，可以从具象到抽象，让学生自己观察、自己总结、自己反思："我和其他同学一样，我如何面对？我和其他同学不一样，我如何面对？"当时有老师提出："这些归纳总结能力，这些批判性思维训练，对一年级的学生合适吗？他们可能吗？"事实证明，一年级的孩子也能具有批判性思维，低段的儿童也能得到高阶思维的训练。所以，在玉带山小学的很多项目设计中，我会明确要求所有的项目设计：一定要有教育的内涵，一定要为各类儿童的成长提供各类思维和各类技能成长的可能，一定不能限制儿童发展，一定不能图省事而剥夺儿童思考和锻炼的机会。我希望经历这样的思维碰撞，这样的能力锻炼，这样的活动体验，玉带山小学的孩童将更接近成为创造未来中国的学习者。

变化三：团结起来，用团队优势去发展，这成为老师教育改革的重要方法。我对老师们说，我们每个个体或许并不是人群中最优秀的，但是，如果我们每个人都把自己的优势发挥出来，我们的团队或许就能更优秀。在教育改革的路途中，其实我们几乎每时每刻都在遭遇问题和困难。这些年以来，我们之所以还能取得一些可圈可点的成绩，无一不是团队的力量，无一不是团结的力量。我感谢吴绍雄、万红云、曹辉武三位校级班子成员对学校所有教育改革的全面理解和全力支持，感谢王勇、彭茜、周晓云、陈英、吴小容等各部门对教育教学改革的全力支持和全面保障，感谢周娟、刘东洋、史文平、蒋薇薇、李咏桃、陶娇恒、朱叶彤、卓伟、黄丽华等各年级老师的全面支持和全面参与，感谢各学科教研组长、各年级辅导员对工作的全力投入，感谢各项目组贡献智慧、组团发展，感谢所有教育改革的设计者、论证者和实施者。我感谢本次书稿所有案例的提供者，特别感谢参与本次书稿整理并参与部分文字编写工作的老师，他们是：万红云、曹辉武、谭晓泉、陈英、冉亚妮、谭秀玉、王灿霞、吴小容、向思洁、冯艳、刘睿、黎晨晨、丁茜、王照、黄闽、周畅，特别感谢冉亚妮和周畅参与本次书稿的校对工作。

回望 9 年的路，我们一直幸运地得到各级领导和各位专家的关心和帮助！见证我们彼此成长的专家常常说："你们一直在奔跑。"在梳理这 9 年时光都到哪儿去了的时候，我和老师们有个共同的感受："没有想到，不知不觉中，我们居然已经做了那么多，走了那么远？！"确实，我们这一群人，每个个体并不强大，也不聪明，但是，我们始终团结奋进在一起，始终坚守教育的责任、尊重儿童的生命、遵循教育的规律，坚持教育教学改革，在改革中实现了玉带山小学师生的"天地玉成、四季花开"。